지속경영의 이론과 실천

지속경영의 이론과 실천

조동성 · 산업정책연구원 지속경영본부

서울경제경영

Preface

머리말

"기업에게 진정한 목적은 이익극대화인가, 장수인가?"

2007년 「지속(가능)경영」이란 책을 내며 머리말에서 던진 화두이다. 2007년은 한국경제가 1997년 발등에 떨어진 경제위기를 성공적으로 극복한 후, 보다 장기적인 경쟁력 강화를 위해 국내 산업발전법에 지속가능경영이란 단어를 한국 역사상 처음으로 등장시킨 해였다. 기업들은 이해관계자와의 신뢰를 통한 지속적인 사업 관계 구축, 즉 장수의 중요성을 새삼 깨닫게 되었고 이에 대해 자원과 노력을 투입하기 시작하였다. 몇몇 기업들은 지속경영 체계를 도입하고 지속경영보고서 발간을 관행화하기 시작하였다.

그 후 4년이란 시간이 흐르면서 기업환경에 큰 변화가 일어났다. 2008년말 미국연방준비제도 이사회(Fedaral Reserve Board)의 앨런 그린스펀(Alan Greenspan)의장이 '백 년에 한 번 있을까 말까한 신용 쓰나미' 라고 표현한 글로벌 금융위기가 전 세계를 휘감았고 기업 및 금융기관에 대한 신뢰는 다시 한 번 바닥을 쳤다.

이러한 시대변화 속에서 위의 화두, 즉 "기업은 무엇을 위해 존재하는가"란 질문은 더욱 큰 의미를 가지게 되었다. 이제 기업이 투자자, 즉 주식소유자의 자산가치 증식을 위한 도구만으로 존재가치가 인정되는 시대는 지났다. 그러나 이런 변화가 하루 아침에 일어난 것은 아니다.

경영이론이 본격적으로 개발되기 시작한 20세기 초반 이후, 20세기 말까지 '기업의 목적은 이익극대화'라는 고전 자본주의적 명제는 의심 할 여지가 없는 진리였다. 간혹 이익극대화 못지않게 사회적 책임도 강조되어야 한다는 수정 자본주의적 주장이 제기되기는 했지만, '기업의 사회적 책임은 이익극대화이다(Social responsibility of a corporation is profit maximization)'라는 밀튼 프리드먼(Milton Freedman) 교수의 주장을 앞세운 기업 경영자들의 일갈에 힘을 잃기 일쑤였다.

그러나 20세기 내내 이익극대화를 최우선으로 내세우던 대기업 중 일부는 21세기에 들어오면서 커다란 위협을 만나게 되었다. 이익극대화라는 목적을 추구하는 과정에서 올바르지 못한 수단을 쓰던 기업들이 비극적인 종말을 맞이하게 된 것이다. 2001년 미국 6위의 매출액을 자랑하던 엔론(Enron)이 회계부정으로 그 해를 넘기지 못하고 파산했으며, 2002년 월드컴(WorldCom), 비방디 유니버설(Vivendi Universal) 등도 비슷한 과정을 거쳐 무너지거나 심각한 위기에 빠지게 되었다. 이러한 위기는 한국 기업에게도 예외는 아니었다. 외적인 성장만을 우선시 하던 몇몇 대기업들은 1979년 제2차 석유위기, 1997년 IMF 등 경제위기 시 부실경영이 드러나며 파산했다.

2008년에는 비윤리적이고 비정상적인 운영으로 인해 파산한 리먼 브라더스(Lehman Brothers)를 비롯한 미국 금융기관들이 야기한 미국 발 금융위기가 전 세계적인 경제위기를 초래하면서, 기업의 맹목적인 이윤추구로 인한 문제점이 다시 한 번 부각되었다. 이러한 기업들이 공통적으로 가지고 있는 특징은 경영자들의 윤리의식이 결되어 있다는 점이었다. 이들

기업은 윤리적으로 잘못된 일이 조금 있더라도 그것이 회사 전체를 멸망시키리라고 생각하지 않았다. 이러한 풍조가 회사 전체에 만연하면서 허점을 드러낸 것이다. '부자는 망해도 3년 간다', '대마불사(大馬不死)'라는 말과 달리, 이들은 하루아침에 종적도 없이 사라지거나 파산위기에 빠졌다.

이러한 변화 속에서 경영실무를 담당하는 경영자들과 경영학을 탐구하는 학자들은 1970년대 석유위기 사태 속에서 해결책으로 찾아낸 '지속가능한 경제성장(Sustainable economic growth)'이라는 거시경제적 대안에 상응하는 해결책을 찾아냈고, 그것이 바로 '지속경영(Sustainability management)'이었다. 지구 환경을 지키기 위해서 국가경제의 성장률을 조정해야 하는 정부와 마찬가지로, 기업 또한 국가사회, 세계사회의 건전한 발전을 위해서 사회 책임과 환경보호를 포함하는 지속경영을 장기적 과제로 삼기 시작했다.

그러나 지속경영이 경영자들에게 이익 극대화라는 기존의 경제적 목적을 포기하고 사회봉사, 환경보호에만 초점을 맞추라고 일방적인 요구를 해서는 안된다. 기업은 우선적으로 스스로 존립할 수 있는 능력을 가져야 하고, 그 기본은 이익을 내는 것이다. 이익을 내지 못하는 기업은 경제 무대에서 퇴출될 수밖에 없다. 따라서 기업이 기존에 추구하던 경제적 목적을 변증법적 차원에서 '정(正: these)'이라고 한다면 사회적/환경적 목적은 '반(反: anti-these)'이라고 할 수 있고, 이를 종합한 지속경영은 '합(合: syn-these)'이다.

손익계산서의 마지막 줄에 세후손이익이 표시되어있는 것에 빗대어 기업의 이익극대화 추구를 '마지막 줄(Bottom line)을 추구한다'고 표현하기도 한다. 이러한 개념을 확장하여 지속경영을 '세 가지 마지막 줄

(Triple bottom line)'이라고 부른다. 이는 경제성과, 사회성과, 환경성과를 나타내는데, 혹자는 이를 3P's, 즉 이익(Profit), 사람(People), 지구(Planet)로 묘사하기도 한다. 기업의 진정한 가치를 총체적 관점에서 바라봐야 한다는 뜻이다.

21세기에 활동하고 있는 기업들은 환경을 개선하고, 사회의 기대에 부응하는 동시에 이익을 극대화하고자 하는 세 가지 목적을 조화롭게 달성해야 하는 과제를 안고 있다. 2000년 이전부터 사회책임경영, 환경경영을 실시해 온 유럽, 미국, 일본보다 훨씬 늦게 2007년 정부 차원에서 시작된 우리나라의 지속경영은 정부의 지원, 기업의 관심과 실천의지로 단시간 내에 빠르게 확산되고 있으며, 국가, 기업, 개인은 위 세 가지 목적의 조화를 위해 노력하고 있다.

이 같은 변화에 대한 사회적 요구를 반영하여 지속경영에 대한 전반적인 이해는 물론 지속경영 실천과 정착을 돕고자 2007년 발간한 '지속(가능)경영'을 대폭 수정하여 '지속경영의 이론과 실천'을 출간하게 되었다. 본서는 지속경영에 대한 체계적인 이론적 접근을 원하는 경영학도뿐만 아니라 기업 활동에 적용하고자 하는 기업가와 일반 사회인들에게 지속경영에 관한 이론 및 지속경영보고서 작성을 위한 지침을 제공하고자 한다.

본서는 지속경영의 이해, 실천, 정착으로 구성되며, 세부내용은 다음과 같다.

'Part 1 지속경영의 이해'에서는 지속경영에 대한 전반적인 개념 및 최근 동향에 대해 설명함으로써 지속경영에 대한 전반적인 이해를 돕고자 한다. 1장 지속경영의 개념, 2장 지속경영 구성요소에서는 지속경영의 경제, 사회, 환경 측면과 윤리, 혁신, 창조경영에 대해 다루고 있다. 3장에서는 최근 이슈가 되고 있는 지속경영 관련 글로벌 스탠다드에 대해 설명하고 있으며, 4장과 5장에서는 각각 지속경영의 최근 동향과 효과에 대한 내용을 다루고 있다.

'Part 2 지속경영의 실천'에서는 지속경영을 기업 내에서 실천하고, 그 성과를 보고하며, 평가하는 일련의 프로세스에 대해 다루고 있다. 6장 지속경영의 실행은 지속경영을 기업 내에 도입하기 위한 지속경영 실행 프레임워크에 대해 설명하고, 7장 지속경영의 평가는 지속경영 보고를 위한 작성 가이드라인을 제시하며, 8장 지속경영 보고에서는 지속경영 평가를 통한 Plan(계획)-Do(실행)-See(평가)를 제안하고 있다. 9장에서는 지속경영을 통한 새로운 비즈니즈 모델의 필요성과 접근방법을 제안하고 있다.

'Part 3 지속경영의 정착'에서는 지속경영이 도입되어, 확산되고, 정착되기 위한 정부와 기업의 역할에 대해 언급하고 있다. 10장은 국내에 지속경영 활성화를 위한 정부 차원의 지원 역할에 대해 설명하고 있으며, 11장은 기업의 역할에 대해 언급하고 있다.

본서의 출판 작업을 위해 함께 연구에 참여한 산업정책연구원 지속경영본부와 다양한 기업사례를 공유해주신 윤경SM포럼 회원사, 지속경영학회 교수들, 그리고 출판을 위해 힘써주신 서울경제경영출판사 김은중 대표께 감사의 뜻을 전한다. 본서가 미래 사회를 이끌어 나갈 학생과 연구자, 또 지속경영에 전념하고 있는 경영자와 사회인에게 도움이 될 수 있기를 바란다.

2011년 3월
조 동 성

Contents

차 례

CONTENTS

들어가면서

지속가능경영 또는 지속경영은 하루아침에 만들어진 것이 아니다. 과거 기업 경영환경을 살펴보면 시대에 따라 기업이 추구하는 목표와 경영방식이 달라진 것을 알 수 있다. 국내 기업환경을 살펴보면 1970년대는 경영에 대한 이론과 현실 사이에 괴리가 있는 시기였다. 1,000억 원의 매출액에 1억 원의 이익을 올린 A사와 100억 원의 매출액에 10억 원의 이익을 낸 B사를 비교해 보자. 1970년대는 매출액이 우선시 되는 시기로 당시 기업들은 매출액을 기준으로 목표를 세웠다. 지금이야 어느 정도 이익이 많은 기업을 선호할 수도 있겠으나 70년대는 무조건 매출액이 우선인 시기였다. '10년 안에 매출액을 1조로 올리겠다'는 등 기업의 목표는 무조건 매출액 중심이었다. 이러한 분위기 때문에 당시 대우, 율산, 제세 등은 연간 매출액을 2~3배씩 늘려가면서 촉망받

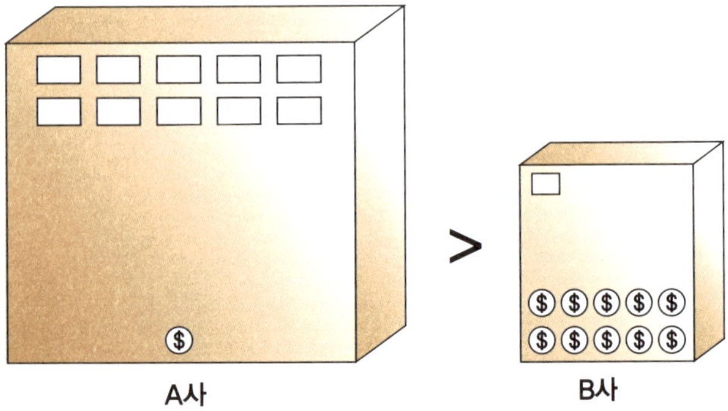

출처: 조동성, 산업정책연구원 지속경영본부, "지속(가능)경영", 서울경제경영, 2007

그림 1 | 1970년대 기업: 매출액 추구

는 회사로 자리 잡았다. 당시 100명이면 100명 모두 A사를 B사보다 더 좋은 회사로 지목했을 것이다(그림 1).

그러나 1979년 제2차 석유위기와 1980년 박정희 대통령 시해사건 직후 우리나라 경제가 마이너스 성장을 하면서 기업들은 오로지 외형만을 추구하던 경영목표를 수정하고, 매출액과 이익을 동시에 목표로 삼게 되었다. 특히 대우를 비롯한 율산[1], 제세[2] 등의 기업들이 줄줄이 파산하면서 경영 이론과 현실도 점점 가까워졌다(그림 2).

이러한 이론과 현실 간의 괴리 축소는 지속되어 1990년대 후반에 이르러서는 이론과 현실이 완전히 일치하게 되는 시기를 맞이하였다.

---

[1] 1975년 율산실업으로 출발한 율산그룹은 단기간 내에 14개의 계열사를 가진 대기업으로 성장했으나 1979년 4월, 신선호 율산그룹 회장이 외국환관리법 위반과 횡령죄로 구속되면서 계열사들이 도산하고 결국 해체되고 말았다.

[2] 건설자재 등 물자공급업으로 시작한 제세그룹은 1978년 이창우 대표가 외환관리법위반과 무역관리법 위반 등의 혐의로 기소되어 구속되면서 해체되었다.

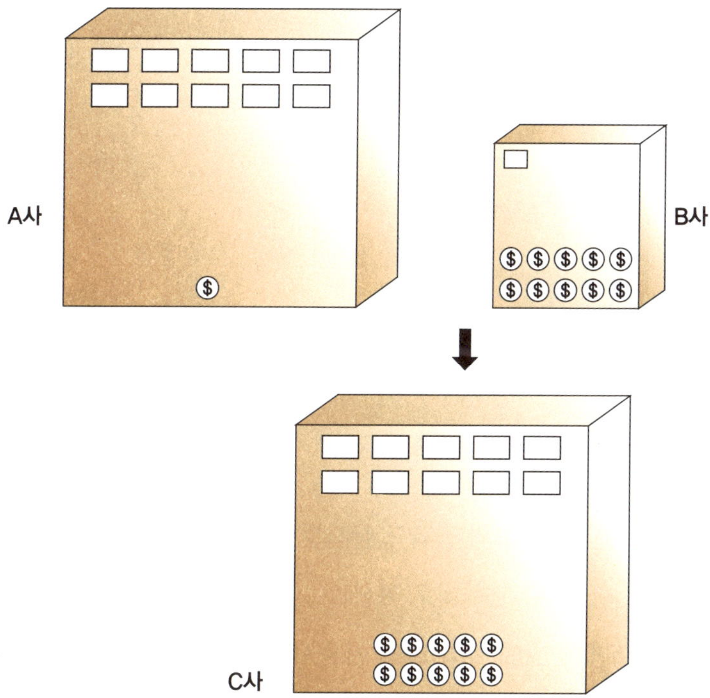

출처: 조동성, 산업정책연구원 지속경영본부, "지속(가능)경영", 서울경제경영, 2007

그림 2 | 1980년대 기업: 매출액과 이익 동시 추구

"1,000억 원의 매출액, 10억 원의 이익을 내는 C사와 500억 원의 매출액, 10억 원의 이익을 내는 D사 중에서 어느 회사가 좋은 회사인가?" 라는 질문에 기업인들은 D사를 택하게 된 것이다. 특히 1997년의 경제위기 이후 기업들은 구조조정을 금과옥조로 받아들이면서 이익은 같으나 매출액이 두 배인 C사를 실속 없는 회사로 평가하였다. 이제 매출액은 더 이상 기업의 목표가 아닌 거추장스러운 존재가 되어버린 것이다(그림 3).

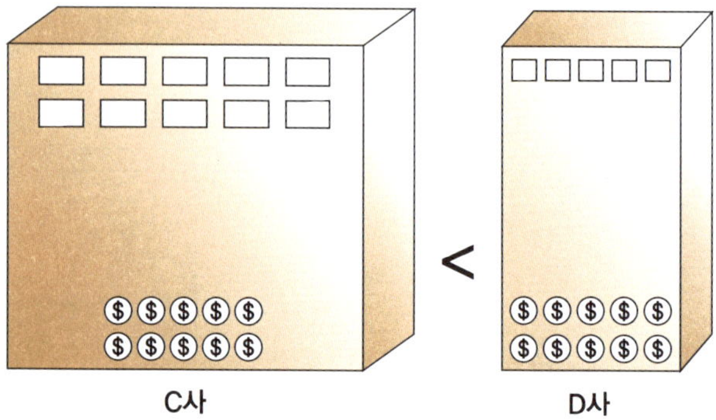

출처: 조동성, 산업정책연구원 지속경영본부, "지속(가능)경영", 서울경제경영, 2007

그림 3 | 1990년대 기업: 이익(시가총액) 극대화

그러나 이러한 사고의 전환도 잠시뿐이었다. 21세기로 발걸음을 내딛음과 동시에 또 다른 형태로 이론과 현실 간에 괴리현상이 발생하였다. 매출액 500억 원에 이익 10억 원을 내는 D사와 매출액 500억 원에 이익 5억 원을 내는 E사가 있다고 가정해 보자. 매출액이 같다면 당연히 이익이 높은 D사가 더 좋은 회사이다. 그러나 이익이 높은 D사는

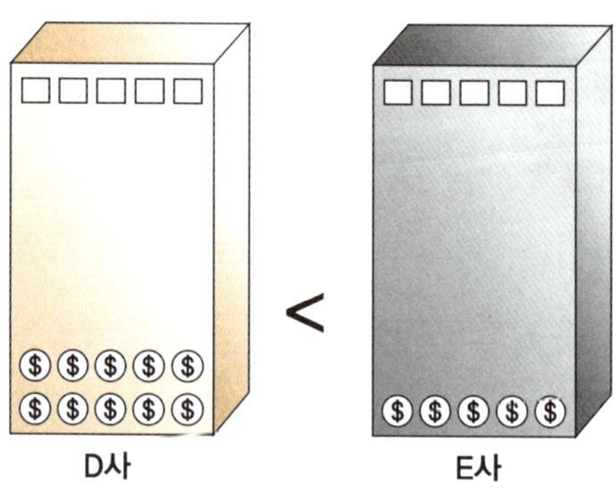

출처: 조동성, 산업정책연구원 지속경영본부, "지속(가능)경영", 서울경제경영, 2007

그림 4 | 21세기 기업: 국민의 존중과 사랑추구

국민들로부터 경멸과 비판을 받는 회사이고, E사는 이익은 D사의 절반에 머물지만 국민들로부터 존경과 사랑을 받는 회사라고 가정한다면 이는 또 다른 결과를 가져오게 된다(그림 4).

다음 질문에 여러분은 어떻게 답변할 것인가? "매출액 500억 원에 이익 10억 원을 내는 악덕 고리대금업체와, 같은 매출액 500억 원에 이익 5억 원을 내며 국민경제에 긍정적인 영향을 주는 미소금융[3] 회사가 있다면, 어느 회사를 자식에게 물려주고 싶은가?"

개인마다 선호의 차이는 있겠으나, 여러분이라면 이익은 조금 낮더라도 존경과 사랑을 받는 기업을 선호할 것이다. 이제 사업의 양적인 성장만을 중시하는 것이 아니라 양적, 그리고 질적인 면을 함께 고려하는 시대가 도래하였다.

사례 일본 오사카의 공고구미(金剛組)사

지구상에서 가장 오래된 기업으로 손꼽히는 일본 오사카의 공고구미(金剛組)는 성덕태자(쇼쿠타이시, 聖德太子)의 명을 받아 백제에서 건너간 한국인 목수 유중광(柳重光)이 시텐노우지(四天王寺)라는 절을 지으며 시작되었다. 서기 578년에 세워진 공

[3] 미소금융은 제도권 금융회사를 이용하기 힘든 금융소외계층(저소득자 · 저신용자)을 대상으로 창업 · 운영자금 등의 자활자금을 무담보 · 무보증으로 지원하는 소액대출사업으로, 1976년 방글라데시에서 처음 시작된 그라민 은행(Grameen Bank)의 무담보 소액대출제도인 '마이크로 크레딧(micro credit)'의 일종이다. 한국정부는 2009년 12월, 금융소외계층이 사회적 · 경제적으로 자활할 수 있는 기반을 마련하기 위해 서민 지원사업의 일환으로 시작하였으며 기업과 금융기관에서 출연한 기부금과 휴면예금 등의 자금을 재원으로 미소금융재단을 설립하여 운영하고 있다.

고구미는 2006년 3억4천만 달러의 부채와 경영환경 악화의 문제로 인해 타카마츠(高松)라는 건설회사로 경영권이 넘어가게 되기까지 총 1400여 년 동안 가족경영을 유지했다.

대대로 일본 전역에 걸쳐 절의 유지보수라는 특화된 사업을 유지해온 공고구미는 1995년 고베 일대를 강타한 한신 대지진 때 무너지지 않은 유일한 건물인 대웅전을 지은 기업으로도 널리 알려져 있다. '공고구미가 흔들리면 일본열도가 흔들린다'라고 할 정도로 일본 국민들의 신뢰와 사랑을 받은 기업이다.

일본 국민들은 공고구미에 대해 '기본에 충실하고 보이는 곳보다 보이지 않는 곳에 신경을 쓴다', '고객을 위해서 고객의 입장에서 목숨을 바쳐 일한다'고 이야기 했다. 이를 보면 공고구미가 얼마나 고객과 사회에 봉사하는 자세를 유지하며 윤리의식을 준수하였었는지 알 수 있다. 또한 지진 속에서도 살아남는 절을 짓는 기업으로 공고구미의 기업이미지는 일본인의 뇌리 속에 확실히 새겨져 있다.

비록 공고구미가 다른 기업에 인수되면서 해체위기를 면하기는 했지만, 고객들은 윤리적인 경영으로 1400여년을 이어 온 공고구미를 존경과 사랑을 받은 장수기업으로 기억할 것이다.

출처: 김창규, "일본의 대표적 종합상사 이토추, 고바야시 회장이 밝히는 152년 '장수' 의 비결", 중앙일보, 2010.08.28 (http://article.joinsmsn.com/news/article/article.asp?total_id=4415535&cloc=olink|article|default)

참고문헌

1. 조동성, 산업정책연구원 지속경영본부, "지속(가능)경영", 서울경제경영, 2007을 수정, 변형함
2. 김창규, "일본의 대표적 종합상사 이토추, 고바야시 회장이 밝히는 152년 '장수'의 비결", 중앙일보, 2010.08.28

Part 01

지속경영의 이해

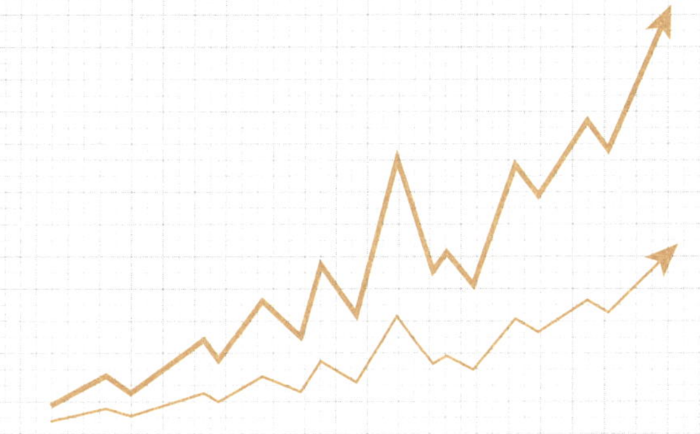

01

지속경영의 개념

사우스웨스트 항공(Southwest Airlines), 존슨 앤 존슨(Johnson & Johnson), 프록터 앤 갬블(Procter & Gamble). 이 기업들은 포춘(Fortune)[4]지에서 선정하는 '가장 존경받는 기업(World' s Most Admired Companies)', 경영컨설팅 업체인 타워스 페린(Towers Perrin)에서 선정하는 '가장 일하고 싶은 직장(the most desired to work for companies)[5]' 등에서 매년 상위권에 선정되는 세계적으로 인정받는 기업들이다. 특히 이 기업들에 대해서 눈 여겨 볼 점은 모두가

[4] 미국의 종합 경제지인 포춘(Fortune)에서 선정하는 '가장 존경받는 기업(World's Most Admired Companies)'은 1983년 미국 최초로 실시한 '세계에서 가장 존경 받는 기업' 설문조사로, 오늘날에는 전세계로 확대되어 기업 평판에 대한 최고의 성적표로 인성받고 있다.

[5] 타워스 페린(Towers Perrin)은 1871년 설립된 HR컨설팅 전문업체로 인적자원에 대한 솔루션을 제공하고 있으며, 매년 '가장 일하고 싶은 직장(The Most Desired to Work for Companies)'을 선정하고 있다.

하나 같이 지속경영의 전도사란 점이다.

이는 기업을 둘러싼 경영환경의 변화로 이윤창출과 동시에 사회적 가치의 증대를 실천하는 기업만이 성공적인 기업으로 평가받는 시대가 도래하였음을 시사한다.

1. 지속경영의 도입배경

1920년대까지만 해도 부가가치를 내는 가장 중요한 요소의 원천을 공장의 기계라고 생각했던 경영자들은 1930년대부터 기계보다 더 중요한 원천을 종업원으로 인식하게 되었으며, 이어서 1950년대에는 고객, 21세기에는 사회와 자연환경까지 부가가치의 원천으로 그 중요성이 높아졌다. 기업 부가가치 창출의 가장 중요한 원천의 변화를 통해 지속경영의 도입배경을 자세히 살펴보자.

생산관리 시대(1910년대) 1900년대에 들어오면서 기업경영에서는 능률 향상을 위한 획기적인 연구가 활발히 일어났는데, 그 하나가 공장관리자였던 테일러(Frederic Taylor)가 제안한 과학적 관리법[6]이다. 과학적 관리법은 노동 능률을 좌우하는 작업량, 작업속도, 작업동작, 작업방법 등을 과학적으로 분석하여 공장관리 및 작업관리 체계를 확립시켰으며, 기업에서는 이를 통하여 종전의 주먹구구식 경영을 탈피, 생

[6] 과학적 관리법은 F.W.테일러가 처음 제창하여 테일러 시스템(Taylor system)이라고도 한다. 작업과정의 능률을 최고로 높이기 위하여 시간연구와 동작연구를 기초로 노동의 표준량을 정하고, 임금을 작업량에 따라 지급하는 등, 여러 가지로 합리적인 방법을 연구한다.

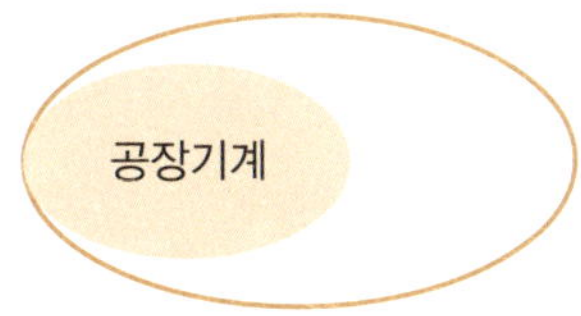

출처: 조동성, 산업정책연구원 지속경영본부, “지속(가능)경영”, 서울경제경영, 2007

그림 1-1 | 1910년대 기업의 모습

산성의 향상을 실현하였다.

이 과학적 관리법은 경영관리에 커다란 변혁을 가져왔으며, 이를 기점으로 대량생산 체계가 확립되었다. 이 대표적인 사례가 포드(Henry Ford)에 의한 대량생산 체계로서 일명 ‘포드 시스템(Ford System)[7]’이라고 불리는 것이다. 이 체계는 테일러가 분석방법으로 의존했던 동작 연구(Motion Study)[8] 및 시간 연구(Time Study)[9]에서 한층 진보한 것으로 자동차를 생산하는 데 있어 컨베이어 시스템(Conveyor System)에 의한 일관작업을 수행함으로써 공장에서의 생산성을 극대화하는 데 큰 기여를 하였다.

인사 및 조직관리 시대(1930년대) 테일러 시스템에서 포드 시스템

---

[7] 디트로이트공장에서 완성되었다고 하여 디트로이트 오토메이션(Detroit automation)이라고도 하며, 또한 대량생산의 획기적 계기가 되었다고 하여 대량생산 시스템(mass production system)이라고도 불리는 ‘포드 시스템’은 생산의 표준화와 이동조립법(moving assembly line)을 내용으로 하는 생산 시스템이다. 생산표준화는 제품의 표준화, 부품의 규격화(호환성), 전용기계의 이용으로 이루어지며, 이동조립법의 실시를 위한 전제를 제공하였다.

[8] 동작연구는 작업동작을 최소의 요소단위(要素單位)로 분해하여 그 각 단위의 변이를 측정해서 표준작업방법을 알아내기 위한 연구이며 대개 시간연구와 함께 실시된다.

[9] 시간분석이라고도 하는 시간연구는 대상으로 하는 작업을 적당한 요소작업으로 나누어 스톱와치 등과 같은 시간측정 도구로 측정해서 그 작업시간을 분석, 검토하는 방법이다. 시간연구에는 작업 간 그 자체를 분석하는 것과 같이 작업수행에 필요한 표준시간을 산정한다.

에 이르는 과학적 관리체계는 기술적 접근방법에 의한 일선 노무자의 능률을 향상시키는데 초점을 두었다. 그 결과 인간을 기계의 노예로 전락시켜 감정을 가진 동물로서의 인간의 심리적, 사회적 측면을 경시하였다. 그 당시의 관리론은 경영자나 관리자가 일에 관한 명령을 내리고, 그에 대응한 보수만 준다면 종업원들은 그대로 복종한다는 것을 전제로 하였다.

그러나 1924년에 시작된 호손 실험(Hawthorne Experiments)을 통해 종업원은 경제적 조건뿐만 아니라 심리적 조건이나 사회적 조건에 의해 영향을 받는다는 사실이 입증되면서 인간관계론이 등장하기 시작하였다. 호손 실험은 웨스턴 일렉트릭(Western Electric)사의 호손 공장에서 여성근로자 5명을 대상으로 한 연구로 조명의 밝기가 생산성 향상에 영향을 미친다는 가정 하에 출발한 실험이었다. 1차 연구에서는 조명이 높아짐에 따라 작업 능률이 향상되어 성공적인 결과를 얻었지만, 2차 연구에서는 조명이 낮아졌는데도 불구하고 작업능률이 계속 향상되는 결과를 얻게 되어, 연구는 실패로 돌아가는 듯 했다. 그러나 연구를 진행한 메이요(Elton Mayo) 교수는 추가적인 인터뷰를 통해 작업 능률에 영향을 미친 것은 조명의 밝기가 아니라 종업원과 메이요 교수와의 인간적인 관계였다는 중요한 사실을 알게 되었다. 집에서는 돈 벌어오는 기계, 회사에서는 기계 부품만도 못한 대우를 받으며 지내던 어린 여직공들에게 유명한 대학의 점잖은 교수가 와서 자신들을 인간적으로 대해주니 조명밝기와 상관없이 열심히 일하게 되었다는 것이다.

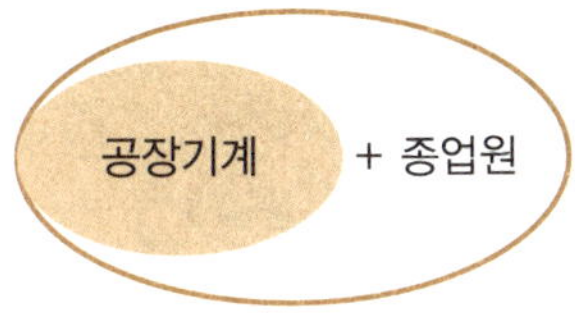

출처: 조동성, 산업정책연구원 지속경영본부, "지속(가능)경영", 서울경제경영, 2007

그림 1-2 | 1930년대 기업의 모습

호손 연구는 "근로자를 위한 기업의 투자가 더 큰 경영성과를 가져온다는 인사관리 이론"을 정립시켰고, 기업 경영자들은 더이상 근로자를 착취하는 것이 기업목적 달성에 도움이 되지 않는다는 것을 논리적으로 깨닫게 되었다(그림 1-2).

마케팅 관리시대(1950년대) 제 2차 세계대전(1941~45)에 참여한 미국은 군수물자 생산기지 역할을 담당했다. 전쟁이 확대되는 과정에서 생산시설이 비약적으로 증가한 미국기업들은 전쟁이 끝나자 새로운 현상 두 가지를 경험하게 되었다. 하나는 전쟁으로 인한 국민의 근검절약 풍토였고 또 다른 하나는 비약적으로 증가한 생산능력이었다. 이 두가지 현상은 인류 역사상 처음으로 "공급 > 수요"라는 시장구조를 만들었다. 이제 생산시설만 가지고 있다고 해서 돈을 버는 시대는 사라진 것이다.

이러한 상황에서 기업의 당면과제는 생산시설을 가동시켜 제품을 만드는 것이 아니라, 제품을 사고자 하는 고객을 찾아내는 일이었다. 따라서 기업 경영자들은 높은 소득수준에 바탕을 두고 있는 미국 소비자들의 잠재구매력을 실제의 구매행위로 나타나게 하는데 온 관심을

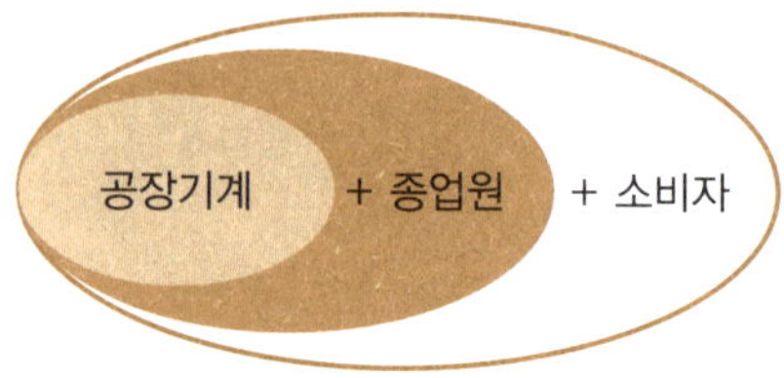

출처: 조동성, 산업정책연구원 지속경영본부, "지속(가능)경영", 서울경제경영, 2007

그림 1-3 | 1950년대 기업의 모습

집중하였다. 즉, 단순한 판매활동을 넘어서 소비자가 원하는 상품이 무엇인지를 파악하고, 이러한 요구에 부응하는 상품을 개발하고, 능동적으로 구매력을 창조해나가는 마케팅 활동이 전개된 것이다.

전후의 시장상황은 "소비자를 위한 기업의 투자가 더 큰 경영성과를 가져온다는 마케팅 이론"을 정립시켰고, 기업 경영자들은 소비자야말로 기업의 생존기반이라는 것을 논리적으로 깨닫게 되었다(그림 1-3).

윤리경영 및 사회책임경영 시대(2000년대) 21세기에 들어와 2001년 12월 엔론(Enron), 2002년 6월 월드컴(Worldcom), 2002년 7월 비방디 유니버셜(Vivendi Universal) 등의 회계부정 사건, 그리고 2003년 국내 기업의 분식회계 및 부당내부거래 사건은 윤리적인 문제를 일으키는 경영이 회사 전체에 미치는 충격과 영향에 대한 큰 교훈을 주었다. 이에 따라 기업활동이 이해관계자에게 주는 영향을 고려한 윤리경영의 개념이 대두되면서 윤리경영 이론이 체계를 잡아가고 있다.

오늘날의 사회는 "사회를 위한 기업의 투자가 더 큰 경영성과를 가져온다는 윤리경영 및 사회책임경영 이론"을 정립시켜 나아가고 있고, 기

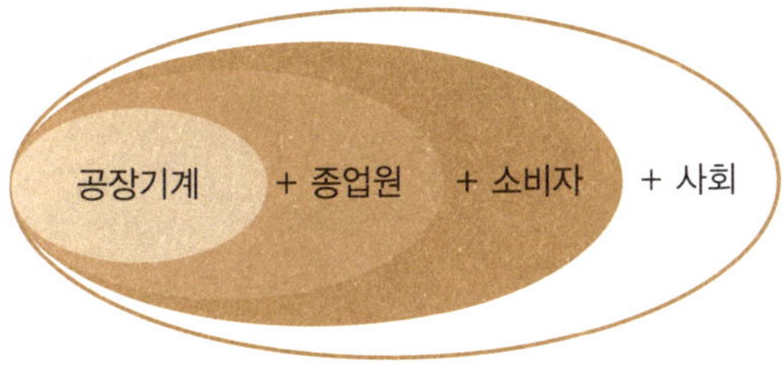

출처: 조동성, 산업정책연구원 지속경영본부, "지속(가능)경영", 서울경제경영, 2007

그림 1-4 | 2000년대 기업의 모습

업 경영자들은 사회에 해를 입히면 안된다는 소극적인 경영에서 끝나는 것이 아니라, 기업이 능동적으로 사회발전에 공헌해야 한다는 적극적인 자세를 가져야 한다는 것을 서서히 깨달아 가고 있다(그림 1-4).

환경경영 시대(미래기업의 모습) 21세기는 윤리경영과 사회책임경영 뿐 아니라 환경경영에서도 큰 변화를 요구하고 있다. 2004년에는 동남아를 덮친 쓰나미, 2005년 미국 루이지애나 지역을 덮친 카트리나, 2008년 중국 쓰촨성을 덮친 대지진은 우리에게 환경 재앙이 가져오는 충격을 깨닫게 해주고 있다. 여기에 더하여 2010년 미국 멕시코만에서 발생한 브리티시 페트롤리엄(BP) 석유회사의 유전사고는 환경문제로 인해 세계 굴지의 대기업이 일순간에 침몰할 수 있다는 것을 깨우쳐 주고 있다.

이런 시대적 환경 속에서 점차 환경친화적인 경영이 기업 이익의 희생을 가져온다는 고정관념에서 벗어나 기업 이익과 발전으로 귀결된다는 논리가 이론적으로 정립되고 있다. 이러한 환경경영 이론이 개

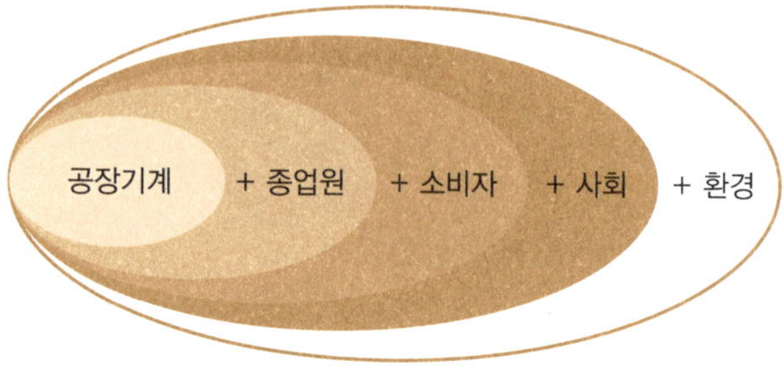

출처: 조동성, 산업정책연구원 지속경영본부, "지속(가능)경영", 서울경제경영, 2007

그림 1-5 | 미래기업의 모습

발되면서 현재 비정부기구(NGO: Non-Governmental Organization)들이 외롭게 추구해온 환경경영은 자연스럽게 경영자의 자발적 환경경영 활동에 의해 보완되고 있다.

미래 사회는 "환경친화적인 기업 활동이 더 큰 경영성과를 가져온다는 환경경영 이론"을 정립시킬 것이고, 기업 경영자들은 더이상 환경을 파괴하는 경영을 적어도 논리적으로는 시도하지 않을 것이다.

이제 미래 기업은 공장은 물론, 종업원, 소비자, 사회, 환경을 모두 아우르는 책임을 가진 조직으로 탈바꿈하지 않을 수 없게 되었다(그림 1-5).

2. 지속경영의 발전과정

기업 가치제고 범위의 확대 지속경영의 핵심인 "지속가능성(Sustainability)"은 원래 경제발전과 환경이라는 논의의 틀에서 등장하였다. 과거 경제 발전은 환경 훼손을 필연적으로 수반해 왔기 때문에 '환경을 훼손하는 경제 발전이 얼마나 지속될 수 있을까?'라는 질문에서 지속가능성이라는 개념이 탄생하게 된 것이다.

경제적 측면에서의 지속가능성 이슈는 두가지 차원에서 질문을 던지고 있다. 첫째는 현 세대의 경제 발전과 생태계 훼손 간의 교환(trade-off) 관점이다. 즉, 경제 발전의 크기가 부존자원 사용량과 생태계 훼손 정도와 비례한다고 볼 때 현 세대가 경제 발전을 위하여 어느 정도의 생태계 훼손을 감내할 수 있는가 하는 문제이다. 두 번째는 현 세대가 누리는 삶의 질과 미래세대가 누리는 삶의 질 간의 교환(trade-off)으로서 현 세대가 삶의 질 제고를 위하여 더 많은 부존자원을 사용하고 생태계를 더 많이 훼손한다고 할 때 현 세대가 초과하여 누린 삶의 질 만큼 미래 세대가 누리게 될 삶의 질은 훼손되리라는 문제이다(그림 1-6).

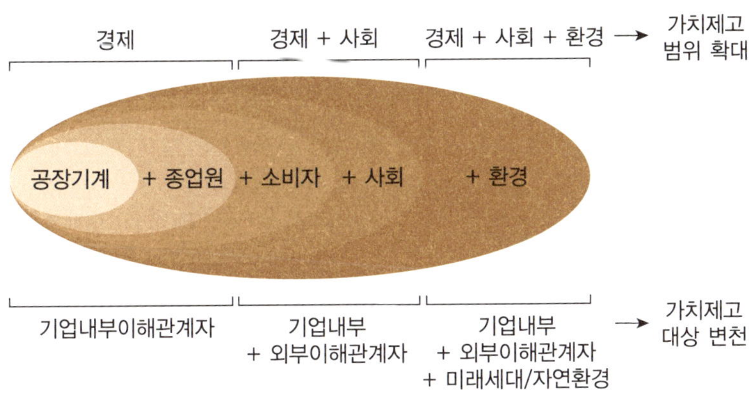

출처: 조동성, 산업정책연구원 지속경영본부, "지속(가능)경영", 서울경제경영, 2007

그림 1-6 | 지속경영의 발전과정

이러한 질문에 대한 해결책으로 제시된 것이 "지속가능한 발전(Sustainable Development)"이다. 즉, 생태환경이 더 이상 훼손되지 않고, 미래 세대가 누리게 될 삶의 질을 낮추지 않는 수준의 경제발전을 의미한다. 인구증가, 불평등 가속화, 대량생산, 대량소비, 대량폐기, 생태환경의 파괴와 자연자원의 고갈 등 지구상의 위험이 급격히 증가하면서 새롭게 추구해야 할 가치로 지속가능한 발전이 등장하게 된 것이다.

지속가능한 발전의 개념은 1972년 '지구의 날(The Earth Day)[10]' 선포, 1987년 세계환경개발위원회(WCED: World Commission for Environment and Development)[11] 발족, 1992년 리우(Rio) 정상회담[12], 2002년 요하네스버그(Johannesburg) 정상회의[13] 등을 통하여 수정 발전되어 왔다.

1972년 스웨덴 스톡홀름(Stockholm)에서 개최된 UN인류환경회의(UNCHE: UN Conference on Human Environment)[14]는 이전까지

---

10 지구의 날(4월 22일)은 미국의 환경보호단체들이 환경오염 문제의 심각성을 일깨우기 위해 정한 자연환경보호의 날이다. 세계적인 시민운동으로 확산되어 국내에서도 1990년 Earthday Network를 중심으로 전 세계 100개국, 500여 단체가 참여한 '이 땅을, 이 하늘을, 우리 모두를 살리기 위해'라는 슬로건 아래 '하나뿐인 지구, 하나뿐인 국토, 하나뿐인 생명'을 주제로 하는 '지구의 날'을 시작했다.

11 세계환경개발위원회(WCED)는 지구사회의 주요 문제를 다루기 위해 1983년 12월 유엔총회 결의로 설립되었으며, 브룬트란트 전 노르웨이 수상이 위원장을 맡았다.

12 리우회의는 인간환경회의 20주년을 기념하여 1992년 6월 3일부터 14일까지 12일간 브라질의 리우데자네이루에서 각국 정부대표와 민간단체가 모여 지구환경보전 문제를 논의한 회의이다.

13 요하네스버그 정상회의 또는 지속가능발전 세계정상회의(WSSD: World Summit on Sustainable Development)는 2002년 8월 26일부터 9월 4일까지 남아프리카공화국 요하네스버그에서 열린 환경회의이다. 1992년 브라질 리우회담(유엔환경개발회의 UNCED)에서 지속가능발전의 미래를 위해 채택한 이른바 '의제 21'의 실시 상황점검과 이후 대처를 강화하고자 세계 정상들이 모여 논의한 자리다.

인간의 경제활동이 자연환경에 어떤 영향을 주고받을 것인지에 대한 최초의 국제적 인식이라는 점에서 큰 의미를 갖고 있다. 동 회의에서 '지구의 날'을 선포한 것을 계기로 지속가능한 발전이 주목을 받기 시작한 후, 1980년에는 국제자연보호연맹(IUCN: International Union for the Conservation of Nature)[15]이 개최되어 '보전'이라는 큰 테두리 안에서 개발을 통합적으로 다룰 수 있는 전략을 국제적으로 논의하기 시작하였다.

지속가능한 발전이라는 개념의 인식이 높아지고 국제적인 노력 끝에 1987년 세계환경개발위원회는 '우리 공동의 미래(Our Common Future)'란 보고서를 통하여 '환경적으로 건전하고 지속가능한 발전(Environmentally Sound and Sustainable Development)'이란 개념을 처음이자 공식적으로 제기하였다.

이후 지속가능한 발전은 1992년 브라질에서 개최된 세계 환경 정상회담에서 리우신언(Rio Declaration)[16]과 실천 전략인 의제 21

---

[14] UN 인류환경회의(United Nations Conference on the Human Environment)는 1972년 6월 세계 최초로 '하나뿐인 지구'를 슬로건으로 하여 국제적으로 환경문제를 논의함으로서 지구 환경문제가 국제적 관심을 끄는 계기를 마련했다. 113개국 대표가 모인 이 회의에서는 인간의 경제활동에 의해 발생한 공해, 오염 등의 문제를 범지구적인 차원에서 해결하기 위한 '스톡홀름선언(인간환경선언)'을 채택하였고, 지구자원의 환경문제를 전문으로 다룰 유엔기구인 '유엔환경계획(UNEP)'의 설치에 합의하였다.

[15] 국제자연보호연맹(國際自然保護聯盟, IUCN: International Union for Conservation of Nature and Natural Resources)은 전세계의 자연과 천연자원을 보호하고자 1948년 설립된 국제기구로 스위스에 본부를 두고 있다.

[16] 리우선언(Rio Declaration)은 1992년 브라질 리우데자네이루에서 '지구를 건강하게, 미래를 풍요롭게'라는 슬로우건 아래 개최된 지구 정상회담에서 자연과 인간, 환경보전과 개발의 양립을 목표로 한 리우회의의 기본원칙을 담은 선언서이다. 환경과 개발에 관한 기본원칙을 담은 선언문이다.

(Agenda 21)[17]을 채택하여 국제적인 협약과 실천과제를 구체화하기 시작하였다. 10년 후인 2002년 요하네스버그에서 개최된 세계정상회의에서는 리우선언 및 의제 21에 대한 추진실적을 평가하고 향후 지속가능한 발전 전략을 마련하는 기회로 삼았다.

기업 가치제고 대상의 변천 지속경영 개념의 발전과정에 따라 기업이 가치제고의 대상으로 삼는 이해관계자(Stakeholder)도 점차 확대되었다. 이해관계자란 기업의 활동, 제품이나 서비스 또는 그 결과물들로 인해 영향을 주거나 받을 수 있는 개인이나 그룹을 뜻한다. 일반적으로 기업의 이해관계자는 제1차 이해관계자인 기업내부 이해관계자(투자자, 임직원), 제2차 이해관계자인 기업 외부 직접적 이해관계자(고객, 경쟁사, 협력사, 지역사회), 제3차 이해관계자인 기업 외부 간접적 이해관계자(미래세대, 환경) 등 그 범위가 매우 광범위하고 총체적이며 다양하다(표 1-1).

지속경영에 이렇게 많은 이해관계자들을 포함해야 하는 이유는 기업이 사회에 미치는 영향력이 점차 증대되고 있기 때문이다. 예전에는 기업이 '제품과 서비스를 고객에게 제공하여 이윤을 추구하는 조직'이란 개념에 불과하였다. 그러나 언제부턴가 기업에서 배출되는 폐기물

---

[17] 의제 21(Agenda 21)은 1992년 브라질 리우데자네이루에서 개최된 유엔환경개발회의에서 채택한 행동강령으로 21세기를 위한 환경보전의 구체적 방안을 제시한 행동지침이다. 전문(前文)과 4부, 39개 의제로 이루어져 있으며 내용은 지구환경문제의 원인이 되는 각종 사회경제적인 요인 등에 대한 해결방안, 대기 · 해양 · 폐기물 · 토지 등 각종 환경사안에 대한 해결방안, 이를 위한 사회 각 계층의 역할과 법 제도, 기술이전 및 재정지원 등의 광범위하고 포괄적인 이행체계로 이루어져 있다.

표 1-1 | 이해관계자별 지속경영

이해관계자 구분		관련 항목
1차 (기업 내부 이해관계자)	투자자 (Investor)	• 기업지배구조(Corporate Governance) 개선 • 재무적 성과 • 투자자 관계(IR) • 사회책임투자 대응 수준 등
	임직원 (Employee)	• 인재의 확보와 유지, 인적자본 개발 • 임직원 교육 및 경력개발 • 임직원 다양성, 임직원 보건안전 • 노동기준지표 구축, 글로벌 스탠다드 준수 등
2차 (기업 외부 직접적 이해관계자)	고객 (Customer)	• 고객관계경영(CRM) • 제품 및 서비스 관련 위험관리 및 민원처리 • 고객 인권경영 실행 및 모니터링 • 제품 및 서비스의 사회, 윤리적 측면 고려 • 제품 및 서비스에 관한 정보제공 등
	협력사/경쟁사 (Supplier/ Competitor)	• 협력사 선정방식 개선(윤리적 고려 등) • 협력사 인권경영 실행 및 모니터링 • 협력사 지원, 지역업체 참여 확대 • 협력사 관리 등
	지역사회 (Community)	• 글로벌 스탠다드 및 법규 준수 • 부패 및 뇌물관련 방지 방침 수립 • 사회공헌활동 및 재해대응계획 • 이해관계자와의 커뮤니케이션(사회보고서 등)
3차 (기업 외부 간접적 이해관계자)	환경 (Environment)	• 경영진의 환경경영 의지 • 사업영역 전반에 걸친 환경관리역량 • 규제의 능동적 대처 방안 및 진략적 수익기회 창출 • 환경 이슈에 대한 정보공개 및 모니터링 • 이해관계자와의 커뮤니케이션(환경보고서 등)
	미래세대 (Future)	• 미래세대의 규모(인구증가 등) • 미래세대의 경제적 수준 • 미래세대의 삶의 질에 대한 고려

출처: 환경부, "지속가능경영 기법 개발", 2006을 수정, 변형함

이 환경에 큰 영향을 미치고, 기업의 일자리 창출을 통해 지역사회의 경제력이 좌우되기도 하며, 기업의 파산이 한 나라의 경제를 휘청거리게 할 만큼 그 영향력이 커지자 기업에 대한 사회적 기대 수준이 변화하기에 이르렀다.

이제 기업은 지구상에서 독립적으로 존속할 수 없다. 기업이 다양한 이해관계자들과 긍정적인 관계를 유지하고, 이들의 사랑과 신뢰를 받으며 지속적인 경영활동을 지향하는 것이야말로 그 무엇보다도 중요해졌다.

3. 지속경영의 정의

지속경영에 대한 정의를 내리기 전에 먼저 국내에서 혼용되어 사용되고 있는 지속경영(Sustainability Management), 윤리경영(Ethical Management), 기업의 사회적 책임(CSR: Corporate Social Responsibility)의 개념을 정립할 필요가 있다.

각 개념의 발전 과정을 살펴보면 윤리경영은 법규 준수 및 종업원의 윤리적 의사결정과 판단 기준을 중심으로 개념이 발전하였으며, 기업의 사회적 책임은 기업이 이해관계자에 대해 갖는 사회적인 책임 측면에서 시작하였다.

일반적으로 가장 많이 인용되는 캐롤(Carroll)의 정의에 따르면 기업의 사회적 책임은 경제적, 법적, 윤리적, 자발적 책임을 포함하여 윤리경영보다 포함범위가 넓다(표 1-2).

기업의 사회적 책임 개념은 그동안 발전을 거듭해 왔다. 마르베이크

표 1-2 | Carroll의 사회적 책임 범주

구분	내용
경제적 책임 (Economic Responsibility)	기업은 사회의 기본적인 경제단위로서 사회가 원하는 재화와 서비스를 생산하고 이윤을 극대화하는 것
법적 책임 (Legal Responsibility)	기업이 경제적 책임을 수행하는 데 있어서 각종 법률과 규정을 준수해야 하는 제약조건
윤리적 책임 (Ethical Responsibility)	법적으로 강제되지는 않지만 도덕적으로 기대되는 사회적인 규범에 따라 기업을 운영하는 것
자발적 책임 (Discretionary Responsibility)	바람직하지 않은 행동을 하지 않은 소극적인 수준을 넘어 보다 적극적으로 사회에 공헌하는 활동을 하는 것으로, 설사 기업이 그 책임을 수행하지 않더라도 비윤리적이라 말할 수 없는 박애주의적 책임

출처: A. B. Carroll, "A Three-dimentional Conceptual Model of Corporate Performance", Academy of Management Review, 4(4), p.499., 1979

(Marrewijk)은 기업의 사회적 책임을 준법, 수익창출, 자선, 시너지, 기업문화 등 5단계로 분류하여 살펴보아야 한다고 주장하였다. 이 정의에 따르면, 사회적 책임의 여러 단계 중 준법단계, 수익창출단계, 자선단계를 모두 이행하고 시너지단계, 기업문화단계에 이를 때 '지속경영'이라고 말할 수 있다(표 1-3).

마르베이크가의 기업의 사회적 책임 단계에서 언급한 바와 같이 기업의 사회적 책임은 기업이 지속가능한 기업이 되기 위해 경제, 사회, 환경적으로 지녀야 될 책임을 의미하며, 지속경영은 기업의 경제, 사회, 환경적 책임을 전략적으로 접근하여 기업의 지속가능성 창출을 달성하

표 1-3 | Marrewijk의 기업의 사회적 책임 단계

단계	동인(Motives)
1단계: 준법 중심 단계 (Compliance Driven)	• 사회에 대한 의무, 사회적 양심으로서의 CSR • CSR 비용지출은 단순 비용으로 인식됨 • 경제적 책임은 최상위 단계
2단계: 수익창출 중심 단계 (Profit Driven)	• 전략적 이니셔티브로서의 CSR • 경쟁우위와 재무적 성과 창출하기 위하여 CSR활용 • CSR 비용지출은 경쟁우위 창출을 위한 투자로 인식되며 미래 수익흐름 개선을 가져옴 • 경제적 책임이 최상위 단계
3단계: 자선 단계 (Caring)	• 수익, 인간, 지구를 위한 세 가지 축(Triple Bottom Line)의 균형을 맞추기 위해 CSR 활용 • 기업은 단순히 주주이익만이 아닌 사회복지를 위해 경영할 것임을 외부에 표명 • 사회적/환경적 책임이 경제적 책임보다 우위에 있음
4단계: 시너지 단계 (Synergistic)	• 지속가능한 기업이 되기 위해 CSR 활용 • 지속가능한 기업이란 장기적으로 계속기업이 될 수 있는 기업을 의미함 • 사회적/환경적 책임은 경쟁우위를 창출하고 기업의 경제적 책임을 충족하기 위해 전략적으로 활용됨
5단계: 기업문화 단계 (Holistic)	• 기업문화로서의 CSR • 기업이 마케팅 지향적, 기업가 지향적 또는 질적 지향적 방침을 도입하는 경우와 비슷함 • 사회적/환경적 책임은 경쟁우위를 창출하고 기업의 경제적 책임을 충족하기 위해 전략적으로 활용됨

출처: Linda S. Munilla and Morgan P. Miles, The Corporate Social Responsibility Continuum as a Component of Stakeholder Theory, Business and Society Review

려는 경영방식을 뜻한다. 즉, 지속경영이 기업의 '목표'라면, 사회책임경영은 지속경영을 위한 '수단'이다.

이렇듯 지속경영은 지속가능한 발전을 요구하는 시대적 요구를 반영하여 기업을 경영하는 방식이자 새롭게 달라지는 경쟁의 양상이다. 기업의 1차적 목표가 경제적 성과라는 것에는 변함이 없으나 환경과 사회적인 부분을 간과했던 예전의 경영방식을 탈피하지 않고서는 장기적이고 지속적인 이윤을 창출할 수 없다는 것이다.

지속경영을 위해서는 경제, 사회, 환경의 3가지 영역에서 지속적인 성과를 내는 것이 필요하다는 데에는 이미 공감대가 이루어졌다. 그러나 경제, 사회, 환경적으로 지속적인 성과를 창출하기 위한 프로세스로 무엇이 필요한가에 대해서는 아직 충분한 논의가 되어있지 않다.

저자는 1990년대 GE의 잭 웰치(Jack Welch)회장으로 상징되는 혁신경영과 2000년대 애플(Apple)사의 스티브 잡스(Steve Jobs)회장으로 상징되는 창조경영에 주목하고 있다. 혁신경영과 창조경영이 추구하는 목표가 기업의 장기적 경쟁력 향상이라면 이것이야 말로 지속경영을 가능하게 하는 필요조건이 아니고 무엇이겠는가? 수많은 이해관계자를 주인으로 섬겨야 하는 기업이 당연히 지켜야할 투명경영, 윤리경영을 포함한 정도경영과 더불어 혁신경영, 창조경영을 지속경영을 실천하기 위한 과정으로 보자는 것이다. 결론적으로 저자는 이익극대화, 사회공헌, 환경보호라는 기업목표를 달성하기 위해 경제, 사회, 환경 측면에서 기업이 정도경영, 혁신경영, 창조경영을 통해 경쟁우위를 확보하고 기업의 가치를 증진시키는 일련의 경영활동을 지속경영이라고 정의한다.

사례 1-1 "로터스 마켓플레이스" 스토리

1982년 설립된 미국의 로터스사(Lotus Development Corp.)는 마이크로소프트를 압도하던 소프트웨어 개발기업으로서 1990년대 스프레드시트 프로그램인 "Lotus 1-2-3"으로 대대적인 히트를 친 기업이다. 로터스는 시장 다변화를 위하여 에퀴팩스(Equifax, Inc.)와 손을 잡고 "로터스 마켓플레이스(Lotus Market Place)"란 획기적인 제품을 공동개발 하였다. 에퀴팩스는 1899년 설립된 장수기업으로서 미국의 3대 소비자 신용평가 업체였다.

"로터스 마켓플레이스"는 CD 형태의 고객 데이터베이스 프로그램으로서 소규모 사업체의 고객정보관리를 위해 출시를 준비 중이었다. 즉, 로터스의 소프트웨어 기술과 에퀴팩스가 보유하고 있는 고객정보를 합쳐서 개발한 상품이었다. 본 상품을 구매할 경우 미국의 8000만 가구(당시 미국 가구수 9천3백만)의 데이터베이스로부터 구매고객의 타켓에 맞는 고객정보를 추출하는 것이 가능하며, 구매 기업들이 원하는 기준에 맞추어 선별된 5천명의 이름과 기록을 수집할 수 있다. 가격 또한 695달러에 불과했다. CD안에 수록된 개인정보는 이름, 주소, 나이, 성별, 결혼여부, 소득수준, 50개 유형의 라이프 스타일, 100여개 이상의 제품에 대한 구매성향 등을 포함하고 있었고 이 모든 정보는 에퀴팩스가 신용조사 보고와 마케팅 정보사업에 활용하기 위해 기존에 수집하였던 데이터였다.

제품 개발 시 두 기업은 다음과 같은 기대효과를 예상했다.

- 로터스: 제품군을 다변화하면서, 기존 매출원이었던 Lotus 1-2-3에 대한 의존도를 낮춤
- 에퀴팩스: 당시 설립된지 90년이 지난 장수기업으로서 신생기술기업이었던 로터스와 제휴하여 정보시장에 빠르게 진입하고 정보산업의 리더로서 도약할 수 있는 기회 획득
- 공동의 목표: 새로운 시장을 창조할 수 있으며, 당시 예측 수요에 따르면 40%에 이르는 수익마진 기대 가능

이러한 구상 하에 두 기업은 3년의 개발기간을 거쳐 1990년 4월 신제품을 전격적으로 공개하였다.

그런데 예상과 다르게 "로터스 마켓플레이스"는 거센 사회적 비판과 우려에 직면하였다. 첫 번째, 데이터베이스에 정보가 공개된 당사자들이 이러한 정보공개를 허락하지 않았고, 두 번째, 범죄에 데이터베이스가 오용될 가능성이 너무 컸고, 세 번째, 개인정보가 워낙 빠르게 변동하기 때문에 그 정확성을 보장하는 것이 거의 불가능했고, 마지막으로 데이터 보안이 불안정하였기 때문이다.

1990년 여름, "로터스 마켓플레이스"의 문제점은 미국의회 및 뉴스미디어에서 의제로 등장하였고, 같은해 11월, 고객이 보낸 3만 건 가량의 제품반대 편지를 수령하면서 12월, 출시계획이

취소되어 사장되는 결말을 맞았다.

현재는 고객정보의 잘못된 관리로 인해 법적소송을 당하거나 엄청난 경제적 손실을 입는 경우가 비일비재하지만 1990년에는 고객정보의 관리에 대한 인식이 없었던 시기였다. 그럼에도 불구하고 로터스와 에퀴팩스가 제품의 시장성을 분석할 때 타겟 고객으로부터 제품에 대한 의견을 수렴하는 과정을 거쳤다면, 제품으로 인해 일어날 수 있는 고객권리 위반이나 범죄이용가능성, 정보의 정확성 문제 등을 사전에 인식하고 3년동안 제품개발에 투자된 엄청난 비용을 막을 수 있었을 것이다.

출처: Lynn Sharp Paine, Value Shift, 2003를 바탕으로 재편집

핵심용어

- 지속경영(Sustainability Management)
- 지속가능성(Sustainability)
- 지속가능한 발전(Sustainable development)
- 이해관계자(Stakeholder)
- 윤리경영
- 환경경영
- 기업의 사회적 책임(CSR)

참고문헌

1. 김영재 외 3인, "기업과 사회", 상영사, 2006에서 재인용
2. 대한상공회의소, 산업정책연구원, "윤리경영 매뉴얼", 2006에서 인용
3. 사라가타 토시로 외, 한국표준협회미디어, "CSR 매니지먼트 도입의 모든 것", 2005

4. 산업연구원, 산업정책연구원, "지속가능경영 논의동향과 대응방안", 2005
5. 조동성, "21세기를 위한 전략경영", 2004의 내용을 재구성
6. 조동성, 산업정책연구원 지속경영본부, "지속(가능)경영", 서울경제경영, 2007
7. 지속가능발전기업협의회(KBCSD), "지속가능경영 프레임워크와 실천과제" 2004의 내용을 재구성
8. 환경부, "지속가능경영 기법 개발"(2006)을 수정, 변형하였음
9. A. B. Carroll(1979), "A Three-dimensional Conceptual Model of Corporate Performance", Academy of Management Review, 4(4), p.499, 1979
10. Linda S. Munilla and Morgan P. Miles, "The Corporate Social Responsibility Continuum as a Component of Stakeholder Theory", Business and Society Review
11. Lynn Sharp Paine, "Value Shift", 2003를 바탕으로 재편집

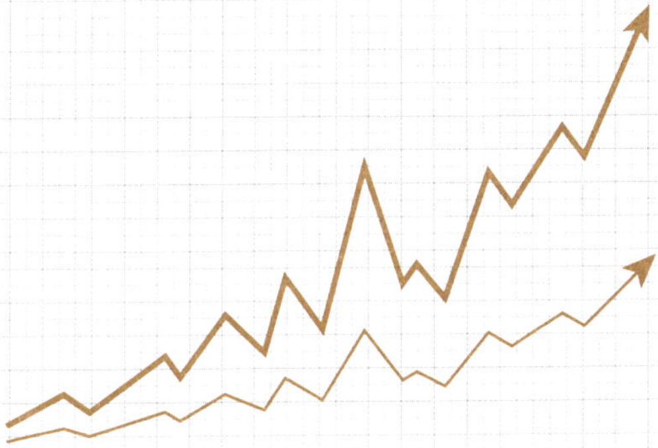

02

지속경영의 구성요소

최근 기업의 활동영역이 빠르게 글로벌화 되고, 사회에 대한 기업의 영향력이 강화됨에 따라 기업을 둘러싼 이해관계자(주주, 소비자, 정부, 협력업체, 지역사회, NGO 등)는 기업에게 경제적 성과뿐만 아니라 사회책임경영, 환경경영, 윤리경영, 투명경영, 고객만족경영 등 사회성 및 환경성을 고려한 경영활동을 촉구하고 있다.

이러한 기업환경 변화에 따라 기업은 지속가능한 발전의 세 가지 축인 경제, 사회, 환경면에서 이익극대화, 사회공헌, 환경보호라는 세 가지 마지막 줄(Triple Bottom Line)을 위해서는 물론, 장기적인 성장을 위한 정도경영, 혁신경영, 창조경영을 함께 고려한 더욱 정교한 지속경영에 대해 논의해야 한다.

지속경영 구성요소는 그림 2-1과 같이 경영내용(Content)과 경영

Content 경영내용 \ Process 경영과정		정도경영 (Do it right)	혁신경영 (Innovate)	창조경영 (Create)
경제 (이익극대화)	고객 및 공급자 종업원 자본제공자 공공분야			
사회 (사회책임)	노동 및 인권, 고객만족, 제품책임, 지역사회			
환경 (환경보호)	자재, 에너지, 물, 생물다양성 배출, 유출수, 폐수 운송			

출처: 조동성, 산업정책연구원 지속경영본부, "지속(가능)경영", 서울경제경영, 2007을 수정, 변형함

그림 2-1 | 지속경영 구성요소

과정(Process)을 기준으로 구분하여 살펴볼 수 있다. 이와 같이 두 가지 관점으로 분리하여 지속경영을 바라볼 경우, 특정 연도의 지속경영 활동을 한눈에 살펴볼 수 있어 향후 지속경영 계획을 수립하는데 도움이 된다. 특히, 지속경영의 속성상 기업을 둘러싼 이해관계자의 니즈 및 기업환경 변화에 민첩하게 대응하는 것이 필수적이기 때문에 지속경영을 경제-사회-환경이라는 경영내용만 가지고 수행하는 것 보다는 외부니즈에 지속적으로 부응하는 경영과정인 정도-혁신-창조경영을 통한 "유기적" 대응이 관건이며, 이러한 차원에서 지속경영을 "내용-

과정"이라는 2차원으로 파악하는 관점은 지속경영 활동을 분석하는 데 핵심도구 역할을 한다.

지속경영 구성요소를 적용하여 기업의 성과를 구분한 예로 유한킴벌리 사례를 보자(표 2-1).

유한킴벌리는 지속경영을 내용과 과정으로 구분하여 주요성과를 나눴으며, 이러한 성과는 기업의 이해관계자들에게 직접적 · 간접적인 영향을 주고 있다. 매년 지속가능성 보고서를 통하여 당해 연도의 지속경영 성과 중 "기존"의 정도경영 방식으로 진행한 경우, "혁신"을 통하여 성과를 제고한 경우, "창조"를 통하여 신규영역에 도전한 경우를 나눠서 이해관계자에게 보고함으로써 지속경영 각각의 내용이 지속적으로 어떻게 변화하고 있는지, 또한 "움직이는 목표(Moving Target)"가 어떻게 변화하고 있는지를 가감 없이 보여주고 있다. 유한킴벌리의 사

표 2-1 | 유한킴벌리 지속경영성과 구분표

Content 경영내용 / Process 경영과정	지속경영성과	경제	사회	환경
유지 Keep	• 존경받는 기업 6년 연속 선정 • 지속가능성보고서 발간 • UNGC COP 진행	• 브랜드 파워 1위 유지 • 주요 사업 부문 시장점유율 1위	• 우리강산푸르게푸르게 활동 • 고객만족도 조사 • 가족친화 경영	• 법규 협약 준수 • 에너지 및 물 절약 • 카풀, 자전거 타기 실천

표 2-1 | 유한킴벌리 지속경영성과 구분표 (계속)

Content 경영내용 / Process 경영과정	지속경영성과	경제	사회	환경
				• 녹색구매 · 녹색생산 • 친환경 펄프 인증 심사
혁신 Change	• 2008 로하스 경영 대상 종합 수상 • 경영진의 윤리 경영 서약 및 협력회사 청렴의무서약 • 이해관계자 조사 및 포커스 그룹 인터뷰 확대	• 빨아쓰는 타월 원단 기계 성공적 가동 • 기저귀 생산성 혁신 프로젝트 성공 • 입히는 기저귀 시장 확대 • 혁신제품 출시 (생리대 등) • 수출성장 확대 (기저귀, 생리대) • 벽지 프린팅 솔루션 개발	• 소비자불만 자율관리 시스템인증 획득 • 가족친화기업 인증 획득 • 여성리더양성 프로그램 신설 • 정년 단계적 연장(만 58세) • 아버지 출산 유급휴가 신설 • 제품 안전성 프로세스 신규 사업부 확대 운영	• 생리대 포장재 비닐 두께 감소 • 생리대 LCA 수행 • 에너지 설비 표준화
창조 Create	• 신 공장 부지 매입 • 인트라넷 내 커뮤니케이션	• 어린이 전용 화장품 사업 • 자연소재 활용 기저귀 출시	• 선택적 복지 제도 실시 • 온라인 어학 연수원 신설	• 신재생에너지 도입 • 온실가스 배출 감축 사업

표 2-1 | 유한킴벌리 지속경영성과 구분표 (계속)

Content 경영내용 / Process 경영과정	지속경영성과	경제	사회	환경
	위한 페이지 신설(이슈관리, 윤리경영, 지속가능보고, 일과 삶의 조화)	• B2B사업, 조달시장 개척	• 가족간병 휴직 신설 • 한중일 비교 문화연구소 개소 • 러브그린캠페인 시작	• 2차 포장재 감축 위한 그린마일리지 제품 출시

동 보고서는 "정도(Do it right)경영"을 "기존(Keep)경영"으로 표시하고 있다.
출처: 유한킴벌리 2009 지속가능성보고서

례와 같이 특정 기업이나 조직의 지속경영을 이해하기 위해서는 경제적, 사회적, 환경적 성과의 지속경영 내용과 정도경영, 혁신경영, 창조경영의 과정이라는 두 가지 축을 함께 고려하는 것이 효과적이다.

다음에서는 지속경영을 경영내용 및 경영과정이라는 2차원의 세계로 파악하고, 경영내용을 경제경영, 사회(책임)경영, 환경경영으로, 경영과정을 정도경영, 혁신경영, 창조경영으로 각각 나누어 파악해보자.

1. 경영내용(Content)

지속경영의 구성내용은 경제, 사회, 환경의 세 가지 분야에서 기업의 성과를 달성하고자 하는 것이다. 다른 문헌에서도 지속경영의 영역이나 범주를 정할 때 경제적, 사회적, 환경적 측면을 그 틀로 하고 있으며 이 세 가지 측면을 '세 가지 마지막 줄'이라고 한다. 이는 '기업이 경제적으로 생존가능하고, 환경적으로 건전하며, 사회적으로 책임 있도록 조화로운 노력을 하는 상황'으로 설명할 수 있다.

(1) 경제경영 (이익극대화 경영)

지속경영의 세 가지 측면 중 경제적 성과영역은 가장 근본이 되는 속성으로, 기업은 지속적인 생산 활동을 통해 이윤을 창출함으로써 경제적 책임을 다해야 하는 기업의 의무가 있으며 수익성, 부가가치창출, 생산성증대, 고용창출, 공정거래, 공정경쟁 등을 통해 경제적 지속가능성을 추구할 수 있다.

경제성과는 기업의 지속경영을 가능하게 하는 기반이다. 이는 기업의 경제활동으로 인한 직접적 · 간접적 경제효과와 이로 인해 발생한 경제적 가치를 포함한다. 따라서 경제적 지속가능성 보고는 기존의 재무회계 범위를 뛰어넘어 모든 이해관계자에 대한 경제적 효과를 보고하는 것이다.

(2) 사회경영 (사회책임경영)

지속가능경영에서 사회적 성과영역은 기업을 둘러싼 이해관계자와 건전한 파트너십을 형성하여 기업의 명성을 높이고 사회적 가치창출을 높이는 것이다. 즉, 기업이 속해 있는 사회시스템과 상호 영향에 관한 것으로 기업이 지역, 국가, 국제적 차원에서 이해관계자에 끼치는 영향분석을 통해 측정되며 경우에 따라 인적 자본이나 명성과 같은 기업의 무형자산에 영향을 주기도 한다.

본질적으로 영리를 추구하는 기업에게 사회적 책임을 물을 수 있는가에 대해서 여러 주장이 제기되고 있으나 기업이 사회 속에서 생존하고 성장하는 생태학적 존재라는 사실을 부인할 사람은 아무도 없다. 따라서 기업은 이익 창출 등 경제적 책임을 넘어 사회 구성원으로서 책임을 다하는 사회적 지속가능성에 대한 의무가 있다. 사회적 성과 및 책임의 영역은 기업의 사업내용이나 지역 · 시장의 특성, 시대적 요청 등을 반영해야 하기 때문에 다양하지만, 일반적으로 인권, 노동기본권의 보호, 안전한 제품 · 서비스의 제공, 공정한 경쟁조건의 확보, 지역사회에 공헌, 환경문제에 대한 대응 등을 포함한다.

1) 사회책임경영의 정의

사회책임경영은 기업이 자발적으로 사회 · 경제적 문제 및 이해관계자와의 상호작용을 기업 가치 및 활동에 통합하는 것이다. 즉, 기업이 이윤추구라는 이익동기를 넘어서 고객, 종업원, 투자자, 환경 등 모든 이해관계자의 이익이 기업의 정책과 행동에 반영되도록 하는 일련의 기업 활동이다.

2) 사회책임경영의 실천

기업의 사회적 영향력이 증대됨에 따라 기업의 성공여부는 해당기업이 사업을 하고 있는 지역사회에 많은 영향을 미친다. 한 예로 매출액 기준으로 미국에서 6위였던 엔론이 붕괴하면서 많은 실업자가 생겨나 고용불안을 야기했으며, 투자자와 주주에게 극심한 피해를 입히는 등 기업뿐만 아니라 사회에도 부정적인 영향을 미쳤다.

기업이 사회에 미치는 영향력이 커짐에 따라 사회가 기업에 미치는 영향력도 점차 증대되고 있다. 기업과 사회는 서로 간의 상호관계를 중시하며 협력관계를 구축하고, 다양한 형태의 사회책임경영을 실천해 나가야 한다. 또한 기업에 영향을 주거나 받는 이해관계자가 다양하기 때문에 중요한 이해관계자를 정해서 건전한 관계를 유지하기 위한 사회책임경영 활동을 전개해야 한다. 기업의 이해관계자별 사회책임경영은 다음과 같이 설명할 수 있다.

① 종업원에 대한 사회책임경영

종업원은 기업에 있어 가장 중요한 이해관계자이다. 기업은 지속경영을 추구하기 위해 법적인 기준을 충족시키는 것뿐 아니라 '가장 일하기 좋은 직장'을 만들어 종업원 자신의 가치증대와 기업의 가치증대가 동시에 이루어지도록 해야 한다.

② 고객에 대한 사회책임경영

고객은 종업원과 더불어 기업의 가장 중요한 이해관계자로, 고객에게 최고의 가치를 제공해주기 위한 노력이 바로 지속경영의 일환이다.

③ 협력사의 지속경영 지원

협력사는 기업의 가치를 만드는 과정에서 중요한 역할을 하는 파트너로, 협력사와 장기적이고 신뢰할 만한 관계를 형성하는 것이 기업의 사회책임경영 방향이다. 협력사와의 상호 이익을 위해 부당한 요구 및 불공정한 거래를 배제하는 것은 기본이며, 협력사의 지속가능성을 높이기 위해 협력사 종업원에 대한 인권, 부패 · 뇌물, 환경오염 등을 평가하고 감시하는 관리활동을 통해 협력사로부터 발생할 수 있는 위험을 장기적으로 줄여야 한다.

④ 제품에 대한 책임

기업은 고객에게 제공된 제품 및 서비스에 대한 철저한 책임을 통해 사용단계와 사용 후 단계에서 고객의 안전과 정보를 보호하기 위한 기업의 내부활동과 프로그램을 마련함으로써 제품에 대한 사회책임경영을 실천할 수 있다.

사례 2-1 유한킴벌리의 사회책임경영

유한킴벌리는 기업시민으로서 사회책임경영을 수행하는 존경받는 기업을 비전으로 삼고 있다. 경영방침 중 하나로 '사회공헌'을 명시하고, 모든 기업 활동 전개 시 인간 존중을 최우선으로 고려하며, 공익과 사회적 확산을 위해 다양한 영역과 협력하며, 모든 활동과 결과를 투명하게 공개하고자 하는 정책을 토대로 지역사회에 대한 사회 공헌 활동을 펼치고 있다.

유한킴벌리는 숲 · 환경보호, 여성과 노인 돌봄 노력, 평생학습 확산, 가족친화, 문화고양, 건강 위생 문화 확산을 위한 프로그램을 통해 사회적 책임 활동을 수행하고 있는데, 특히 1984년 시작하여 지금까지 주요 사회공헌 사업으로 지속되고 있는 '우리강산 푸르게 푸르게' 캠페인을 통해 학교숲, 도시숲 운동을 펼치고 있으며, 국경을 넘어 북한의 황폐화된 산림 복구와 중국, 몽골 지역의 사막화 방지, 네팔의 수자원 보호 등 아시아 태평양 지역의 자연환경 복원에 참여하고 있다.

유한킴벌리의 사회공헌 활동에 대한 2009년 이해관계자 조사 결과, 무려 94.6%의 응답자가 '유한킴벌리는 적극적으로 사회공헌 활동을 실천하고 있다'는데 동의하였으며 2008년 이해관계자 설문조사에서는 96.7%의 이해관계자가 '환경보호활동에 앞장서고 있다'는데 긍정적인 의견을 보였다. 이처럼 유한킴벌리는 기업의 이해관계자들로부터 사회적 책임을 다하는 기업으로 인정받고 있다.

출처: 유한킴벌리 2009 지속가능경영보고서, 유한킴벌리 2008 지속가능경영 보고서

(3) 환경경영

2009년, 언론의 가장 큰 화두로 이명박 대통령이 주창한 "녹색성장[1]"을 빼놓을 수 없다. 일부 급진론자들이나 환경관련 NGO들이 주창하

[1] 녹색성장(Green Growth)는 경제성장으로 인한 환경압력 감소와 미래세대를 위한 환경용량 유지는 물론, 경제와 사회의 성장도 꾸준하게 이루어 간다는 개념이다. 2005년 3월, 서울에서 개최된 'UN아시아태평양 환경과 개발장관회의'에서는 '환경의 지속가능성 제고', '환경성과 증진', '경제성장 동력으로써 환경역할 강화'의 세 가지 정책목표 달성을 위해 '녹색성장'이라는 새로운 패러다임을 도입하였다.

던 과거와 달리 전통적으로 보수적인 사회주류세력마저도 기후변화에 따른 환경보존을 중요하게 받아들이게 되었다. 오늘날 이들은 기후변화가 경제, 사회, 환경영역에 미치는 부정적 영향에 대하여 고민하고 있다. 2004년 동남아의 쓰나미, 2005년 미국 뉴올리언즈의 허리케인 카트리나, 2008년 중국 쓰촨성의 대지진, 2011년 일본 동북부의 대지진과 쓰나미 같은 자연 재해를 통해 인간들은 "더 이상 예전 방식으로 살아서는 안 되겠다"는 인식을 하게 된 것이다.

기업은 기업을 둘러싼 생태적 환경에 대해 책임과 공헌을 다하는 환경적 지속가능성을 고려해야 한다. 지속경영의 환경영역은 생태계, 육지, 공기, 물을 포함한 생물 및 무생물 자연계에 대한 기업의 영향과 관련된 것이다. 생태적 환경은 기업에게 현 세대뿐만 아니라 미래세대를 함께 고려할 것을 요구하므로, 경제와 사회에 대한 지속경영 내용과 달리 기업 경영에 자연 자원의 유지책임이 요구된다. 생산-유통-사후처리에 이르는 전 과정에 대한 관리가 이루어져야 하며, 친환경 공급망 관리[2], 기후변화[3] 대응, 자원관리 등이 이에 속한다.

1) 환경경영의 정의

환경경영은 기업활동으로 발생하는 환경영향을 최소화하고 체계적인 환경문제 해결 동참 및 환경관리를 위해 환경에 관한 조직의 방침을 정

[2] 공급망 관리는 제품의 생산단계부터 소비자에게 전달되기까지 진행과정을 감독하여 일련의 과정을 최적화시키고자 하는 경영기법이다.

[3] 기후변화(Climatic Change)는 대기오염으로 야기되는 온실효과에 의해 지구의 온도가 더워지는 현상으로 주요 지구환경문제 중의 하나이다.

하고 그것을 실행하기 위한 시스템을 갖추는 것이다. 즉 기업활동 전 과정에 걸쳐 환경성과를 개선함으로써 경제적 수익성과 환경적 지속 가능성을 동시에 추구하는 일련의 경영활동을 말하며 궁극적으로 환경가치를 높이는데 기여해야 한다.

이러한 환경과 경제의 통합적 접근을 통해 환경적, 경제적 효율성인 에코이피션시(Eco-efficiency)[4]를 높이는 것이 목적이다. 이는 네 가지 측면에서 접근할 수 있다.

첫째, 유독 물질 사용 및 오염 물질 배출을 감축하는 것이다. 우선 인체에 해를 주는 물질 사용을 가능한 억제함으로서 사람과 지구를 보호하자는 측면이다.

둘째, 제품 서비스 에너지의 원단위를 절감하는 것이다. 가능하면 적은 물질과 에너지를 사용해 제품이나 서비스를 만들자는 측면이다.

셋째, 재사용, 재활용 및 재생 가능자원의 사용을 확대하는 것이다. 우리나라는 물 부족 국가로 분류되고 있다. 하지만 물을 아껴 쓰겠다는 인식을 하는 사람은 별로 없다. 가능한 물건을 다시 쓰고, 재생해서 사용함으로써 자원을 보호하자는 측면이다.

넷째, 제품의 내구성 및 사용가치를 증대하는 것이다. 자동차를 3년

[4] 환경경제효율성(eco-efficiency)는 경제적 효율성(economic efficiency)과 생태적 효율성(ecological efficiency)의 합성어이다. 경제적 효율성과 한경적 효율성을 동시에 포괄하는 효율성을 의미한다. 대표적인 지표로는 자원의 투입량 대비 부가가치(또는 생산물) 산출량을 나타내는 자원생산성 등이 있다. 따라서 환경 · 경제효율성을 높인다는 것은 경제적 효율성과 환경적 효율성을 동시에 높이는 것을 의미한다고 볼 수 있다. 이런 점에서 녹색성장이 지향하는 환경과 경제의 상생 관계를 나타내는 대표적인 지표로 거론된다.

탄 후 바꾸는 사람이 있는가 하면, 같은 차를 10년씩 타는 사람이 있다. 가능한 자주 바꾸지 말고 오랫동안 아껴 쓰자는 측면이다.

2) 환경경영의 실천

환경경영을 위해서 가장 필요한 것은 환경경영 체제(EMS: Environmental Management System)[5]의 구축이다. 환경경영 체제란 환경방침 개발, 실행, 달성, 검토 및 유지관리를 위한 조직 구조, 계획 활동, 관행, 절차, 공정 및 자원 등을 포함하는 전체 경영체제의 일부이다.

각국마다 상이하게 관리되고 있는 환경관리기법과 관리체계의 표준화를 위해 국제표준화기구(ISO: International Organization for Standardization)[6]를 중심으로 환경제품뿐만 아니라 기업의 환경과 관련된 제반사항을 평가하고 인증하는 제도들을 구성 중에 있다. 환경경영을 위한 국제규격에는 ISO14000 시리즈가 있으며, 크게 환경경영 체제 구축, 환경감사, 환경 라벨링, 환경성과 평가, 전 과정 평가로 구분되어 있다(그림 2-2). 이 중 ISO14001 규격은 환경경영체제 사용을 위한 세부지침으로 1996년 9월에 제정되었다.

모든 전략이 그러하듯이 환경경영도 실무자 몇 사람이 할 수 있는 일은 아니다. 회사 최고경영자가 환경경영을 하겠다고 결심하고 전략

---

[5] 환경경영체제(environmental management system)는 체계적인 환경관리를 위해 환경 관련 조직의 방침을 정하고, 그 실행을 위한 요건을 갖춘 체제이며 EMS라고도 한다.

[6] 국제표준화기구(International Standardization Organization)는 지적 활동이나 과학 · 기술 · 경제활동 분야에서 세계 상호간의 협력을 위해 1946년 설립한 국제기구이다. 스위스 제네바에 본부를 둔 국제표준화기구에는 현재 163개국이 회원국으로 가입되어있으며, 한국은 1963년에 가입하였다.

출처: 김연성외, "품질경영론(제3판)", 박영사, 2004

그림 2-2 | ISO 14000 시리즈

을 세우고, 전사가 여기에 한 방향으로 힘을 쏟을 때 비로소 효과가 나타난다. 환경경영의 성공적인 실천요소는 다음과 같다.

첫째, 환경에 대한 인식의 전환이다. 기업에서 가장 중요한 것은 문화이다. 문화란 여러 사물에 대한 태도와 자세의 모음이다. 낯선 이들을 대하는 태도, 회사와 돈에 대한 개념, 동료에 대한 생각 등 이런 것이 문화이다. 환경에 대한 직원들의 인식이 환경경영에 중요하다. 환경에 대한 이들의 인식을 높일 수 있다면 환경경영은 실천 가능하다.

둘째, 시스템 측면이다. ISO14000과 같은 환경경영체제를 구축하고 유지 발전시키는 것이 중요하다. 조직을 바꾸고 프로세스를 변화시키고 교육을 시키고 조직별로 각자의 역할을 분명히 해야 한다.

셋째, 전시적 접근이다. 환경경영은 환경담당 부서만의 일은 아니다. 다른 부서는 뒷짐을 지고 있는데 담당 부서 혼자 이리 뛰고 저리 뛴다고 환경경영이 되는 것은 아니다. 각자가 역할과 책임을 분명히 하고 모든 것이 통합될 때 환경경영이 이루어진다.

넷째, 혁신경영과의 연계 측면이다. "측정할 수 없으면 개선할 수 없다(No measurement, no improvement)"는 격언이 있다. 시간과 비용이 얼마나 투입되었는지, 그로 인해 리스크는 얼마나 줄었고 그것이 비용으로 환산하면 어떤 것인지, 수익성에 도움이 되었는지 아니면 손해가 되었는지를 실시간으로 알 수 있어야 한다. 그러기 위해서는 전체적인 혁신경영과 연계해서 생각해야 한다.

사례 2-2 LG화학의 환경경영

LG화학은 '책임감 있는 화학기업'을 모토로 환경경영을 기업경영의 새로운 패러다임으로 인식하고 고객과 기업, 환경을 하나로 묶는 환경경영시스템을 구축하여 환경친화적 기업으로 거듭나고 있다.

LG화학은 1997년부터 전과정평가(LCA: Life Cycle Assessment)[7]를 도입해 제품 전 과정의 잠재적 환경영향 평가와 제품의 환경성 개선활동을 펼치고 있다. 2004년에는 '새집증후군'을 유발하는 유해성분인 포름알데히드가 전혀 방출되지 않는 바닥재, 벽지 등 친환경 건축자재 제품을 선보였으며, 2005년에는 첨

[7] 전과정평가(LCA: Life Cycle Assessment)는 제품 제조공정 및 서비스를 포함한 모든 산업 활동이 환경에 미치는 영향을 평가하는 방법이다.

가물질인 가소제 14종과 인조대리석인 하이막스, 회로소재 2종에 대한 전과정목록분석(LCI: Life Cycle Inventory)[8]을 작성해 제품 환경보고서 작성 및 제품별 환경영향평가를 실시했다. 최근에는 태양열과 지열 등 신재생 에너지를 냉난방에 사용하는 '제로 에너지 하우스', '그린스쿨', '그린빌딩'을 선보였으며 2009년부터 2013년까지는 총 1조원을 투자하여 친환경 전기자동차용 배터리 공장을 세계 최초로 건설하기로 하였다.

2004년부터는 지속가능한 경영활동을 영위하기 위한 기후변화협략 대응 기반을 단계적으로 구축하고, 온실가스 배출을 규제하는 '기후변화협약 대응 전담반'을 구성하여 ▲CO_2 저발생 생산체제 구축 ▲청정개발체제(CDM: Clean Development Mechanism)[9] 활용 및 배출권 거래 연구 ▲에너지 저소비 제품 개발 등 중장기 마스터플랜을 수립하고 단계적으로 시행해왔다.

또한 고분자, 혼합물, 완제품에 대한 유럽연합(EU)의 화학물질관리제도인 REACH(Registration, Evaluation, Authorization & Restriction of Chemicals)[10] 법령 대응조직을 구성하여 EU로

---

[8] 전과정목록분석(LCI: Life Cycle Inventory)은 전과정의 평가 분석, 투입산출목록을 말한다.

[9] 청정개발체제(CDM: Clean Development Mechanism)는 1997년 12월 기후변화협약 총회에서 채택된 교토의 정서에 따라 선진국이 개발도상국에서 온실가스 감축사업을 수행하여 달성한 실직을 해당 선진국의 온실가스 감축목표 달성에 활용할 수 있도록 한 제도이다.

[10] 2007년 6월 1일 발효된 REACH(Registration, Evaluation, Authorization and Restriction of Chemicals) 법령은 EU 내에서 연간 1톤 이상 제조 또는 수입되는 모든 화학물질에 대해 제조량, 수입량과 위해성에 따라 등록, 평가, 허가 및 제한을 받도록 하는 화학물질 관리 규정이다.

수출되는 모든 물질에 대한 사전등록 준비 완료는 물론 협력회사와의 공동대응체제를 구축하고 있다. 이러한 노력으로 여수, 청주, 울산, 온산 등 전국 10개 사업장이 환경친화기업으로 지정받았다.

LG화학의 환경경영은 사회공헌 활동으로도 자연스럽게 연결된다. 지방사업장별로 '1산 1하천 정화운동' 캠페인을 전개하여 환경 보호에 앞장서고 있으며, 일반 대중과 청소년에게 화학에 대한 흥미를 갖도록 하기 위해 이동화학교실과 화학캠프도 열고, 지역주민과의 소통체계 마련, 공장 견학 프로그램도 운영하고 있다.

일반적으로 화학하면 오염을 떠올리기 때문에 LG화학은 고객들의 화학에 대한 이미지를 바꾸고자 노력한다. 화학이 인간의 삶에 얼마나 중요하고 환경에 우호적인 분야인지 알리고 싶어하는 것이다. LG화학에게 환경경영은 가장 우선순위가 높은 일이다.

출처: LG화학 홈페이지(http://www.lgchem.co.kr/)
KBCSD, 2008 지속가능경영 우수사례 자료집

2. 경영과정(Process)

지속경영의 경영과정은 투명경영과 윤리경영을 포함하는 정도경영, 기존 관행을 뛰어넘는 혁신경영, 혁신경영을 뛰어넘는 창조경영으로 구분할 수 있다.

이러한 구분법은 이 책이 세계에서 처음 시도하는 방식으로 이에 대한 독자여러분의 평가를 기대한다.

(1) 정도경영: 윤리경영

정도경영 즉, 사물의 올바른 이치와 사회의 법도에 따른 경영은 어려운 듯 하면서도 의외로 단순하다. 즉 경영을 밀실에서 비밀스럽게 하지 말고 모든 이해관계자들에게 알리는 투명경영을 하면 된다.

미국에서는 이를 "뉴욕타임즈 룰(New york Times Rule)"이라고 한다. 즉 "오늘 내가 하는 일이 내일 아침 미국에서 가장 명성 높은 뉴욕타임즈 신문에 게재되어도 좋다면 해도 좋다"는 것이다. 이러한 투명경영은 자연히 윤리경영이 되고 이는 바로 정도경영이 된다. 여기서는 정도경영과 윤리경영을 같은 개념으로 다루기로 한다.

자본주의 사회에 살고 있는 많은 사람들은 금전적 수익창출을 위해 열심히 뛰고 있다. 그러나 모순되게도 물질적 부를 축적한 사람과 기업일수록 오히려 사회적으로 질타의 대상이 되고 있다. 그 이유는 우리 사회의 병폐로, 금전과 연관된 부문은 부패와 연결되기 쉽다고 가정하기 때문이다.

국제투명성기구(TI: Transparency International)[11]의 2010년 부패인식지수(CPI: Corruption Perceptions Index)[12]에서 우리나라는 10점 만점에 5.4점을 받아 전체 178개 대상국 중 39위, OECD국가 30개국(평균 6.97점)중 22위에 머물렀다. 여전히 우리 사회에 만연해있는 어둡고 변칙된 기업관행을 투명성, 공정성, 건전성의 원칙에 입각하여 밝게 하고자 하는 노력이 필요한 시점이다.

1) 윤리경영의 정의

'기업윤리'는 기업경영이라는 상황에서 나타나는 행동이나 태도의 옳고 그름을 구분해 주는 도덕적 판단기준이나 가치체계를 말하며 기업활동과 의사결정의 기준이 된다. 즉 기업을 둘러싸고 상호작용을 하는 이해관계자들이 추구하는 가치이념에 대하여 기업이 취할 의사결정과 행위를 판단하는 기준이다.

'윤리경영'은 경영활동을 하는데 있어 윤리를 최우선의 가치로 생각하며, 모든 업무활동의 기준을 윤리규범에 맞추어 투명하고 공정하며 합리적으로 업무를 수행하는 것을 말한다. 즉 양심에 반하지 않는 윤리적 수단을 통해 경영목적을 달성하고 이를 통해 기업의 성장을 꾀하는 것을 말한다.

이는 윤리적 리더십, 윤리경영제도, 윤리적 종업원 관계 등을 통하

---

[11] 국제투명성기구는 국가 활동의 책임성을 확장하고 국제적, 그리고 국가적 부패의 극복을 목표로 1993년 설립된 공익적인 국제비정부기구(NGO)로 독일의 베를린에 본부를 두고 있다.

[12] 부패인식지수(corruption perceptions index)는 국제투명성기구(TI)가 매년 발표하는 국가별 부패지수로 각국의 공무원이나 정치인이 얼마나 부패를 조장하는지에 대한 인식을 나타낸다.

여 기업내부의 가치 있는 목적을 설정하고 이를 실천하는 것이다.

2) 윤리경영의 실천

윤리경영이 추상적인 개념으로만 그치지 않고 실제 경영진의 의사결정이나 사원들의 행동에 영향을 주는 경영과정의 일부로 정착되기 위해서는 가치체계–실행조직가동–사원들의 공감대 조성으로 이어지는 일관된 윤리경영 시스템이 필요하다.

① 윤리규범

윤리규범은 경영활동의 기준이 되는 가치, 윤리원칙 및 규칙을 문서화한 것을 의미한다. 윤리규범을 세우는 목적은 기업이 지향하는 윤리 수준을 정해 놓고 전체 구성원이 그 수준에 맞는 행동을 하도록 하기 위한 것이며 기업 내 직원들의 작업환경에 도덕적 분위기를 조성하기 위한 것이다.

표 2-2 | 윤리경영 실천을 위한 3C

구분	내용
행동강령 (Code of conduct)	기업윤리의 준수를 위해 구체적이고 성문화된 형태로 사원들의 행동강령이 제시되고 있는가?
준수여부감독조직 (Compliance check organization)	윤리경영을 실현하기 위한 조직과 제도가 구비되어 있는가? (윤리경영 전담부서 및 임원, 내부고발시스템, 감사 및 평가 시스템 등)
윤리경영 교육에 의한 공감조성 (Consensus by ethics education)	기업윤리 준수를 위한 반복적이고 일상적인 교육이 제공되고 있는가?

출처: 삼성경제연구소, “윤리경영의 선진사례와 도입방안”, 2002

표 2-3 | 윤리규범의 내용

구분	내용
윤리헌장	강령제정 이유, 준수 의무
기본정신	착한기업, 사회적 가치 창조, 기업시민
고객	고객은 기업이 존재하는 이유, 성실, 신의, 만족
직원	직원은 자산, 직원의 권리, 의무
투자자	정당한 투자수익 보호, 정보공개, 공평, 평등
지역사회	지역사회와 공생, 선량한 기업시민
경쟁사	공정경쟁, 공평한 대우
임원	임직원의 명예는 회사의 명예, 개인보다 회사 이익 우선
정부	법규 준수, 책무수행, 성실보고
정치	조직으로서는 정치불간여, 투명한 관계 유지
환경	환경친화, 공생관계
국제거래	국제적 기업시민, 평등, 공평 대우
처벌	윤리성 판단기준, 고발의무, 개인의 책임, 처벌

출처: 이종명, "기업윤리", 삼영사, 1999

윤리규범의 내용은 이해관계자와의 관계를 중심으로 구성되어야 하고, 윤리경영에서 추구하는 기본적 가치관이 이해관계자와의 관계 규정에 구체적으로 반영되어야 한다.

② 윤리경영 조직 및 제도

윤리경영을 실천하기 위해서는 기업 내에 윤리경영을 지원할 조직을 구성해야 한다. 장기적으로 볼 때 윤리경영을 기업에 도입하고, 정착시켜 나가기 위해서는 윤리지원부서의 설치가 필요하다.

윤리경영 지원조직은 기업의 규모와 상황에 맞게 구성해야 하며,

보통 최고 윤리경영 조직인 윤리위원회와 실제 윤리경영 운영조직인 윤리사무국, 그리고 각 부서의 윤리실천책임자 등으로 구성된다.

윤리경영 지원조직이 구성되고 나면 윤리경영 실천을 위한 운영, 감시 및 신고제도가 뒷받침되어야 한다. 대표적인 윤리경영 제도로서 임직원의 윤리강령 위반사항 등을 신고할 수 있는 '헬프라인(Helpline)' 또는 '내부자고발제도[13]'가 있다. 이 제도는 잘못된 행동에 대한 신고뿐만 아니라 직원들이 업무 수행 중 겪게 되는 윤리적 갈등에 대한 조언과 도움을 제공한다.

③ 윤리교육

윤리교육은 임직원들이 윤리적인 문제에 부딪쳤을 때 어떻게 행동하는 것이 바람직한 것인가를 가르쳐준다. 즉 임직원들이 의사결정을 할 때 도덕적 가치와 사회적 책임을 고려하여 결정을 내릴 수 있도록 도와주는 것이 윤리교육이다.

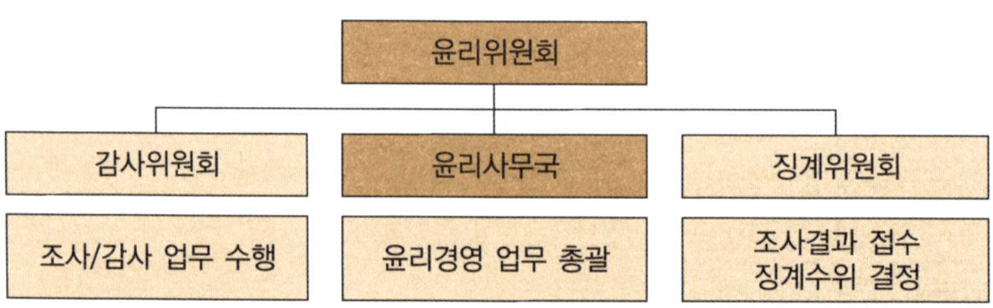

출처: 대한상공회의소, 산업정책연구원, 한국기업윤리경영연구원, "윤리경영 매뉴얼" 2006을 수정, 변형함.

그림 2-3 | 윤리지원 조직구성

[13] 헬프라인과 내부자고발제도는 조직의 내외부에서 불법거래 혹은 부정행위 등에 관한 정보를 신고하는 것을 말한다.

반복적인 윤리교육은 사전에 부패를 예방하고, 도덕적 해이를 방지하며 윤리적인 기업문화를 구축하고자 하는 공감대를 형성해 준다.

사례 2-3 존슨앤존슨(Johnson & Johnson)의 윤리경영

존슨앤존슨은 1930년대부터 자발적으로 기업윤리를 강조해 온 윤리경영의 대표적 기업이다. 1935년에 공동설립자로서 이사회 의장을 맡고 있던 존슨(R.W. Johnson)이 고객 · 종업원 · 주주에 대한 기업의 사회적 책임을 공표하여 당시 사회적 책임을 강조하는 '새로운 기업 철학'으로 주목 받았다. 존슨은 1943년 최초의 기업윤리강령으로 알려진 '우리의 신조(Our Credo)'를 직접 작성하고 경영에 접목하였다.

'우리의 신조'는 명확하게 목표를 제시하고 간결한 문장으로 되어 있어 다른 기업의 윤리강령 작성 시 모범이 되고 있다. 이 강령에서는 "소비자-종업원-지역사회-주주"의 순서로 기업의 책임을 규정하였다. 주주를 가장 나중에 배치한 이유는 소비자, 종업원, 지역사회에 기여하면 주주에 대한 책임은 자연스럽게 이루어진다고 보았기 때문이다.

존슨앤존슨은 1982년 타이레놀 독극물 투입사건이 발생하였을 때 오랜 윤리경영 실천의 역사를 바탕으로 '투명성이 최선의 정책(Transparency is the best policy)'이라는 판단 아래 제조과정을 언론에 공개하고 출시된 모든 제품을 수거하는 등의 적극적인 대처 활동을 펼친 바 있으며 이후 윤리경영 추진에 더욱 박차를 가했다.

존슨앤존슨에는 기업윤리를 담당하는 별도의 조직이 없고 인사담당 임원이 총괄하여 윤리경영을 인사정책과 연결한다. '최고경영자부터 직원에 이르기까지 모두 윤리 담당자' 역할을 한다. 직원들이 윤리적 딜레마에 직면할 경우 법무팀 또는 인사담당자와 상의하며 인사팀에서는 '신조행동팀(Credo Action Team)'을 구성하여 2년마다 한번씩 '우리의 신조'가 실천되고 있는지를 조사하고 사원들의 의식 변화를 촉구한다. 이에 따라 인사정책에 있어 기업윤리의 준수 여부가 핵심적인 판단 기준 중 하나로 작용하며 임원 교육을 통해 '신조에 입각한 리더십(Credo Leadership)'을 강조한다. 불분명한 지시로 직원을 윤리적인 혼란에 빠뜨리는 임원에 대해서는 경고 조치를 취한다.

출처: 신유근, "인간존중경영", 다산출판사, 2005

(2) 혁신경영

오늘날의 기업에서 혁신경영이 필요한 이유는 3C로 불리우는 고객(Customer), 경쟁(Competition) 및 변화(Change)의 세 가지 관점으로 설명할 수 있다. 기업의 고객이 주인이 되었고, 경쟁이 심화되며, 변화가 일상화 된 현재의 경영환경에서 과거의 대량생산 시대에 사용하던 방식을 고집하는 기업은 살아남을 수 없다는 것이 혁신경영의 핵심이다.

1) 혁신경영의 정의

혁신경영이란 조직의 목적을 달성하기 위하여 새로운 생각이나 방법으로 기존업무를 다시 계획하고 실천하고 평가하는 것이다. 새로운 제품이나 서비스, 새로운 생산 공정기술, 새로운 구조나 관리 시스템, 조직구성원을 변화시키는 새로운 계획이나 프로그램을 의도적으로 실행함으로써 기업의 중요한 부분을 본질적으로 변화시키는 것을 의미한다.

혁신경영은 제품혁신, 서비스혁신, 공정혁신, 구조혁신의 네가지 형태로 분류할 수 있다. 제품 · 서비스 혁신은 단순히 해당기업이 새로운 제품이나 서비스를 도입하는 것이고, 공정혁신은 조직의 과업이나 제품 · 서비스 운용상에 새로운 요소를 도입하는 것이다. 구조혁신은 조직 내의 업무할당, 권한관계, 의사소통체계, 정보 및 의사결정체계, 공식적 보상체계, 조직구조 등에 있어서 변화를 의미하는 것으로 조직구성원들을 해고하거나 고용함으로써 변화를 주거나 교육 프로그램을 통하여 조직 구성원의 태도, 행위, 신념 등을 개조하는 것 등이 있다.

2) 혁신경영의 실천

혁신은 새로운 성장 기회를 제공한다. 모든 성공은 최고의 성과를 가져오는 혁신에서 시작한다. 하지만 혁신을 내세운 기업이 모두 성공하는 것은 아니다. 제대로 혁신하지 못하면 새로운 성과를 만들어내지 못한다.

문제는 '어떻게 혁신하고 성공시킬 것인가'이다. 다양한 목적을 가진 혁신경영기법은 경영활동이 일어나는 장을 변화시키는 기법과 실제 경영활동 프로세스를 변화시키는 기법으로 나눌 수 있다(그림 2-4).

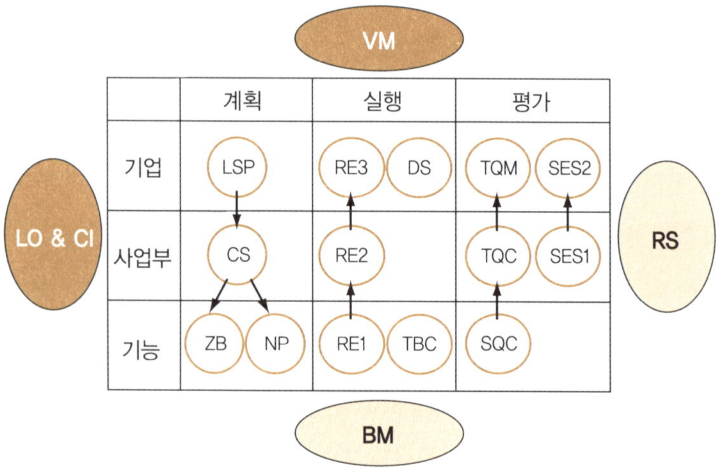

경영의 장을 변화시키는 기법	경영 프로세스를 변화시키는 기법
BM: Bench marking(벤치마킹) Learning Organization(학습조직) Corporate Indentity(기업아이덴티티) Restructuring(리스트럭처링) VM: Vision Making(비전만들기)	CS: Competitive Strategy(경쟁전략) DS: Downsizing(다운사이징) LSP: Long-term Strategy Planning(장기전략계획) NP: New Personnel Planing(신인사제도) RE: Reengineering(리엔지니어링) SES: Strategy Evaluation System(전략평가시스템) TBC: Time-based Competition(시간기준경쟁) TQM: Total Quality Management(전사적 품질경영) ZB: Zero-based Budgeting(영점기준 예산)

출처: 조동성, 신철호, "12가지 경영혁신기법의 통합모델", 아이비에스컨설팅그룹, 1996

그림 2-4 | 경영혁신기법의 통합모델

무대혁신기법, 즉 경영활동의 무대를 변화시키는 기법에는 구조조정(Restructuring), 학습조직(Learning organization), 벤치마킹

(Benchmarking) 등이 있는데, 경영내용 중 특정부문에 영향을 끼친다기보다 기업전체에 영향을 끼치며, 경영활동의 환경을 변화시키는 근본적인 혁신경영 기법이다.

과정혁신기법, 즉 경영활동의 프로세스를 변화시키는 기법에는 흔히 BPR이라고 불리는 업무재설계(Business Process Reengineering), 다운사이징(Downsizing), 전사적 품질경영(Total Quality Management) 등이 있는데 경영활동의 관리와 업무처리의 방법을 변화시키는 기법들로서 적용대상인 기업의 수준에 따라 다른 기법이 필요하다.

시시각각으로 변화하고 혼란스러운 세계에서 개인이나 조직이 살아남을 수 있는 유일한 생존전략은 지속적인 혁신뿐이다(출처: 톰 피터스, "혁신경영", 한국경제신문사, 1999).

I. 무대혁신기법

① 벤치마킹 (Benchmarking)

벤치마킹은 조직의 업적 향상을 위해 최고수준에 있는 다른 조직의 제품, 서비스, 업무방식 등을 서로 비교하여 새로운 아이디어를 얻고 경쟁력을 확보해 나가는 체계적이고 지속적인 개선활동이다. 즉 최고의 경쟁력을 보유한 상대를 정해서 강점을 파악하고 자사와 비교함으로써 동등 이상이 되기 위한 혁신경영 기법이다.

기업의 목표를 달성하기 위해 사원을 상대기업에 파견, 자사와 다른 방법으로 문제를 해결하는 기법을 익히기도 한다. 여기서 핵심은 측정기준으로서 얼마나 효과적인 항목이 설정되었는가의 여부이며 이에 따라 생산력과 경쟁력을 강화시킬 수 있다.

② 구조조정 (Restructuring)

구조조정이란 한 기업이 여러 사업부를 가지고 있을 때 또는 한 기업이 여러 기업을 보유하고 있을 때 미래변화를 예측하여 어떤 사업을 주력사업으로 하고 어떤 사업부를 축소 · 철수하며 어떤 신규사업으로 새롭게 진입할 것인지를 결정함으로써 사업구조를 개혁하는 것이다.

구조조정을 통해서 기업은 미래지향적이고 경쟁력 있는 사업구조를 가질 뿐만 아니라, 이를 통해 기업의 제한된 자원을 올바르게 배분할 수 있다. 사업을 정리하는 데는 크게 국내기업에 대한 매각, 사업체 교환(빅딜), 외국투자자에 대한 주식매각(자본참여) 등이 있다.

③ 학습조직 (LO: Learning Organization)

학습조직은 조직원이 학습할 수 있도록 모든 기회와 자원을 제공하며 학습결과에 따라 지속적인 변화를 이루는 조직이다. 학습조직은 변화에 능한 조직구축의 필요성이 갈수록 커지고 있다는데서 출발한다. 거창한 구조조정이나 임원감축이 지속적인 변화를 유발하지 못한 채 단발성으로 끝난다는 반성에서 태동한 이 기법은 항상 배우는 문화와 조직을 구축하는데 역점을 둔다.

II. 과정혁신기법

① 업무재설계 (BPR: Business Process Reengineering)

업무재설계는 기업의 일부기능만을 고치거나 개선하는 이른바 점진적인 변화의 사고방식에서 출발하는 것이 아니라 '처음부터 다시 시작한다'는 급진적인 사고방식에서 출발한다. 이런 의미에서 업무재설계는 비용, 품질, 서비스, 속도와 같은 기업 활동의 핵심적 부문에서 극적인 성과향상을 이루기 위해 기업의 업무 프로세스를 근본적으로 다시 생각하고 재설계하는 작업이다.

업무, 즉 '프로세스'라는 개념은 특정한 목적을 달성하기 위해 구성된 일련의 행위들을 뜻한다. 업무재설계가 다른 혁신경영 기법과 다른 점은 바로 이러한 프로세스의 관점에서 기업성과를 재평가하고 이를 근거로 기업을 재설계한다는 데 있다.

② 나운사이징 (Downsizing)

다운사이징이란 조직의 효율성을 향상시키기 위해 의도적으로 조직 내의 인력, 계층, 작업, 직무, 부서 등의 규모를 축소시키는 기법을 의미한다. 이러한 다운사이징은 비즈니스 다운사이징과 정보시스템 다운사이징으로 구분된다.

비즈니스 다운사이징은 기업의 관료제로 인한 불필요한 낭비를 제거하는 것을 목표로 하는 다운사이징이다. 이를 실시하면 불필요하고 불합리한 본사의 임원이나 지원부서가 축소되고 기업의 계층구조가 줄어들며 중간경영층이 대폭 감소한다.

정보시스템 다운사이징은 대형컴퓨터에 의해 이루어지던 정보처리 기능을 개인용 컴퓨터나 워크스테이션 등 소형컴퓨터로 이전하는 것을 의미한다. 이로 인해 대형컴퓨터 중심의 정보시스템을 개발하고 관리하는데 소요되는 막대한 비용을 절감할 수 있으며 조직 구성원의 신속한 의사결정도 가능하게 된다.

③ 시나리오 경영 (Scenario Management)

미래의 흐름을 읽고 그에 대처하는 경영 전략 기법중 하나로 각광을 받는 것이 시나리오 경영이다. 시나리오 경영이란 기업이 미래의 불확실한 경영환경 변화를 감안하여 향후에 전개될 변화 과정을 몇 가지 시나리오로 그려보고, 상황이 진행됨에 따라 미리 준비된 대안을 가지고 유연하게 대처하는 경영 기법이다.

④ 활동기준원가관리 (ABC: Activity Based Costing)

오늘날 기업들의 제조 간접비 비중이 늘어남에 따라 전통적인 제조 간접비 배분의 문제점이 심각하게 부각되었다. 이에 간접비 배분의 정확성을 높이려는 노력의 일환으로 활동기준원가 계산이라는 새로운 원가계산방법이 등장하게 되었다.

활동기준원가관리는 활동(activity)에 기초하여 원가를 제품에 추적배분하고 효율적인 원가관리를 추구하는 새로운 원가계산방법이다.

⑤ 전사적 품질경영 (TQM: Total Quality Management)

전사적 품질경영이란 고객만족을 목표로 전사적인 참여를 통하여 조직 내 업무프로세스와 시스템을 지속적으로 개선시키고자 하는 통합적인 기법이다.

이는 생산기능에 국한한 통계적 품질관리(SQC: Statistical Quality Control)[14]나 사업부 단위에서의 생산공정 개선 및 생산성 향상을 추구하는 전사적 품질관리(TQC: Total Quality Control)[15]보다 상위의 개념이며, 이 둘을 포함하는 전략적 · 조직적 품질관리 기법이다. 이 기법은 제품이나 서비스의 품질을 관리하고 보증하는 것뿐만 아니라 업무, 직장환경, 종업원의 자질까지도 품질개념에 넣어 종합적으로 관리한다.

⑥ 전사적 자원관리 (ERP: Enterprise Resource Planning)

전사적 자원관리는 기업자원 계획으로서 두 가지 의미를 가지고 있다. 하나는 넓은 의미로, 기업전체의 경영자원을 유효하게 활용한다는 관점에서 구매, 생산, 물류, 회계 등의 업무기능 전체의 최적화를 도모하면서 경영의 효율화를 추구한다는 개념 전체를 가리킨다. 두 번째는 좁은 의미로, 이러한 전사적 자원관리개념을 실현하기 위한 '통합형 업무 패키지 소프트웨어' 를 가리킨다.

[14] 통계적 품질관리(SQM: Statistical Quality Management)는 수량적 비교로 제품 품질의 유지 및 향상을 모색하는 관리기법이다.

[15] 전사적 품질관리(TQC: Total Quality Control)는 사업부 단위 전반적인 품질을 높여 고객 만족을 달성하기 위한 관리기법이다.

사례 2-4 포드(Ford) 자동차 회사의 혁신경영

포드는 간접기능을 최소화시킴으로써 업무혁신을 이루었다. 과거의 외상매입 업무는 구매, 재고, 외상매입 등 3개 기능으로 수행되었는데, 이들 기능이 여러 단계를 거치면서 많은 서류작업이 발생하였다.

이에 포드는 업무재설계(BPR: Business Process Reengineering)를 실시하였고 그 결과 공유된 데이터베이스에 의해 간접기능들이 사라지고 서류의 흐름이 더 이상 새로운 업무를 촉발 하지 않게 되었다. 대신 데이터베이스에서 나오는 정보가 모든 업무에 공유되었다. 그 결과 이 업무를 다루는 인원이 500명에서 125명으로 75% 감축되었다.

공유 데이터베이스뿐만 아니라 이미지 기술을 적용하여 많은 간접 업무를 직접 업무로 바꾸었다. 대출업무는 대출신청서류를 디지털 이미지화하여 불과 몇명의 직원이 직접 대출업무를 처리할 수 있게 되었다. 즉 이미지기술과 공유 데이터베이스, 클라이언트/서버 시스템 등의 정보기술을 이용하여 간접 활동을 줄인 것이다.

이는 기능간의 업무 협력을 공유데이터베이스나 지식데이터베이스에 의해 사라지게 한 좋은 사례이다. 업무에 관련된 모든 기능이 공유된 데이터베이스에서 모든 거래상태를 알게 되면 다른 기능과 직접 접촉할 필요성은 줄어든다. 같은 논리로 지식

데이터베이스에서 전문가의 지식이 제공된다면 인간 전문가에게 전화를 걸 필요가 없어진다.

미국과 유럽에 분산되어 있는 포드 자동차 설계팀은 컴퓨터 지원 설계 시스템에 의존하여 대서양을 횡단하여 공통설계 데이터베이스를 공유하게 되었다. 그 결과 설계자들 간에 물리적으로 돌아다니던 설계서류들은 사라졌다. 전에는 한번도 대면해 본 적이 없던 멤버들 간에 네트워크를 통한 비평과 의견들이 자유롭게 교환되기 시작한 것이다.

조직에서 BPR프로젝트가 처음 성공하면 상당한 흥분이 일어나고 추가 프로젝트가 일어나는 계기가 되는데 포드의 정보기술로 인해 촉발된 업무재설계가 업무를 지속적으로 변화시키고 성과를 개선함에 따라 기업은 산업시대 조직을 정보시대에 맞는 조식으로 바꾸는 근본적인 변화를 하게 된 것이다.

포드는 위와 같은 프로젝트 수행으로 인하여 자사의 총체적인 공유데이터베이스, 지식데이터베이스, 이미지 기술을 최대한 활용함으로 인해 내부에서 발생되는 업무들을 줄이고 이로 인해 생산성을 높였다.

출처: 마이클 해머, 제임스 챔피, "리엔지니어링 기업혁명", 스마트비즈니스, 2008

(3) 창조경영

불확실성 시대에 생존하는 기업들은 자원의 제약이나 리스크의 위협에도 불구하고 기업가정신을 발휘하여 새로운 환경에 부합되는 새로운 기회를 포착한다는 공통점을 가지고 있다. 이제 경영 환경 변화는 오늘을 어제보다 좋게 만드는 점진적인 전진만으로는 충분하지 않으며, 새로운 기회를 찾고 도전을 통해 전진해야한다는 새로운 자각을 제공해 준다. 이제 시대환경은 '창조경영'을 요구하고 있다(그림 2-5).

1) 창조경영의 정의

창조경영이란 기업이 가지고 있는 도전정신을 통해 미래를 열어가는 방법론으로 미래지향적 리더십과 창조성을 바탕으로 새로운 기술이나 시장기회를 창출하는 전 과정을 의미한다. 즉 기업 내에 창조적인 역량 및 시스템을 구축하고 이를 통해 창조적인 제품, 서비스 등을 만들어

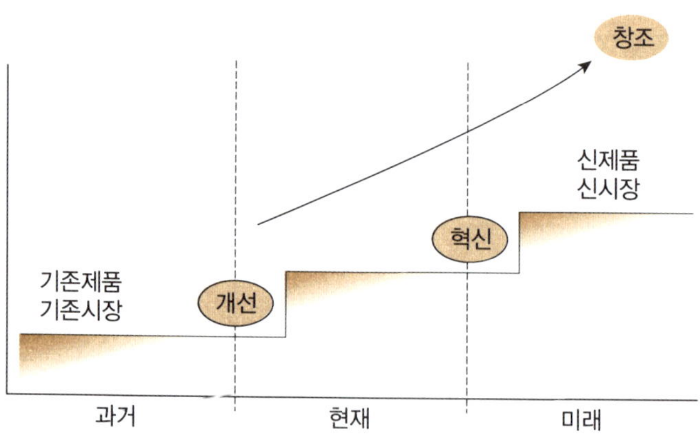

출처: 서일윤, 창조경영, 웅진그룹 지속경영 온라인교육자료, 2006에서 재구성

그림 2-5 | 창조경영의 개념

내는 전반적인 프로세스가 기업의 가치사슬에 나타나는 종합적인 경영활동을 말한다. 창조경영 기반을 구축하기 위해서는 창조적 아이디어를 통한 가치사슬 활동을 재배열(rearrange)하고, 의미를 재부여(reconfigure)하며, 가치사슬 활동을 재구성(recompose)하는 가치사슬 재편성이 필요하다.

2) 창조경영의 실천

창조경영을 실천하기 위해서는 창조비전, 창조역량, 창조경영 관리체계의 세 영역이 강화되어 조화를 이루는 것이 중요하다(그림 2-6).

① 창조비전

먼저 CEO가 창조비전을 가지고 있는지, 그것을 내부구성원과 공유하기 위해 어떤 노력을 하는지 등 최고경영자의 추진노력이 기업의 창조성에 밑바탕이 된다.

1968년 설립된 인텔(Intel)은 설립 당시 반도체를 이용해 컴퓨터 메

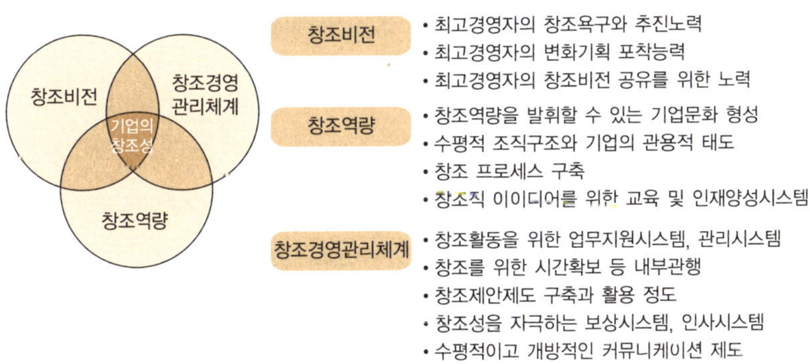

출처: 서일윤, 창조경영, 웅진그룹 지속경영 온라인교육자료, 2006에서 재구성

그림 2-6 | 창조기업의 속성

모리 제품을 제조하는 업체였다. 1985년 CEO인 앤드류 그로브(Andrew Grove)는 D램 메모리 생산을 중지하고 마이크로프로세서칩의 개발과 생산에 주력한다고 밝혔다. 당시 D램 메모리 칩은 1968년 인텔을 탄생시킨 주역이었고 세계적인 기업으로 성장할 수 있는 발판이 되었던 것이 사실이었지만 일본기업이 기술을 무기로 시장에 들어오면서 인텔이 주력하고 있었던 D램 즉 메모리 반도체 분야는 심각한 공급과잉 현상을 겪게 되었다. 인텔은 충성도 높은 소비자들을 포기하고 신사업분야로 전환하기 매우 어려운 상황이었지만, 냉철한 판단과 창조경영의 마인드로 마이크로프로세서칩에 대한 연구와 기술개발에 열정을 쏟았고, 이로 인해 인텔은 세계 최고의 마이크로프로세서칩 전문업체가 될 수 있었다.

② 창조역량

창조역량은 내부구성원들이 창조적 능력을 발휘할 수 있는 기업문화를 형성하여 구성원들의 역량을 키우는 것이다. 창조적 능력을 향상시키는 수평적인 조직운영과 실패에 대한 기업의 관용적인 태도가 형성되어야 하며, 개인의 능력을 배가시키는 인재양성 시스템을 통해 구성원들의 창조적 역량을 강화해야 한다.

로레알(L'Oreal)의 CEO 오웬존스(Owen Jone)는 '누구나 실패할 수 있는 권리가 있다'라는 말을 했다. 18년간 연속 두 자리 수준의 순이익 성장률을 달성해냈지만 언제나 성공에만 집착한 것은 아니었다. 오히려 끊임없는 실패를 반복하여 결국 창소적인 제품과 기술이 나온다는 철학을 가지고 실패에 대한 부담을 줄여 직원들의 도전의식을 장려하고 도전적인 기업 문화를 조성하였다.

③ 창조경영 관리체계

마지막으로 창조경영 관리체계는 창조경영 목표달성을 위한 체계적인 시스템이나 제도를 말하며, 창조활동을 위한 업무지원 시스템이나 관리 시스템을 지원한다. 창조를 위한 시간확보 등 아이디어를 발휘할 수 있도록 하는 내부관행이나 창조제안 제도를 활성화하는 것도 중요하다.

내부구성원의 창조성을 자극하는 보상시스템이나 인사시스템 그리고 개방적인 커뮤니케이션 제도는 쉽게 아이디어를 내고 피드백을 얻는 수단으로 작용하여 제안활동에 더욱 적극적으로 참여하도록 동기부여를 하게 된다.

예를 들면 3M사는 15% 룰을 통해 포스트잇을 비롯한 다양한 제품을 탄생시켰으며, 직원들의 자발적인 연구제도를 통해 창조적 활동을 최대한 지원하고 있다. 3M에서 행해지는 모든 연구는 '밀주제조(bootlegging)'라 불리며 연구 활동에 대해 상급자로부터 허락 받을 필요가 없다. 심지어 상사가 중지하라고 한 연구에 대해서도 비밀리에 진행 할 수 있으며 이 사실을 상사가 알더라도 모르는 척 하는 게 관례이다.

➔ 3M사의 15% 룰: 3M은 '혁신을 위한 3M의 노력(3M Way)'이라는 원식의 일환으로 직원들이 본인이 원하는 프로젝트를 진행하고자 할때 회사의 지원을 받을수 있도록 하고 있다. 3M은 공식적인 기업정책에 따라 업무기간 중 15%를 독립 프로젝트 진행에 할애할 수 있도록 하고 있다. 뿐만 아니라, 3M은 직원들에게 공공연히 위험을 감수하고 실패를 받아들이라고 한다(출처: 라이터스 편집부, "3M의 기술문화와 기술혁신", 라이터스, 2006).

사례 2-5 IBM의 창조경영

1990년대 초 컴팩(COMPAQ)과 같은 PC 제조회사가 IBM이 주도하고 있던 기업용 컴퓨터 시장을 적극적으로 공략하기 시작했다. IBM은 위기를 해결할 방법을 고객과의 최종접점 조직에서 찾았는데 바로 서비스 조직인 '통합시스템서비스사(Integrated Systems Services Corporation)'를 맡고 있던 데니 웰시(Dennie Welsh)의 아이디어에 따라 통합서비스의 사업화를 적극 추진한 것이다.

웰시가 굳게 믿었던 것은 기업에서 사용하는 컴퓨터 기기나 소프트웨어는 분야별로 다양한 회사제품을 쓸 수밖에 없는 상황이었고, 이렇게 다양한 공급자들이 만들어 낸 기술들을 통합시켜 줄 누군가가 필요하게 될 거라고 생각한 것이었다. IT산업이 기술주도 산업에서 서비스 주도산업으로 바뀔 것이라는 것을 고객의 니즈변화로부터 찾고 예측하여 그 당시 도박이라고 여겨졌던 서비스 분야로의 창조적 사업 확장을 성공시켰고 서비스 부문은 그 후 IBM의 주력사업부문이 되었다.

출처: 마이클 해머, 제임스 챔피, "리엔지니어링 기업혁명", 스마트비즈니스, 2008

핵심용어

- 윤리경영
- 윤리교육
- 벤치마킹
- 업무재설계
- 시나리오 경영
- 전사적 품질경영
- 학습조직
- 창조비전
- 창조경영 관리체계
- 윤리규범
- 혁신경영
- 리스트럭처링
- 다운사이징
- 활동기준원가
- 전사적 자원관리
- 창조경영
- 창조역량

참고문헌

1. 김성수, "21세기윤리경영론-이론과사례", 2004
2. 김연성외, "품질경영론(제3판)", 박영사, 2004
3. 대한상공회의소, 산업정책연구원, 한국기업윤리경영연구원, "윤리경영 매뉴얼" 2006을 수정, 변형함
4. 마이클 해머, 제임스 챔피, "리엔지니어링 기업혁명", 스마트비즈니스, 2008
5. 부패방지위원회, 산업정책연구원, "공직유관단체윤리경영지원매뉴일", 2004
6. 부패방지위원회, "윤리경영지원매뉴얼", 2004에서 인용
7. 라이터스 편집부, "3M의 기술문화와 기술혁신", 라이터스, 2006
8. 신유근, "인간존중경영", 다산출판사, 2005
9. 산업자원부, 대한상공회의소, 산업정책연구원, "BSR 가이드라인 소개", 2007
10. 삼성경제연구소, "윤리경영의 선신사례와 도입방안", 2002
11. 서진영, 혁신경영, 웅진그룹지속경영온라인교육자료, 2006에서 재구성
12. 서일윤, 창조경영, 웅진그룹지속경영온라인교육자료, 2006에서 재구성

13. 신유근, "현대의기업과사회"에서 인용
14. 조동성, "21세기를 위한 전략경영", 2006에서 인용
15. 조동성, 산업정책연구원 지속경영본부, "지속(가능)경영", 서울경제경영, 2007을 수정, 변형함
16. 조동성, 신철호, "12가지 경영혁신기법의 통합모델", 아이비에스컨설팅그룹, 1996
17. 지식경제부, 한국표준협회, 대한상공회의소 지속가능경영원, "지속가능경영 실행 가이드라인", 2009
18. 유한킴벌리 2008 지속가능성보고서
19. 유한킴벌리 2009 지속가능경영 보고서
20. LG화학 홈페이지 http://www.lgchem.co.kr/
21. 이종영, "기업윤리", 삼영사, 1995에서 인용
22. 필립코틀러 · 낸시리, "착한기업이 성공한다", 2006에서 인용
23. 한근태, 환경경영, 웅진그룹지속경영온라인교육자료, 2006에서 재구성
24. AT커니, 매일경제CREATIVE KOREA팀, "창조혁명 보고서", 매일경제신문사, 2005
25. KBCSD, KBCSD 2008 지속가능경영 우수사례 자료집
26. W.M.Friedman, The Social Responsibility of Business in to Increase It' s Profits

03

지속경영 관련 글로벌 스탠다드

기업의 지속가능성에 대한 다양한 세계표준, 즉 글로벌 스탠다드(Global Standard)가 대두되고 있다. 과거에는 인권이나 환경, 노동환경 등 특수 이슈에 대한 스탠다드들이 주를 이루었으나 1990년대 후반부터는 기업의 경제, 사회, 환경적인 측면의 스탠다드가 등장하였고, 2000년대 들어서면서 비로소 경제, 사회, 환경이 통합된 지속가능성에 대한 글로벌 스탠다드들이 제정 · 강화되고 있다. 따라서 지속경영을 추진한다는 것은 넓은 의미에서 새로운 글로벌 스탠다드에 대응하는 것이라 할 수 있다(그림 3-1).

출처: 산업정책연구원, 2011

그림 3-1 | 지속경영 관련 글로벌 스탠다드 흐름

1. 지속경영 가이드라인

세계화, 국제화 그리고 현지화가 확대되고 있는 가운데 세계무역기구(WTO: World Trade Organization)[1]와 경제협력개발기구(OECD: Organization for Economic Cooperation and Development)[2] 등 세계적 기구 및 경제개발 조직 등에서 새로운 국제적 장벽과 규범을 내놓고 있다. 이러한 국제적 규범을 지키고 성실히 이행할 때 우리 기업들

---

[1] 세계무역기구(WTO: World Trade Organization)는 1947년 시작된 관세 및 무역에 관한 일반협정(GATT: General Agreement on Tariffs and Trade) 체제를 대체하기 위해 등장했다. 전세계 150여개 국가가 회원으로 가입되어 있는 세계무역기구는 세계 무역 장벽을 감소시키거나 없애기 위한 목적을 가지고 국가 간 무역의 자유를 보장해 준다.

[2] 경제협력개발기구(OECD: Organization for Economic Co-operation and Development)은 세계적인 국제기구 중 하나로 대부분 정치적으로 대의제, 경제적으로 자유시장 원칙을 받아들인 선진국들이 회원으로 참여한다. OECD의 목적은 경제성장, 개발도상국 원조, 무역의 확대 등이며 활동은 경제정책의 조정, 무역문제의 검토, 산업정책의 검토, 환경문제, 개발도상국의 원조문제 등의 일을 한다. 우리나라는 1996년 12월 12일 회원국으로 가입하였다.

은 국제사회에서 선두자리에 설 수 있는 경쟁력을 갖추게 될 것이다. 지속경영 관련 가이드라인은 크게 지침 및 이니셔티브, 인증기준, 보고 가이드라인 등으로 구성된다.

OECD 다국적기업 가이드라인(OECD Guidelines for Multinational Enterprises) 1976년 OECD에서 다국적기업의 사회적 책임을 제고하기 위하여 가이드라인을 제정하였고, 이후 4회의 개정을 거쳐 33개국에서 채택하고 있다. OECD 다국적기업 가이드라인은 회원국 공동의 명의로 다국적기업에 대해 일정한 사회적 책임을 부여하는 국제규범이라고 할 수 있으며, 법적 구속력은 없으나, 가이드라인의 실효성을 확보하기 위하여 가이드라인을 수락한 국가에서는 연락사무소(NCP: National Contact Point)를 설치하여 가이드라인에 대한 홍보 및 가이드라인의 이행과 관련하여 제기된 문제를 처리하도록 규정하고 있다.

OECD 다국적기업 가이드라인은 지속가능성에 관한 많은 문제를 취급하고 있고, 이후 다른 글로벌 기준의 기본이 되어 왔으며, 특히 'UN 글로벌컴팩트(UN Global Compact)'와 유사하다. 가이드라인의 본문은 총 10장으로 구성되어 있다(표 3-1).

코오 원탁회의 기업행동 지침(Caux Round Table: Principles for Business) 1986년 스위스 코오(Caux)에서 프루덴셜 보험회사(Prudential), 필립스(Phillips), 캐논(Canon) 등 글로벌 기업 CEO들

표 3-1 | OECD 다국적기업 가이드라인 내용

제1장 개념 및 원칙	가이드라인의 개념과 의의, 정부의 역할 등
제2장 일반정책	11개 조항의 이행항목 제시 (지속가능개발, 인권존중, 지역사회 역량 강화, 인적자원 양성, 모범적 기업지배구조 등)
제3장 정보공개 의무	기업의 활동, 구조, 재무상태 및 실적에 관한 정보의 정기적 공개 보장과 사회, 윤리 및 환경 정책에 대한 정보 공개 등
제4장 고용 및 노사관계	근로자 권리 존중, 아동노동 근절, 강제노동 근절, 차별 방지, 단체협약 지원, 현지인력 채용 및 훈련 등
제5장 환경	환경경영시스템 수립 및 유지, 목표 설정, 목표의 진척도에 대한 정기적인 감사, 전과정평가, 교육과 훈련 등
제6장 뇌물과의 전쟁	투명성 강화, 징계 절차, 불법적 정치 기부 방지 등
제7장 소비자 이익	건강 및 안전에 대한 기준 충족, 정보 제공, 소비자 불만 처리 절차, 개인정보 보호 등
제8장 과학 및 기술	지적재산권 보호, 기술 및 노하우의 이전, 현지 대학 및 연구기관과의 유대 등
제9장 경쟁	반경쟁적 행위 및 협정 체결 방지 등
제10장 조세	조세 법규 준수 등

출처: http://www.oecd.org/daf/investment/guideline

이 기업경영에서 도덕적 가치의 필요성을 확인하는 첫 원탁회의를 가진 후 1993년 국제적인 기업경영의 기본원칙을 채택 발표하였다.

코오 원탁회의의 기업 행동지침은 제1부 전문, 제2부 일반원칙, 제3부 이해관계자 원칙 등으로 구성되어 있으며, 국제적 기업의 행동표준을 제시하고, 기업 윤리강령의 기본원칙을 제시하여 기업경영에서 도덕적 가치의 필요성을 확인한다(표 3-2).

표 3-2 | 코오 기업행동 지침

일반원칙 (General Principles)	• 모든 이해관계자에게 가치를 창출한다. • 경제 및 사회 발전에 기여한다. • 자원을 신중하고 효과적으로 사용한다. • 기업을 솔직하고 진실되게 경영한다. • 약속을 지킨다. • 국제법 및 국내법을 준수한다. • 다자간 무역 시스템을 지지한다. • 환경을 보고하고 개선한다. • 뇌물, 돈세탁 및 기타 부정행위를 피하고 퇴치하기 위하여 노력한다.
소비자 (Customers)	• 고객의 요구사항에 부합하는 품질을 제공한다. • 고객을 공정히 대한다. • 고객 불만 사항을 처리한다. • 부정적 건강 및 안전 영향을 최소화하고 이를 소비자에게 알린다. • 환경을 유지 혹은 개선하는 제품과 서비스를 생산한다. • 제품, 마케팅 및 광고시 인간 존엄성(Integrity)을 존중한다. • 소비자 문화의 존엄성을 존중한다.
직원 (Employees)	• 삶의 질을 향상시키는 양질의 일자리 창출하고 보상을 한다. • 직원의 건강 및 존엄성을 보호한다. • 가능한 정직하고 솔직하게 의사소통한다. • 선의의 원칙에 따라 분쟁을 조정한다. • 성별, 인종 및 종교와 상관없이 동등대우 및 동등기회원칙을 준수한다. • 장애인에게 유용한 일자리를 제공한다. • 예방할 수 있는 직장관련 질병 및 부상을 막는다. • 직원이 기술 및 지식 개발을 하는데 동기부여 및 지원을 한다. • 실업문제 및 기업결정과 연관된 이전(Dislocation) 문제를 다룬다.

표 3-2 | 코오 기업행동 지침 (계속)

소유주 및 투자자(Owners/ investors)	• 투자자에게 공정하고 경쟁력있는 보상을 제공한다. • 투자자에게 정확하고 적정한 정보를 제공한다. • 투자자의 자산을 보호하고 증식시킨다. • 투자자의 의견(제안 혹은 불만사항)을 존중한다. • 기업자산은 개인용도가 아닌 회사용도로만 사용한다.
공급자 (Suppliers)	• 가격책정, 라이센싱(허가), 판매권을 포함한 모든 활동에서 진실되고 공정하게 행동한다. • 강요 및 불필요한 법정소송을 하지 않는다. • 공급자 가치, 품질, 경쟁력, 신뢰성에 대한 교환으로 장기적 관계를 육성한다. • 공급자에게 시기적절한 정보를 제공하고 공급자를 계획단계에 참여시킨다. • 공급자에게 협의된 조건에 따라 적시에 대금을 지불한다. • 고용관행이 인간존엄성을 존중하는 공급자를 우대한다.
경쟁자 (Competitors)	• 경쟁자와 담합하지 않는다. • 무역 및 투자 관련하여 개방시장을 지지한다. • 경쟁행위와 경쟁자를 존중한다. • 경쟁우위를 차지하기 위하여 의심스러운 자금제공을 하거나 특혜를 받지 않는다. • 지적재산권(유형 및 지적재산)을 보고한다. • 상업정보를 정직하고 윤리적으로 획득하고 스파이나 비윤리적 방법을 사용하지 않는다.
지역사회 (Communities)	• 정부 관료와 부적절한 관계를 피한다. • 기업활동에서 유발된 부정적 사회 혹은 환경적 영향을 관리한다. • 인권 및 민주적 제도를 장려한다. • 인간개발을 장려하는 공공정책을 지지한다. • 지역사회 단체와 협력하여 보건, 교육, 작업장 안전 및 경제를 증진한다.

표 3-2 | 코오 기업행동 지침 (계속)

	• 평가, 안보, 다양성 및 사회통합을 지지한다. • 지역문화의 존엄성을 존중한다. • 자선, 교육, 문화 및 종업원 시민활동 참여에 기여한다.

출처: http://www.cauxroundtable.org

ILO 다국적기업의 원칙과 사회정책에 관한 삼자선언(Tripartite Declaration of Principles concerning Multinational Enterprises and Social Policy) 국제노동기구(ILO: International Labor Organization)[3]는 수년동안 다국적기업 활동에서 비롯된 사회적 문제에 관여해 왔다. 1997년 ILO의 집행기구회의에서 고용, 근로조건, 노사관계 등에 관한 58개 항목을 규정하고 채택하였다(표 3-3).

WTO 등 많은 국제협약에 따른 세계화의 결과로 삶의 모든 영역에서 증대된 다국적 기업들의 부정적 영향력을 견제하고, 사회, 경제적 발전에 긍정적 기여를 하도록 장려하고 있으며, 다국적 기업의 다양한 운영방식이 야기할 수 있는 문제를 최소화하고 해결하고자 하는 국제적인 기준이다.

이 기준은 구속력 없는 행동기준으로서 회사의 행동이 선언내용과 일치하는지 여부를 판별하는 기준일 뿐 제재나 규제에 대한 규정은 없다.

---

[3] 국제노동기구(International Labour Organization, ILO)는 노동 문제를 다루는 국제 연합의 전문기구로서 스위스 제네바에 본부를 두고 있다. 1919년 베르사유조약 제13편(노동편)을 근거로 창설되어 1948년부터 제29차 총회에서 채택된 국제노동헌장에 입각하여 운영되고 있으며 공로를 인정받아 1969년에는 노벨 평화상을 수상한바 있다.

표 3-3 | ILO 삼자선언 내용

제1조~제7조	• 다국적기업의 정의 및 다국적 기업의 위험성, 삼자선언의 목적
제8조~제12조 일반정책 규정	• 국가의 주권을 존중, 국내법과 규정 준수, 지역관례를 충분히 고려, 관련 국제 표준 존중 • 정부는 ILO협약 87, 98, 111, 138, 182 조를 비준, 국내 정책에 반영 • 정부와 다국적 기업, 관련 사용자 조직과 노동자 조직 사이의 협의회 개최
제13조~제20조 고용촉진	• 다국적 기업은 유치국의 사회정책에 부합한 인력수급 계획을 수립해야 하는 한편, 유치국의 특성과 요구에 맞는 기술개발에 나서야 함
제21조~제23조	• 기회균등과 평등한 대우를 받을 권리
제24조~제28조	• 고용안정
제29조~제32조 직업훈련	• 국내기업과 함께 특별 자금지원을 포함한 유치국 정부가 계획하고 노동자 조직과 사용자 조직이 지원하는 훈련 프로그램에 참여해야 함
제33조~제35조	• 작업환경과 삶의 질, 임금, 사회보장과 근로 조건
제36조~제39조	• 안전과 보건
제40조	• 노사관계

출처: ILO, "Tripartite declaration of principles concerning multinational enterprises and social policy (MNE Declaration) - 4th Edition", 2006.
http://www.ilo.org/wcmsp5/groups/public/---ed_emp/---emp_ent/---multi/documents/publication/wcms_094386.pdf

SA(Social Accountability) 8000 SA8000은 국제사회책임기구(SAI: Social Accountability International)[4]가 작성한 사회보고책임

[4] 국제사회책임기구(SAI: Social Accountability International)는 작업장 및 커뮤니티의 질을 향상시키자는 목적으로 운영되는 국제비영리 인권단체이다.

표 3-4 | SA8000 내용

SA8000을 준수하고자 하는 경영의지	법률, 법률 이외의 각 기업이 준수를 약속하고 있는 사항, 국제기구의 요구사항을 준수하고자 하는 의지 표명과 더불어 지속적 개선을 위해 노력
경영검토	경영진은 기업의 방침이나 순서 및 회사가 준수를 약속한 SA8000 등의 요구 사항에 준한 성과의 타당성, 적용성 및 지속적 유효성을 정기적으로 검토
시스템 수정	필요한 경우 실시
현안 사항에 대한 대처	상황에 따라 적절히 시정 조치를 취하고, 균등히 자원을 배분

출처: 환경부, "지속가능경영 기법 개발 최종보고서", 2006

및 노동 환경에 관한 기준으로, 소매업자, 브랜드 기업, 공급자 등과 같은 조직을 대상으로 한 것이다(표 3-4).

공급망(Supply-Chain)에서의 노동 문제를 중심으로, 고용 및 노동 조건의 여러 문제를 다루고 있다. 이 기준은 기업의 방침, 순서 및 관행이 적합한지 여부와 이해관계자에게 증명을 실시할 수 있도록 요구사항을 규정하는 것을 목적으로 한다.

참여 기업은 이 기준 외에 국내법, 적용법 및 각 기업이 준수할 것을 약속하고 있는 모든 요구 사항을 준수해야 하고 이외에도 세계 인권선언(Universal Declaration of Human Rights)[5], 아동권리조약 및 고용에 관한 ILO협정에 관한 모든 원칙도 존중해야 한다.

[5] 세계인권선언(Universal Declaration of Human Rights)은 2차 대전 이전에 전세계에 만연됐던 인권침해 사태에 대한 인류의 반성을 촉구하고 모든 인간의 기본적 권리를 존중해야 한다는 유엔 헌장의 취지를 구체화한 것으로, 1948년 12월 10일 제3차 국제연합(UN) 총회에서 채택되었다.

이 기준에서는 강제노동, 아동노동, 결사의 자유, 단체교섭권, 안전위생, 최저임금, 생활임금, 차별관행, 처벌관행, 노동시간, 교육환경 등에 관여된 문제를 다루고 있다.

ETI 기본규범(Ethical Trading Initiative Base Code) ETI 기본규범은 고용과 노동조건에 관한 글로벌 기준이며, ILO의 각 협정, 세계인권선언, UN의 아동 권리 조약에 직접적으로 관련되어 있다. ETI는 기업, 노동조합 및 NGO 세 단체가 공동으로 만들어낸 파트너십이며, ETI의 멤버가 되기 위해서는 이 규범에 서명하고 참가해야 한다.

ETI의 기본 규범이 갖고 있는 강점은 세계적으로 공감대를 형성하고 있는 ILO 및 UN의 기준에 근거하고 있고, 다수의 참가자로 구성된 파트너십으로 인해 신뢰감을 형성한다는 것이다(표 3-5).

표 3-5 | ETI 기본규범 내용

1. 직업은 자유롭게 선택할 수 있다.
2. 결사의 자유와 단체 교섭권을 존중해야 한다.
3. 노동조건은 안전 위생을 배려해야 한다.
4. 아동 노동력을 착취해서는 안된다.
5. 최저생활 임금을 지불해야한다.
6. 과다한 노동시간은 용인될 수 없다.
7. 차별을 해서는 안된다.
8. 정규 고용을 보증해야 한다.
9. 학대 및 비인도적인 처우는 금지한다.

출처: 국가청렴위원회, "기업 윤리경영 모델", 2007

기업의 사회적 책임에 관한 설리반 원칙(Global Sullivan Principles of Corporate Social Responsibility) 1977년 설리반 목사에 의해 천명된 고용정책으로 '남아프리카 공화국에서 활동하고 있는 미국기업은 인종차별을 하지 않는다'는 원칙을 담고 있다. 초기에는 12개의 미국 기업들이 참가하였으나, 1980년대 중반 이후 100개가 넘는 기업들이 참여하였다. 1999년 원칙적용을 엄격화하고 기업에 대한 요구조건을 더욱 확대한 '기업의 사회적 책임에 관한 설리반 원칙'으로 재탄생하였다.

동 원칙은 다국적 기업들이 전 세계 영업지역에서 부딪치는 인권, 노동권, 환경, 지역사회의 관계, 납품업체 관계, 공정경쟁과 같은 중심 이슈들과 관련된 영업 관행에 있어서의 지침이 되며, 사내규정 및 원칙들을 조정하는 보다 큰 틀을 제공한다. 서명자들로 하여금 지적재산권을 존중하며, 뇌물을 주지도 받지도 않는 등 공정한 경쟁을 촉진하도록 요구한다(표 3 6).

표 3-6 | 설리반 원칙 내용

설리반 원칙 내용
1. 인권보장, 평등한 고용기회 촉진, 결사의 자유 존중, 근로자의 최소한의 기본적 욕구 충족, 기술과 능력 향상의 기회를 제공
2. 안전한 작업장의 제공, 지적재산권을 존중, 뇌물공여금시 등 공정한 경쟁을 촉진
3. 삶의 질 향상을 위한 서비스를 제공하는 정부 및 관련단체와 협력, 열악한 환경에 처해있는 노동자에게 훈련과 고용의 기회를 제공
4. 동 원칙의 투명한 실행, 동 원칙의 공정한 적용을 증명할 수 있는 정보를 제공

출처: Leon H. Sullivan Foundation http://www.thesullivanfoundation.org/about/global_sullivan_principles

UN 글로벌컴팩트(UN Global Compact) UN 글로벌컴팩트는 1999년 1월 스위스 다보스에서 열린 세계경제포럼(WEF: World Economic Forum)[6] 총회연설에서 코피 아난(Kofi Annan)[7] 전 UN사무총장이 기업의 사회적 책임을 강화하자는 취지에서 제안한 것으로 2000년 7월 뉴욕의 UN본부에서 기업, 시민단체 등이 참석한 가운데 발족하여 만들어진 기업 시민을 위한 자발적인 이니셔티브(Initiative)이다.

본 협약은 국제 사회에서 기업이 사회적 책임을 이행함으로써 세계화의 문제들에 대한 해결을 지향하며, 인권, 노동, 환경, 반부패라는 4개 범주에 대한 10대 원칙을 기업들에게 부여하고 이를 채택하고 규범화할 것을 요구하고 있다(표 3-7).

UN 글로벌컴팩트는 법적 구속력은 없으나 점차적으로 영향력이 강화되고있고 전 세계적으로 인지도가 높아지고 있다. 2009년 전 세계 국가별 가입현황을 보면 스페인(852), 프랑스(658), 미국(381), 영국(212), 중국(212), 인도(201), 이탈리아(182), 한국(169), 일본(106), 캐나다(70) 순이다.

반드시 지켜야 한다는 '강제성'이 없으므로 가입 멤버들이 구체적인 실천을 하지 않을 수 있기 때문에 UN 글로벌컴팩트 자문평의회는 동 가이드라인의 규범화를 위해 노력하고 있다.

---

[6] 세계경제포럼(WEF: World Economic Forum)은 지명한 기업인, 학자, 정치가, 저널리스트 등이 모여 세계경제에 대해 논의하고 연구하는 국제민간회의로 1971년에 창설되었다. 1981년 이래 매년 스위스 다보스에 모여 회의한다는 데에서 비롯하여 '다보스 회의'라고도 한다.

[7] 코피 아난(Kofi Annan)은 1996년부터 2006년까지 UN사무총장을 역임하였다. 2001년에는 국제연합과 공동으로 세계평화에 기여한 공로로 노벨평화상을 수상한 바 있다.

표 3-7 | UN Global Compact 내용

구분	원칙
인권 (Human Rights)	원칙1: 기업은 국제적으로 선언된 인권 보호를 지지하여야 한다. 원칙2: 기업은 인권침해에 가담하지 않아야 한다.
노동 (Labour)	원칙3: 기업은 결사의 자유와 단체교섭의 권리를 보장해야 한다. 원칙4: 기업은 모든 형태의 강제노동을 배제하여야 한다. 원칙5: 기업은 아동노동을 효과적으로 폐지하여야 한다. 원칙6: 기업은 고용 및 업무에서 차별을 배제하여야 한다.
환경 (Environment)	원칙7: 기업은 환경문제에 대한 예방적 접근을 지지하여야 한다. 원칙8: 기업은 환경에 대한 책임 강화에 솔선수범하여야 한다. 원칙9: 기업은 환경친화적인 기술개발 및 보급을 지원하여야 한다.
반부패(Anti-Corruption)	원칙10: 기업은 부당가격청구 및 뇌물 등 부패에 대응하여야 한다.

출처: http://www.unglobalcompact.org

UN환경계획 금융이니셔티브(UNEP FI: The United Nations Environment Programme Finance Initiative) UNEP FI는 지난 1992년 리우정상회담에서 지속가능발전(Sustainable Development)에 대한 전세계적 합의를 계기로 도이체방크, UBS와 같은 선진 금융기관의 제안으로 설립되었다.

처음에는 은행기관그룹의 이니셔티브인 UN환경계획 금융이니셔티브(UNEP Finance Initiative)로 출발하였으며, 1995년 보험그룹의 UN환경계획 보험산업이니셔티브(UNEP Insurance Industry Initiative)가 출범한 후, 2003년 두 그룹이 합쳐져 본격적인 UNEP FI가 출범하였다. 2009년 11월을 기준으로 세계 40여개 국가의 약 180여개의 금융기관이 참여하는 국제적인 이니셔티브로 성장 하였으며, 지구온

난화 등 환경 측면에 대한 문제는 물론 사회, 지배구조 이슈 등 금융기관 운영의 모든 수준에서 발생 가능한 환경 및 지속가능성 프렉티스를 개발 · 촉진하는 것이 목적이다. 많은 금융기관들이 UNEP FI 가입 이후 자체 환경방침과 환경리스크평가 등을 도입하는 등 금융 산업의 지속가능경영 확산에 기여하고 있다.

UNEP FI 가입 및 참여를 위해서는 환경과 지속가능발전에 대한 자발적 참여 선언(UNEP Statement by Financial Institutions/Insurance Industries on the Environment & Sustainable Development)에 대한 서명을 하고, 가입양식을 작성하여 가장 최근에 발행한 지속가능경영 보고서 등과 함께 UNEP FI측에 전달하면 가입 가능 여부에 대한 회신과 함께 회비납부, 향후 활동 관련 안내 자료를 송부한다. 가입된 기업은 매년 회비 납부와 정기적으로 열리는 UNEP FI 회의에 참석해야 하고, 이전 연도에 기업이 시행한 UNEP FI 선언문에 해당하는 정책과 시행 단계를 상세히 설명한 보고서를 제출해야 한다.

UNEP FI 가입의 이점은 다음과 같다.

- 네트워킹: UNEP FI 네트워크는 사업 활성화를 위한 기회를 제공하며, 공공 부문과 기업 간의 다리 역할을 할 수 있으며, 무역협정이나 금융협정 시 자문역할을 수행하기도 함
- 우수사례 접근: 지속가능경영 보고서, 여신과 투자 관행, 지역사회 투자와 같은 최신 이슈에 대한 가상 성공적인 사례를 쉽게 접할 수 있음
- 전문성 개발: 국제적, 지역적 차원의 다양한 회의를 통해 장차 사업에 영향을 미칠 새로운 이슈들에 대해 함께 논의함으로써 기업의 전

표 3-8 | UNEP FI의 활동 내용

기후변화	기후변화 작업반을 통해 UNEP FI는 탄소금융(Carbon Finance), 국내외 정책과 규제 논란과 재생 가능한 에너지에 초점을 두고 있음
보험	보험상품, 서비스, 투자, 경영구조 등의 분야에서 지속가능성을 고려할 수 있는 혁신적인 방법을 고안함
투자	투자에 사회, 환경과 정책을 반영하는 방법에 대해 조사함
자산	신설 및 기존의 건물은 세계적 탄소 배출량, 공해와 에너지 사용에 큰 영향을 미치고 있으며, 자산 작업반은 부동산과 자산 금융 분야의 지속가능발전을 장려하는 금융기관으로서의 역할을 분석함
지속가능성 관리와 보고	환경성과 관련 세계 보고 지침: 금융 서비스 부문 증보판(Global Reporting Initiative Financial Services Sector Supplement)을 개발하며, 개발도상국을 위해 지속가능성 관리와 보고 모범 기업 사례 확립
생물의 다양성과 생태계 관련 서비스	금융기관들로 하여금 생물의 다양성과 생태계 파괴로부터 오는 문제점을 고려하도록 보조함
금융과 갈등	금융 분야 내에서 일어나는 분쟁을 성공적으로 예방한 모범 기업의 사례와 분쟁 예방에 따르는 이점을 알리고 있음
인권과 금융	금융 전문가들이 자신이 영향을 줄 수 있는 범위 안에 있는 결정을 신중하게 내릴 수 있도록 인권과 금융기관의 세계적인 활동의 연관성을 명확히 밝히고 이해시켜 사회 · 환경적 지속가능 개발을 추진함
물과 금융	물 문제와 문제에 대한 경각심 확장에 따르는 이점을 전달하여 금융기관들로 하여금 물 문제에 대한 대책을 미리 강구하도록 장려함

출처: http://www.unepfi.org/work_streams/index.html

문성을 발전시켜 나갈 수 있음

UNEP FI의 전략적 업무 프로그램은 서명기관과 관련된 최신 문제점에 초점을 두고 있으며, 금융과 지속가능성을 둘러싼 문제점들에 대한 혁신적인 접근 방식을 고안하기 위해 협동한다. UNEP FI는 작업반(Working Group), 프로젝트, 지역별 태스크포스 조직을 중심으로 운영되고 있다(표 3-8).

우리나라는 2004년 국민은행과 우리은행을 시작으로 2009년 말까지, 한국수출입은행, 현대해상, 신한은행, 대구은행, 하나은행, 삼성화재까지 8개의 금융투자기관이 참여하였다. 우리나라는 UNEP FI 회원으로서 지속가능금융에 관한 선언을 실현하기 위한 구체적이고 발전적인 해법 모색을 위해 2006년 7월초 UN환경계획 금융이니셔티브 한국 그룹(UNEP FI Korea Group)을 설립하였다. 이 그룹은 분기별 모임을 통해 지속가능금융에 대한 정보를 공유하고 국내 금융시장 여건에 부합하는 실천 방안 도출을 위해 전문가 워크숍 등 교육 및 훈련 프로그램을 자체적으로 수행하고 있다.

BitC 가이드라인(BitC Corporate-Impact Reporting Initiative)

2000년 영국에서 기업이 사회에 주는 긍정적 영향을 강화하기 위한 목표로 결성된 기업연맹인 BitC(Business in the Community)에서는 지속경영보고 제도 및 사회 책임 경영 평가지표로 활용될 수 있는 가이드라인을 개발하였다(표 3-9, 표 3-10).

BitC 가이드라인은 기업의 경제적, 사회적, 환경적 영향을 평가하

표 3-9 | BitC 가이드라인 주요원칙

공평하고 정당한 종업원 대우
윤리적이고 청렴한 기업운영
기본적 인권의 존중
미래 세대를 위한 환경유지
지역사회 안의 이웃을 위하는 것

출처: 국가청렴위원회, "기업 윤리경영 모델", 2007

표 3-10 | BitC 가이드라인 영역

1. 기업목표 및 비전(Purpose & Values)
2. 작업장(Workforce)
3. 시장(Marketplace)
4. 환경(Environment)
5. 지역사회(Community)
6. 인권(Human Rights)
7. 원칙에 대한 조언(Guiding Principles)

출처: 국가청렴위원회, "기업 윤리경영 모델", 2007

고 이를 공시할 수 있도록 하며, 단계별 지표로 구성되어 있어 기업들의 접근성을 높였다는 특징을 가진다. 특히 경영진 차원의 공감대 형성 및 지원을 강조하고 있다.

보고기관이 사회적 책임을 다할 수 있는 방식으로 5개 주요 원칙들을 제안하고 있으며 이러한 원칙을 바탕으로 7개 영역에 대한 가이드라인을 제공한다. 각 영역에 해당하는 지표들이 어떻게 기업 성과에 영향을 주는지, 각 주제들을 어떻게 다룰지, 실행정도 측정방법에 대한 실제적인 가이드라인을 제공하고자 개발되었다.

BitC 가이드라인은 기업의 사회적 영향을 7개 영역으로 구분하여 파악한다는 점과 기업의 사회적 영향 측정시 기업의 도입수준을 고려하여 3차년도에 걸쳐서 단계별 지표를 개발한다는 특징을 가지고 있다.

GRI 가이드라인(Global Reporting Initiative) GRI는 1997년 국제적 환경단체연합인 환경책임경제연합(CERES)[8]과 유엔환경계획(UNEP)[9]이 합작하여 만든 UN의 협력기관으로서 네덜란드 암스테르담에 본부를 두고 있다.

GRI 가이드라인은 기업의 활동, 제품, 서비스의 경제, 환경, 사회 영역에 대하여 자발적인 보고를 하기 위한 공시(Disclosure) 프레임워크[10]이다. 이해관계자를 고려하고 자발적인 보고 원칙과 글로벌 표준에 입각하여 기업의 지속경영에 대한 보고기준을 제시하는 다양한 지표들 중에서 GRI 가이드라인 보고 형식이 가장 보편적인 기준이 되고 있다(표 3-11).

개정 초기의 GRI 가이드라인은 기업의 환경정보 공개를 목적으로 시작되었지만 이제는 경제 · 사회 측면까지 포함하여 기업의 책임을

---

[8] 환경책임경제연합(CERES)는 1989년 설립되어 환경보전과 그에 대한 기업의 책임을 다루는 단체로 미국 보스턴에 본부를 두고 있다.

[9] 유엔환경계획(UNEP)는 환경분야에 있어서 국제협력을 촉진하기 위해 국제연합총회 산하에 설치된 환경관련종합조정기관으로. 1972년 국제연합인간환경회의(UNCHE: United Nations Conference on Human Envioronment)의 '인간환경선인' 결의에 따라 제27차 국제연합총회에서 환경문제에 대한 국제협력 추진기구로서 설립되었다.

[10] 공시 프레임워크(disclosure framework): 협의의 기업공개인 주식공개뿐만 아니라, 기업의 공공성 견지에서 기업의 경제적 업적 공개까지도 포함하는 광의의 기업공개를 말한다. 오늘날 기업의 사회적 책임을 수행하기 위해 주주에 대한 정보공개에 그치지 않고 주주 이외의 소비자, 지역주민 등 이해관계자를 대상으로 한다.

표 3-11 | GRI 성과 지표 개요

영역	범주	관점
경제	경제적 영향	경제성과, 시장영향력, 간접적인 경제영향
환경	환경	원자재, 에너지, 물, 생물다양성, 배출물질, 폐수, 폐기물, 제품 및 서비스, 준법, 운송, 기타
사회	노동관행과 좋은 일자리	고용, 노사관계, 보건 및 안전, 교육과 훈련, 다양성과 기회
	인권	투자 및 조달, 차별금지, 결사와 단체 협상의 자유, 아동 노동, 강제 및 강요 노동, 보안 관행, 토착민 인권
	사회	지역사회, 부패, 공공정책, 반 경쟁행위, 준법
	제품책임	고객 보건과 안전, 제품과 서비스 라벨링, 마케팅 커뮤니케이션, 고객 프라이버시 존중, 준법

출처: GRI Sustainability Reporting Guidelines, G3(2006), GRI

위한 여러 기준을 제시하고 있다. 한편, 다양한 지속경영 보고용 지표들의 취지를 모두 수용하여 국제적 표준으로 거듭날 수 있는 프레임워크를 제공하기 위하여 꾸준한 개선작업을 하여, 지난 2006년 10월 3번째 가이드라인의 개정판(G3)을 공개하였다(표 3-12).

비재무적 성과보고 가이드라인이 보편화되고 글로벌화 됨에 따라 GRI는 예측가능한 향후 지침을 제공하려고 노력 중이다. 특히 변화하는 이해관계자의 니즈를 파악하여 지속적으로 기준을 보완 · 향상시킴으로써 보편적인 '보고서 기준(Standard for reporting)'으로의 자리매김하기 위하여 산업별로 추가 적용해야 하는 가이드라인을 개발 중에 있다(표 3-13).

표 3-12 | GRI 가이드라인의 개발현황(2009. 12월 기준)

	개발년도	업종별 가이드라인(Sector Supplements)	
			(개발 중)
G1	2000년		
G2	2002년		
G3	2006년 10월	-전기관련 (Electric Utilities) -금융업 (Financial Services)	• 공항(Airports, Draft단계) • 의류 및 신발생산업(Apparel and footwear, Pilot단계) • 자동차산업(Automotive, Pilot단계) • 건설 및 부동산업(Construction & Real Estate) • 이벤트산업(Events) • 식품가공업(Food Processing, Draft단계) • 물류 및 운송업(Logistics & Transportation, Pilot단계) • 미디어(Media) • 광산 및 금속산업(Mining & Metals, Draft단계) • 비정부기구(NGOs, Draft단계) • 석유 및 가스(Oil & Gas) • 공공기관(Public Agencies , Pilot단계) • 통신업(Telecommunications, Pilot단계)

출처: http://www.globalreporting.org/ReportingFramework/SectorSupplements/

ISO26000 ISO26000은 ISO가 2010년 11월 제정한 '사회적 책임(SR: Social Responsibility)'에 대한 지침을 제공하는 국제표준의 명칭으로서 사회적 책임에 관한 '가이드(Guidance)'이며, '인증제도'는 아니다. ISO26000은 기업뿐만 아니라 공공기관, 시민단체 등 모든 조직에 적용되는 사회적 책임에 관한 것으로서 규격제정 작업에 기업, 정부, 소비자, 노동, 시민단체, 서비스 · 지원 · 연구 및 기타로 구분된 6개 이해관계자그룹의 균형 및 선진국과 개도국, 대기업과 중소기업의 균

표 3-13 | GRI 산업별 가이드라인(금융서비스 부문) 적용 예시

	지표번호	GRI 금융업 부가지표 내용	충족	해당 페이지
	FS1	사업분야에 적용되는 특정한 환경 · 사회적 구성요소에 관한 정책 영향	●	26~27, 64~65
	FS2	사업분야의 환경 · 사회적 리스크 평가 및 심사 절차	◐	27, 65
	FS3	계약 또는 거래시 고객의 환경 · 사회적 요구에 대한 이행 및 준수여부 모니터링 과정	●	27, 65
	FS4	사업분야의 환경 · 사회적 정책 및 절차 이행을 위한 직원역량 강화 과정	●	27, 65
	FS5	환경 · 사회적 위험 및 기회요소에 관련된 고객/투자가/사업 파트너와의 상호작용	◐	27~29
	FS6	특정 지역, 크기(중/소/대), 산업별 사업분야의 포트폴리오 비율	●	28~29
제품 및 서비스 영향	FS7	목적별로 세분화된 각 사업분야에 특정한 사회적 혜택을 제공하도록 설계된 상품 및 서비스의 화폐가치	●	28
	FS8	목적별로 세분화된 각 사업분야에 특정한 환경적 혜택을 제공하도록 설계된 상품 및 서비스의 화폐가치	●	64
	FS9	환경 · 사회적 정책이행과 리스크 평가 과정을 평가하는 감시의 적용범위 및 빈도	◐	14~15
	FS10	금융기관 포트폴리오 편입 기업 중 환경 · 사회적 이슈의 영향을 보고하는 기업의 비율/수	○	
	FS11	Positive 방식, Negative 방식으로 환경 · 사회적 심사를 받는 자산의 비율	●	27

표 3-13 | GRI 산업별 가이드라인(금융서비스 부문) 적용 예시 (계속)

	지표 번호	GRI 금융업 부가지표 내용	충족	해당 페이지
	FS12	보고기관이 의사결정 영향력을 가지고 있는 범주내에서 환경 · 사회적 이슈에 관한 주주 의사결정 방침	○	
사회	FS13	인구가 적거나 경제적으로 혜택을 받지 못하는 지역의 형태별 중계점(access points)	●	28~29, 78
	FS14	혜택을 받지 못하는 사람들에 대한 금융서비스 접근 개선을 위한 이니셔티브	●	28~29
제품 책임	FS15	금융 상품 및 서비스의 공정한 설계 및 판매에 대한 정책	●	43
	FS16	수혜자 형태별 금융 지식(교육) 강화를 위한 이니셔티브	●	79

●: 보고됨, ◐: 일부보고, ◇: 해당사항없음, ○: 보고안됨.
출처: 신한은행 2008 사회적 책임보고서

형도 감안하고자 한다(표 3-14).

1. ISO26000의 개발 배경 및 목적

기업의 사회적 책임에 대한 사회적 요구의 증대에 따라 이에 대한 국제사회의 실천적 논의가 활성화 되었으며 ISO26000 초안 3판에 따르면 "사회적 책임의 원칙, 사회적 책임을 구성하는 쟁점 사항 및 조직 내에서 사회적 책임을 이행하기 위한 방법과 관련된 지침을 제공"하기 위한 목적으로 개발되었다.

ISO26000 개발조직은 의장자문그룹(CAG), 언어(Language) 작업

표 3-14 | ISO26000 구성

구분	항	제목	세부내용
서론	1	적용범위	정의, 한계, 범위
	2	인용규격	인용 규격, 문헌 목록
	3	용어의 정의	주요 용어 정의
	4	사회적 책임에 대한 이해	개념, 동향, 특성, 정부
	5	사회적 책임의 원칙	7가지 원칙 제시
	6	사회적 책임 실행	사회적 책임 식별/이해관계자 식별 및 참여/조직에 사회적 책임 통합/의사소통
핵심주제	7	사회적 책임 핵심주제	7가지 주요 이슈
실행지침	8	조직의 사회적 책임을 위한 지침	정책, 관행, 접근방식, 이슈확인, 이해관계자 식별 및 참여, 우선순위, 점검 및 성과평가, 보고 및 의사전달

출처: http://www.kssn.net/SR/default.asp (SR표준화포럼)

반, 6개의 작업그룹(TG: Task Group)와 TG4,5,6 연계 작업그룹, 편집위원회(Editing Committee)로 구성되었으며, ISO26000 참여자 카테고리는 산업계, 정부, 소비자, 노동계, NGO, 기타(연구, 서비스, 학계 등)의 6대 이해관계자 그룹으로 구성되었다.

2. 적용대상 및 적용 수준

2003년 ISO 전략자문그룹의 제안으로 선진국/개도국에 위치한 공공/민간 분야의 모든 조직에 적용될 예정이며, 적용수준은 인증규격이 아닌 지침서(Guidance)로, ISO의 다른 표준처럼 인증 표준으로 활용되지 않는다. 다만 사회적 책임수행에 대한 신뢰성 증진을 위하여 자기 혹은 제 3자에 의한 "보증(Assurance)"은 가능하다고 명시하고 있다.

3. ISO26000 개발단계 및 추진일정

2006년 3월 작업초안 1판(Working Draft1)을 발표하였고, 2008년 3월 작업초안 4.1판까지 개발되었다. 2008년 12월, 위원회안(CD: Committee Draft)이 개발되었고, 2008년 12월 15일~2009년 3월 12일까지 ISO26000 CD에 대한 참여회원국의 투표가 진행되었으며, 투표결과 ISO26000의 CD를 국제규격안(DIS: Draft International Standard) 단계로 넘기기로 결정하였다. 그리고 마침내 2010년 11월

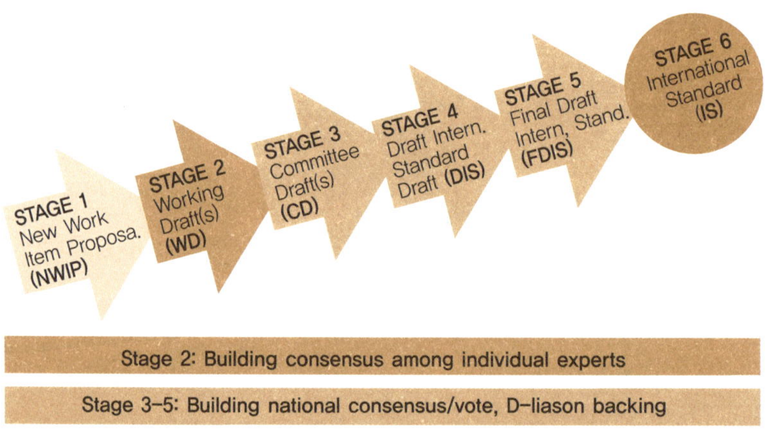

단계1	단계2	단계3	단계4	단계5	단계6
신규 제안	WD 개발	CD 개발	DIS 개발	FDIS 개발	국제기준(IS)

출처: 한국표준협회, "ISO26000의 진행경과", 2010

그림 3-2 | ISO26000 개발단계

ISO26000이 발간 되었다(그림 3-2).

BEST 가이드라인 'BEST 가이드라인'은 지식경제부, 대한상공회의소, 산업정책연구원이 여러 전문가와 이해관계자의 의견을 반영하여 공동으로 개발한 가이드라인이다.

'BEST 가이드라인'은 OECD, ILO, SAI, ISO 등 국제적인 NGO들이 만든 국제표준과 달리, 전략과 국제경영을 전공하는 경영학자들이 모여 기업 경영자 입장에서 기업이 지속적 성장과 수익, 더 나아가 장수를 추구할 수 있도록 새롭게 개발한 지표이다.

이 지표는 기업 경영자가 세 가지 마지막 줄(Triple Bottom Line)중에서도 가장 중요하게 생각하는 이익 극대화라는 경제적 성과를 충실하게 추구하면서도, 사회적 성과와 환경적 성과를 상대적으로 더 강조하는 여러 국제 NGO들이 만든 다양한 글로벌 스탠다드 내용도 모두 포함하고 있기 때문에 세계 모든 나라에서 대외적 용도로 활용할 수 있다는 장점을 가지고 있다.

'BEST 가이드라인'에 대한 더욱 자세한 내용은 '8장 지속경영보고'에서 '4. 지속경영 보고 기준'의 내용을 참고하길 바란다. (P.179)

2. 지속경영 평가모델

최근 윤리적이며 사회적으로 책임을 다 하는 기업들로 구성된 펀드에 대한 투자가 급속히 확대되고 있는 실정이다. 이에 따라 사회적으로 책임 있는 기업을 발굴하기 위해 다양한 지속경영 평가모델이 등장하게 되었다. 대표적인 평가 모델에는 DJSI, FTSE4Good, IVA™ 등이 있다.

다우존스 지속가능성 지수(Dow Jones Sustainability Indexes)

다우존스(Dow Jones)와 SAM(Sustainable Asset Management)은 공동으로 다우존스지속가능성지수(DJSI: Dow Jones Sustainability Indexes)를 발표하였다. DJSI는 경제성 · 사회성 · 환경성 등 지속경영의 세 가지 축에 대한 성과를 정량적으로 수치화하여 평가하는 모델로서 각 영역들을 평가할 때 기업의 전략적 차원과 실제 경영 측면을 고려하여 접근하고 있다.

표 3-15 | DJSI의 세부 평가내용

Dimension	Criteria	Weighting (%)
경제	행동강령 · 준법감시 · 부패 및 뇌물수수	6
경제	기업지배구조	6
경제	위기관리	6
경제	산업별 기준	업종별로 다름
환경	환경보고*	3
환경	산업별기준	업종별로 다름
Social	지역사회활동 · 자선활동	3
Social	노동관행 지표	5
Social	인적자본 개발	5.5
Social	사회보고서*	3
Social	우수인력 확보 및 유지	5.5
Social	산업별기준	업종별로 다름

출처: http://www.sustainability-indexes.com/07_htmle/assessment/criteria.html
(SAM Indexes가 공식적으로 공개한 정보만을 기초로 정리함)

세계적인 자산관리사 SAM 그룹에서는 매년 전 세계 2,500여개 대기업들을 평가하고, 이들 기업 중 상위 10%만을 경제, 환경, 사회 등 3가지 기준에 따라 'DJSI World'로 발표하고 있다. 산업별 평가기준을 사용하여 전 세계적으로 57개 산업군을 포괄하고 있으며, 기업의 베스트 프랙티스(Best Practice)와 지속적인 모니터링 결과를 반영하기 위해서 매년 리뷰를 실시하고 있다(표 3-15).

FTSE4Good FTSE4Good은 글로벌 스탠다드를 충족하는 기업의 지속경영 성과를 측정하고 이들 기업에 대한 투자를 용이하게 하기 위하여 파이낸셜 타임스(Financial Times)와 런던증권거래소(London Stock Exchange)가 공동으로 소유하고 있는 FTSE인터내셔널이 2001년 고안한 지수이다.

영국의 지속경영 평가기관인 EIRiS(Ethical Investment Research Service)[11]와 EIRiS의 국제적 연구 네트워크가 FTSE4Good의 기준에 따라 기업 데이터를 평가하고 있으며, 기존 FTSE지수[12]에 포함된 기업들을 대상으로 환경, 인권, 사회 및 이해관계자 등의 항목으로 평가하여 우수기업들을 선별해 FTSE4Good에 포함한다(표 3-16).

---

[11] EIRiS는 영국의 사회책임투자 전문 연구기관으로 런던증권거래소의 사회책임투자지수인 FTSE4Good의 조사 및 분석을 맡고 있으며 1983년 설립되었다. EIRiS의 연구분야는 사회, 환경, 거버넌스, 특정한 윤리적 관심 등 크게 4개 부문에서 실시되고 있으며, 특히 사업의 긍정적이거나 부정적인 영향을 알아보고 윤리적 이슈에 대한 기업의 연관 정도와 본질에 대해서도 평가하고 있다.

[12] FTSE지수: 세계 주가지수로서 전세계를 대상으로 투자하는 대형펀드 운용에 주요 기준으로 사용되고 있다.

표 3-16 | FTSE4Good 내용

대분류	중분류	세부지표
환경 (Environment)	환경방침	• 핵심이슈에 대한 기업의 방침 • 이사회 및 환경부서의 책임 • 외부 리포팅, 모니터링, 감사 • 전 세계적으로 이용되는 기준 • 이해관계자들의 참여 정도 • 제품 및 서비스의 영향 • 지속가능성을 위한 방침
	환경경영	• 환경방침의 존재 • 주요 환경영향의 규명 • 문서화된 목표 및 세부목표 • 절차, 매뉴얼, 실행계획의 개요 • 내부 감사 및 보고
	환경보고	• 환경방침 • 주요영향 • 정량적인 자료공개 • 목표 대비 성과 • 환경경영시스템의 개요 • 법규 위반, 벌금, 사고 • 재무적 측면 • 독립적 검증 • 이해관계자와의 의사소통 • 지속가능성 이슈에의 포함
사회 및 이해관계자 (Social & Stakeholder)	이해관계자 관련 방침	• 윤리강령(Code of Ethics) 채택 • 경영방침(Business Principles) 채택 • 동등한 기회 및 다양성
	이해관계자 경영	• 탄력 근무제 및 가족 혜택 • 여성 비율의 10%이상 • 소수민족 비율

표 3-16 | FTSE4Good 내용 (계속)

대분류	중분류	세부지표
		• 보건 및 안전시스템 • 교육 및 종업원 개발 시스템 • 노사관계 유지
	관련 사례 및 성과	• 5만 파운드 이상의 자선 기부금
인권 (Human Rights)	인권방침	• 인권경영방침 • 이사회의 책임 • 국제노동기구 및 UN 글로벌컴팩트 준수 • 세계인권선언(UDHR: Universal Declaration of Human Rights)[13] 준수
	인권경영	• 인권경영 실행 및 모니터링 • 임직원 인권 교육 • 관련 이해관계자와의 커뮤니케이션 • 인권에 관련된 영향 평가
	사례 및 성과보고	• 인권관련 사례 및 성과보고 • 인권경영 시스템 및 방침 수준

* 모든 기업은 상기 7개 지표 중 최소 2개 이상을 충족히는 정보를 공개해야 함
출처: 국가청렴위원회, "기업 윤리경영 모델", 2007

FTSE4Good 자문위원회는 세계적으로 인정되는 기업윤리강령을 분석하여 도출한 선별기준을 구체적으로 정의한다. 선별기준은 주로 기업의 사회적 책임에 대한 기업의 투자노력에 초점을 두고 있으며 기업들이 사회적 책임과 관련된 경영시스템을 공개하고 성과를 보고하

[13] 세계인권선언(UDHR)은 제2차 세계대전 시 인권 무시와 인권의 존중, 평화 사이의 깊은 관계를 고려하여 기본적 인권 존중을 그 중요한 원칙으로 하는 국제연합헌장의 취지에 따라 보호해야 할 인권을 구체적으로 규정하기 위해 1948년 12월 제3차 국제연합총회에서 채택하였다.

도록 장려한다.

종목선별기준은 환경적 지속가능성 추구, 이해관계자와 긍정적 관계 추구, 보편적인 인권 보장 및 지원 등으로 기업의 사회적 책임을 수용하고자 노력하는 기업의 행동을 높이 평가한다.

또한 담배제조, 우라늄 추출, 핵무기의 부품 혹은 전체 생산, 무기류 제조, 핵발전소 소유 혹은 운영 등의 산업과 연관되어 있다고 파악되는 기업은 FTSE4Good 지수 편입에서 제외한다.

IVA™(Intangible Value Assessment) 전략적인 투자자문 그룹인 이노베스트(Innovest)는 재무제표 상에는 나와 있지 않지만 기업가치의 70% 가량을 차지하고 있는 무형의 기업가치를 평가하기 위한 모형을 개발하였다. IVA™(Intangible Value Assessment)는 이해관계자

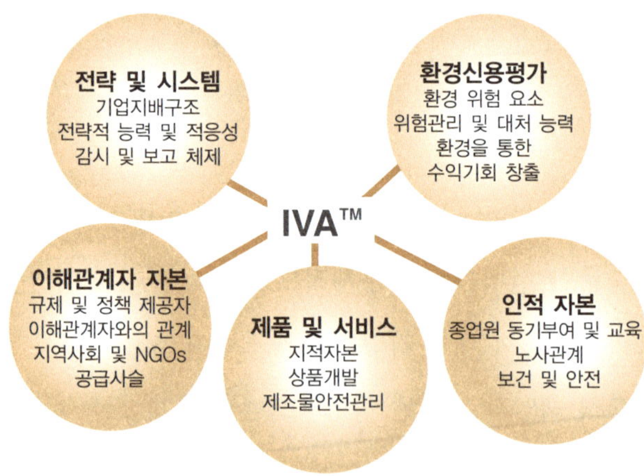

출처: 국가청렴위원회, "기업 윤리경영 모델", 2007

그림 3-3 | IVA™ 모형

와의 관계, 환경신용도 평가, 제품 및 서비스, 인적자원 등을 포괄하는 무형자산에 관련된 지속가능성 평가모델이다(그림 3-3).

IVA™은 세계경제포럼(WEF)에서 발표하는 지속가능성 'Global 100' 기업을 선별하는 기준으로 사용되고 있으며, CalPERS, Hermes, UBS, ABN AMRO, Capital Group, Swiss Re와 같은 투자기관 및 PwC, KPMG, Deloitte & Touche, Booz-Allen & Hamilton, Cambridge Associates, ERM과 같은 자문기관 등에 정보를 제공한다.

이 모형은 Morgan Stanley와 PwC가 UN환경계획(UNEP)의 지원을 받아 개발된 것으로 Chase Manhattan Bank 등에서 5년간 실적을 토대로 검증을 거친 모형이다. 이 모형은 기업의 사회책임요소 뿐만 아니라 기업가치를 평가하는데 필요한 상당부분의 요소들을 포함하고 있다. 이 평가 모형과 주요 내용은 다음과 같다(표 3-17).

표 3-17 | IVA™ 내용

구분	평가기준	
기업 지배 구조	• 전략적 적응성 및 이행 수준 • 이사진의 독립성 • 뇌물관련 방침 등	• 이사진의 다양성 • 주주행동대응
인적 자원 관리	• 명성 • 동기부여 • 차별방지 및 프로그램 • 교육훈련 • 노사관계 • 보상	• 이직률 • 다양성 • HR개발 • 자업장환경 • 보건안전 • 권한위임 등

표 3-17 | IVA™ 내용 (계속)

구분	평가기준	
이해 관계자	• 대주주관계 • 사회공헌 • 지역사회소싱(Sourcing) • 여성 및 소수인종 계약 등	• 지역사회프로그램 • 재해대응계획 • 법규준수
제품과 서비스	• 지적자본 • 제품의 안전과 환경성 • 관련제품 인증 • 제품 및 서비스 관련 민원 등	• 연구개발(R&D) • 제품의 사회, 윤리적 측면 • 제품 정보제공 및 라벨링
환경 경영	• 최고경영자의 의지 • 환경관리역량(환경방침, 환경 경영 체제, 환경 감사, 환경보고, 환경회계 등)	• 환경위험 • 전략적 수익창출 기회 등
기타 이슈	• 시장창출 • 기술이전 • 지역문화배려 • 대외 활동 및 리더십 등	• 생산전략 • 광고홍보 • 인권

출처: 국가청렴위원회, "기업 윤리경영 모델", 2007

KoBEX-SM™(Korean Business Ethics Index Sustainability Management) 지식경제부가 주요기업의 지속경영 실태조사를 위해 산업정책연구원에 의뢰하여 개발한 평가모델 'KoBEX-SM™'은 기업의 지속경영 실태를 조사하기 위한 지표로, 우리나라 기업의 지속경영 실천도를 높이기 위해 마련되었다. 'KoBEX-SM™'은 지속경영 전략, 지배구조, 작업장, 협력업체, 고객, 환경, 지역사회에 대해 평가를 하며 2004년부터 2010년까지 7년째 조사를 실시하고 있다.

'KoBEX-SM^{TM}'에 대한 더욱 자세한 내용은 '7장 지속경영의 평가'의 '2. 지속경영 평가 모델'의 내용을 통해 더욱 자세히 알아볼 수 있다. (p.154)

사례 3-1 BT Group의 지속경영 보고

BT Group은 민영화된 영국의 통신사업회사로 국내외 가이드라인에 적합한 지속경영을 하고자 많은 노력을 기울이고 있다. BT의 지속경영은 이해관계자 중심으로 구성되어 있으며, BT 사회환경보고서(Social and Environmental Report)를 매년 발간하여 이해관계자와 밀접한 관계를 유지하고자한다.

사회환경보고서는 GRI(Global Reporting Initiative) G3가이드라인, GRI 통신업 부가지표 및 UN글로벌컴팩트 원칙을 참조하여 작성되었으며, 신뢰성을 제고하기 위하여 제3자 인증기관이 선임되어 검증기준인 AA1000 AS(2008) 기준을 중심으로 검증이 진행되었다. 검증보고서에 따르면 BT 보고서는 이해관계자에서 중요한 정보와 전략적 의사결정을 고려한 이슈들을 담고 있으며, 지속가능한 성과의 적용범위와 제휴, 협정, 경영프로세스상의 사업 잠재적 리스크와 이해관계자 관점을 포함하고 있음을 명시하고 있으며,이해관계자에게 필요한 중요한 이슈에 대해 적절히 대응하였음을 밝혔다. 또한 보고서에 포함된 성과정보가 신뢰할 수 있다고 밝히고 있다.

이러한 BT의 노력은 다양한 평가제도에 의해서 인정받고 있다. BT는 지난 8년간 DJSI의 정보통신분야 우수기업으로 1위 자리를 유지하였으며, 영국, 미국 및 세계 FTSE4Good Index에 편입 중에 있다. 동시에 영국정부가 설립한 독립기관 카본트러스트(Carbon Trust)의 자회사인 카본트러스트스탠다드(Carbon Trust Standard)로부터 탄소감축에 대한 성과 및 노력을 인정받아 인증을 획득하기도 하여 기후변화 대응에도 앞장서고 있다.

출처: BT 지속경영 보고서, "Our 2009 Sustainability review Changing world: Sustained values 2009"

핵심용어

- OECD 다국적기업 가이드라인
- ILO 다국적기업 원칙
- ETI기본규범
- UN 글로벌컴팩트
- GRI 가이드라인
- DJSI
- IVA™
- 코오 원탁회의
- SA8000
- 설리반 원칙(Sullivan Principles)
- BitC 가이드라인
- ISO26000
- FTSE4Good
- 세계인권선언(UDHR)

참고문헌

1. 산업연구원, 산업정책연구원, "지속가능경영 논의동향과 대응방안", 2005
2. 국가청렴위원회, "공기업 윤리경영 모델", 2006
3. 국가청렴위원회, "기업 윤리경영 모델", 2007
4. 신한은행 2008 사회책임보고서
5. 코오 원탁회의 http://www.cauxroundtable.org
6. 한국표준협회, "ISO26000의 진행경과", 2010
7. 환경부, "지속가능경영 기법 개발 최종보고서", 2006
8. BT 2009 지속경영 보고서: Changing world: Sustained values 2009
9. GRI http://www.globalreporting.org/ReportingFramework/Sector Supplements/
10. GRI Sustainability Reporting Guidelines, G3(2006), GRI
11. ILO, "Tripartite declaration of principles concerning multinational enterprises and social policy (MNE Declaration) - 4th Edition", 2006
12. Leon H. Sullivan Foundation. http://www.thesullivanfoundation.org/about/global_sullivan_principles
13. OECD http://www.oecd.org/daf/investment/guideline
14. SAM Indexes http://www.sustainability-indexes.com/07_htmle/assessment/criteria.html

15. SR표준화포럼 http://www.kssn.net/SR/default.asp
16. UN 글로벌컴팩트 http://www.unglobalcompact.org/portal/
17. UN환경계획 금융이니셔티브 http://www.unepfi.org/work_streams/index.html

04

지속경영의 동향

'지속경영을 새로운 경영전략으로 채택하는 A기업', '글로벌 지속경영 평가에서 우수한 평가를 받은 B기업', '지속경영 보고서를 발간하여 글로벌 이미지를 제고하려는 C기업' 등 지속경영이라는 단어가 대중매체에 심심찮게 등장하고 있다. 이처럼 최근 기업의 지속경영에 대한 논의가 어느 때보다 활발하게 진행되면서 전 세계적으로 기업들은 지속경영을 추진하기 위해 노력 중이다.

지속경영을 통해서 다양한 이해관계자와 대화를 유도하고, 기업의 글로벌 경쟁력을 향상시키고자 국내외적으로 기업의 지속경영 활동과 함께 사회차원에서 지속경영 활성화를 위한 움직임들을 볼 수 있다.

1. 지속경영의 글로벌 트렌드

지속경영은 크게 두 가지 흐름이 존재하는 데 하나는 '미국식 윤리경영'이고 또 다른 하나는 '유럽식 기업의 사회적 책임'이다. 이들이 서로 다른 성격을 띠면서 발전하게 된 것은 각 나라의 환경 및 상황이 달랐기 때문이다.

미국 기업은 직접 투자가 발달했기 때문에 은행에 대한 의존도가 상대적으로 낮았다. 산업발전의 초기단계에서 대부분의 기업이 개인기업으로 설립되었으나 기업이 성장함에 따라 자본 조달을 위해 소유와 경영이 분리되었다. 소유와 경영이 분리되면서 경영의 투명성과 책임성이 중요한 문제가 되었다. 그리하여 미국의 윤리경영은 주주의 이익을 보장하기 위한 투명한 경영방식이나 회계제도를 강조하고 있으며, 윤리경영이 기업의 경영전략으로 성장하고 있다.

반면, 독일과 일본에서는 기업이 주로 은행을 통해 차입을 하였으며, 따라서 기업과 은행은 장기간 결속관계를 가지고 있었다. 이러한 기업지배구조에서는 대주주인 은행의 이익보다는 직원 · 노조 · 소비자 · 협력사 · 지역사회 등 기업을 둘러싼 여러 이해관계자의 합의를 중시하며 고용창출, 지역사회 안정 등과 같은 사회에 대한 책임을 중시하게 되었다.

그런데 2008년 미국발 금융위기 이후 미국이 채택하고 있는 신자유주의가 가져오는 폐해와 기업의 도덕적 해이가 위기의 주된 원인으로 지적되고 많은 금융기관들의 방만한 경영이 언론의 도마 위에 오름에 따라 기업의 사회적 책임과 지속경영에 대한 중요성이 다시 한번 강조되고 있다. 이에 따라 지속경영에 대한 트렌드도 일부 변경되고 있다. 미국의 경우 기업의 사회에 대한 책임과 구멍 난 사회안전망을 보완하기 위한 지역사회 투자에 대한 관심이 고조되고 있다.

유럽에서도 기존의 이해관계자 중심의 경영을 기반으로 기업과 투자자의 이익을 동시에 중시하는 미국식 지속경영이 확산 되고 있다. 즉, 사회적 책임을 다하는 것은 물론이고, 주주이익 극대화를 위해서도 기업의 윤리성은 반드시 필요하므로 최근에는 양대 흐름이 하나가 되는 경향을 보이고 있다.

2. 지속경영의 규범화 및 표준화

최근 OECD를 중심으로 비윤리적 기업의 제품과 서비스는 국제거래에서 규제하자는 윤리라운드(ER: Ethic Round)[1]가 강화되고 있다. 윤리라운드의 기본 취지는 뇌물, 탈세, 환경오염, 허위과대 광고 등 비윤리적 기업의 제품이나 서비스의 거래는 불공정 거래에 해당하므로 국제시장으로의 진입자체를 차단하자는 것이다.

국제기구들은 윤리라운드를 통해 지속경영의 세계 표준화를 시도하고 있는데 특히 OECD와 ISO 등을 중심으로 지속경영 규범화 및 표준안 제정 움직임이 급속화 되고 있다.

[1] 윤리라운드(ER: Ethic Round)는 경제 활동의 윤리적 환경 및 조건을 각 나라마다 표준화하려는 국제적인 움직임이다.

OECD는 1999년 '외국 공무원에 대한 뇌물방지협약(Convention on Combating Bribery of Foreign Public Officials)[2]'을 발표하여 정부 조달 관련 뇌물, 환경문제, 탈세, 규제관련 등 비윤리적 행위를 사전에 예방할 수 있도록 형사상 처벌을 요구하였다. ISO에서는 국가별로 지속경영에 관한 표준규격이 제정되면서 새로운 무역장벽이 되는 것을 막고, 국제적으로 통일된 표준을 만들기 위하여 ISO26000을 2010년 11월 발표하였다. ISO26000은 인증규격이 아닌 '가이드(Guidance)'의 성격을 띠며, 조직의 사회적 책임에 관한 국제표준으로서 기업뿐만 아니라 공공기관, 병원, 학교, 시민단체 등 모든 조직에 적용되도록 하고 있다. ISO26000의 경우 무역규제로 활용될 수 없다는 점을 명백히 하고 있지만 향후 발효될 경우 모든 기관이 국제거래에 있어서 공통적으로 적용될 수 있는 국제표준이기 때문에 직간접적인 영향이 클 것으로 예상된다.

이러한 국제규범들은 권고적 성격에 머무르고 있으나, 대부분의 지속경영 관련 평가가 국제규범을 기반으로 개발되었기 때문에 이들 내용에 부합하지 않을 경우 각종 평가기관으로부터 기업의 경쟁력을 높게 평가받기 어렵다는 특징을 가진다. 또한 국가별로 다양한 규제를 마련해 놓고 있어 이에 대한 대비가 미흡할 경우 국제 상거래상 장애요인으로 작용할 수 있어 그 중요성이 더욱 강조되고 있다.

---

[2] OECD뇌물방지협약은 외국 공무원에 대한 뇌물제공이 시장경제와 민주주의를 해친다는 인식 아래 1994년 5월 OECD에서 채택한 외국 공무원에 대한 뇌물공여를 억제하는 최초의 국제합의인 '국제 상거래 뇌물방지 권고'이다.

3. 사회책임투자 확산

투자에 있어서도 도덕적인 기업, 투명한 기업, 환경친화적인 기업에 대해 투자하는 반면 비도덕적 · 반윤리적이고 환경 파괴를 일삼는 기업을 선별하여 제외하는 사회책임투자(SRI: Social Responsibility Investment)가 대두되고 있다.

지속경영의 성과와 기업 수익성과의 정관계가 형성됨에 따라 이 둘을 연계한 금융상품이 속속 개발되고 있으며 빠른 성장세를 보이고 있다. 전 세계적으로 미국의 경우 2005년 기준으로 192개의 펀드가 운영되고 있으며, 그 규모는 10년 전인 1995년 대비 2.5배 상승하였다. 영국은 2000년 7월 연금법을 개정하여 연기금의 투자기준으로 기업의 환경 및 성과를 고려하도록 의무화하였고 사회책임투자펀드의 규모가 2005년 기준으로 1995년 대비 5배 확대되어 3천억 달러에 이른다. 일본의 경우도 1999년 사회적 책임투자 펀드가 도입된 이래 2006년 11개 펀드가 운영 중이며 그 규모는 12조원에 달한다(표 4-1).

표 4-1 | 사회책임투자 규모

구분	미국 SRI 시장 (2005년)	영국 SRI 시장 (2005년)	한국 SRI시장 (2008년)
자산규모	2조 9천억 달러	3천억 달러	1조 1,255억 원
증가추이	1995년 대비 2.5배 상승	1995년 대비 5배 성장	2005년 대비 10배 성장
SRI 펀드 수	192개 펀드	67개 펀드	19개

출처: 산업정책연구원, 사회책임투자 해외동향과 국내활성화 방안에 관한 연구, 2008

국내에서는 2001년 삼성투신운용이 2,000억 규모의 '에코펀드'를 출시한 이래 사회적 책임투자에 대한 금융기관들의 관심이 증대되었다. 2006년 신한은행과 굿모닝 신한증권, 농협중앙회와 NH투자증권, 외환은행과 한불종금, 산은자산운용과 대우증권이 펀드를 모집, 운용하기 시작했다. 또한 지식경제부와 산업정책연구원(IPS)이 공동 개발한 지속경영 실태조사(KoBEX-SM^TM)는 산은자산운용의 '산은 SRI 좋은세상만들기펀드' 투자종목군을 구성하는 포지티브 스크리닝(Positive Screening) 방식으로 활용되기도 하였다.

2009년 12월말 기준으로 국내에서 운용되고 있는 사회책임투자 규모는 3조 5,821억 원으로 집계되었다. 그 자세한 현황은 다음과 같다(그림 4-1).

이러한 관심에 부응하여 사회책임투자를 위한 사회책임 요소들을

SRI 펀드설정액(2009년 말)

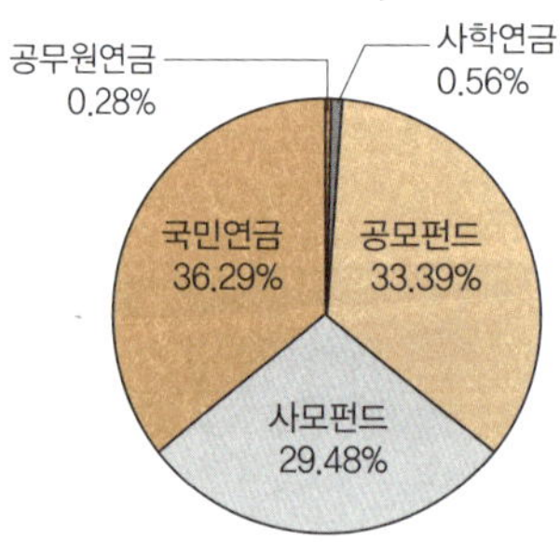

(단위 :백만원)

유형	설정액
공모펀드	1,196,072
사모펀드	1,056,043
국민연금	1,300,000
공무원연금	10,000
사학연금	20,000
총합계	**3,582,115**

출처: 한국사회책임투자포럼(KoSIF), "SRI KOREA Report 2010", 2010

그림 4-1 | 국내 사회책임투자펀드 설정액

정량화한 모형들이 제시되고 있다. 예를 들어, SAM의 DJSI(Dow Jones Sustainability Indexes), FTSE Group의 FTSE4Good 등이 보편적으로 사용되며, 이러한 평가결과들이 글로벌 금융기관들의 자산 및 여신 관리에도 활용되고 있다.

다우존스가 발표하는 지수 중에서 지속가능성이 높은 기업을 대상으로 하는 DJSI와 글로벌 주가지수인 MSCI(Morgan Stanley Capital Intentional Indexes)와의 수익률을 비교하면, DJSI가 1993년부터 꾸준히 우수한 투자성과를 보여주고 있다. 특히 최근 미국발 경제위기가 전 세계에 영향을 미친 시기에 DJSI World 지수가 MSCI World 지수를 상회하고 있음을 볼 수 있다(그림 4-2).

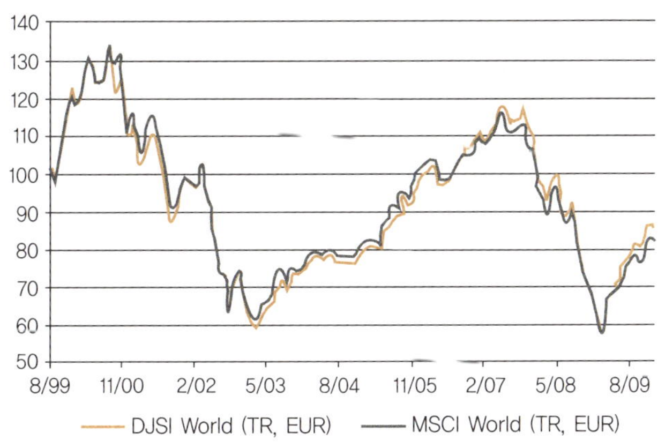

출처: STOXX Ltd. & SAM Group, Dow Jones World Indexes Monthly update (2010.1)

그림 4-2 | DJSI와 MSCI의 수익률 비교('99~'09)

사례 4-1 시스코(Cisco)의 전략적 지속경영

네트워크 장비 사업자인 시스코(Cisco)는 지난 10년간 빠르게 성장해 왔으나, 1990년대 후반 인터넷의 급속한 확대로 전 세계적으로 네트워킹 관리자의 부족과 질적 저하를 초래하게 되었다. 백 만개 이상의 일자리가 있음에도 인력을 구하지 못하는 실정이었으며, 시스코의 입장에서 이러한 경쟁환경은 향후 수요의 절대적 감소, 인터넷 시장의 축소 가능성, 네트워크 서비스의 질적 저하 등 부정적인 영향으로 이어질 수 있는 상황이었다.

시스코는 사회공헌을 통하여 이것을 극복하였다. 시스코의 사회책임경영 프로젝트는 처음에 본사 주위에 있는 고등학교에 장비를 기부하면서 시작되었으며, 이후 웹기반의 컴퓨터 수업프로그램을 교사와 학생들에게 제공하면서 확대되었다. 즉 시스코 네트워킹 아카데미(Cisco Networking Academy)가 탄생한 것이다.

이 프로그램을 통해 시스코의 전문성을 활용하여 시스코를 비롯한 IT기업에 필요한 전문인력을 육성함으로써 기업과 사회 모두에 혜택을 주며 경쟁자가 따라오기 어려운 공동의 가치 창출을 이루어냈다. 이 프로그램은 5년만에 미국 50개주와 147개국, 9,900개의 아카데미 규모로 확대되었다. 시스코는 1500만불을 투자하여 미국 및 전세계적으로 가장 낙후된 곳에 IT 일자리 및 기술을 제공하였다. 11만 5천명의 학생이 이 2년제 프로그램을 졸업하였고 26만 3천명이 현재 수강 중이며, 50%의 졸업생이 IT산업에서 일자리를 얻었다.

이 프로그램을 통해 시스코는 단순히 사회공헌활동을 하는 대응적 CSR을 넘어서 전략적 CSR을 추진함으로써 기업전략과 연계하여 '업'을 살린 지속경영을 이행한 대표적인 사례라고 할 수 있다.

출처: Marguerite Reardon(ZDNet Korea), 2004.07.11
http://www.zdnet.co.kr/news/news_view.asp?artice_id=00000039129000

핵심용어

- 윤리라운드(ER)
- 사회책임투자(SRI)
- ISO26000
- MSCI(Morgan Stanley Capital International)

참고문헌

1. 대한상공회의소, 산업정책연구원, "윤리경영 매뉴얼", 2006
2. 산업연구원, 산업정책연구원, "지속가능경영 논의동향과 대응방안", 2005
3. 신업정책연구원, "사회책임투자 해외동향과 국내활성화 방안에 관한 연구", 2008
4. 서스틴베스트 http://www.sustinvest.com/
5. 한국사회책임투자포럼(KoSIF), SRI KOREA Report 2010, 2010.11
6. Marguerite Reardon(ZDNet Korea), 2004.07.11
7. STOXX Ltd. & SAM Group, Dow Jones World Indexes Monthly update (Jan. 2010)

05

지속경영의 효과

지속경영의 글로벌 스탠다드로 손꼽히고 있는 GE의 존 웰치(John F. Welch, Jr.) 전 회장은 "변하지 않았고, 결코 변하지 않을 것은 GE의 핵심적 가치인 정직과 신뢰성이다"라고 말한 바 있다.

이처럼 정직과 신뢰성으로 인해 얻은 기업 명성(Corporate Reputation)은 기업의 지속 가능한 성장의 원천이 되고 있다. 기업의 투명성과 윤리성을 바탕으로 한 지속경영은 현대 사회에서 기업의 생존과 번영을 위한 필수요건으로 떠오르고 있으며, 더 이상 성공한 기업의 사치라고만 치부할 수 없게 되었다(그림 5-1).

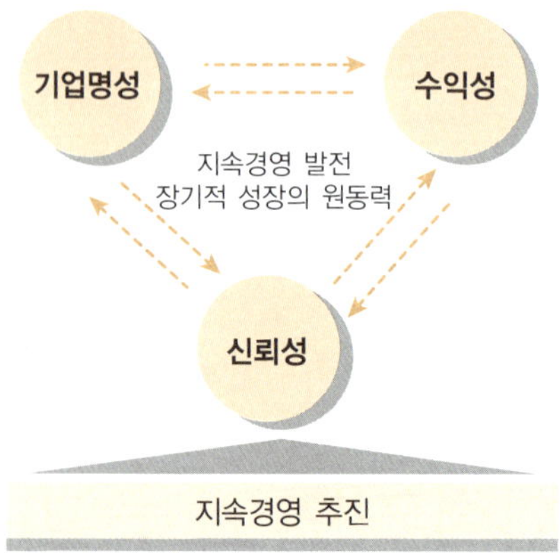

출처: 조동성, 산업정책연구원 지속경영 본부, "지속(가능)경영", 서울경제 경영, 2007

그림 5-1 | 지속경영의 효과

1. 이해관계자 신뢰 구축

존슨 앤 존슨의 타이레놀은 1982년 독극물 투입사건을 언론에 조속히 공개하고, 제품을 수거하는 등 신속하게 대응한 후 타이레놀을 재출시한 결과 오히려 신뢰도가 높아진 대표적인 성공브랜드이다. 기업들은 지속

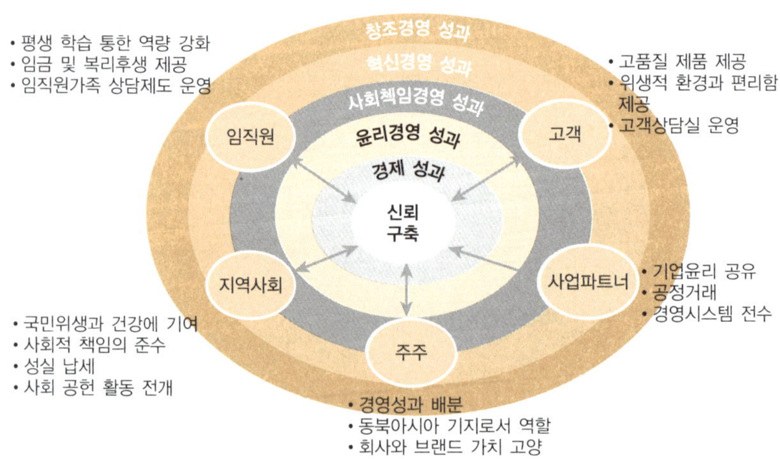

출처: 유한킴벌리, "2005 지속가능성보고서"

그림 5-2 | 이해관계자 신뢰 구축

경영을 주장함으로써 이해관계자들과의 신뢰를 구축하고, 기업 이미지를 향상시키고 있다. 지속경영의 가장 큰 효과는 내부적으로 지속경영을 기업문화화 함으로써 기업의 장기적 경쟁력을 도모하고, 외부적으로 지속경영 성과를 이해관계자들과 커뮤니케이션함으로써 '사업면허(License to operate)'를 획득하여 지속적으로 내, 외부 이해관계자에게 신뢰감을 주고, 사랑 받는 건실한 기업으로 성장하는 데 있다(그림 5-2).

2. 기업 명성 획득

이해관계자들의 신뢰와 지지를 받으면 자연적으로 기업의 긍정적 이미지가 높아지고 명성을 획득함으로써 기업 성과로 이어지게 된다. 대표적인 예로 명성이 있는 기업은 우수인력 확보 및 보유가 용이하다는 점을 꼽을 수 있다. 임직원들과 입사지원자들은 지속경영 실천기업을 건전하고 믿음직스러우며 비전이 있는 기업으로 평가하기 때문에 지속경영은 우수한 인새를 유인하는데 도움이 되며 이는 최근 국내조사에서도 알 수 있다. 2008년 9월 지속가능발전협의회 및 산업정책연구원 공동조사결과에 따르면, 국내 주요대학 취업희망자의 66%가 취업 시 지속가능경영을 고려한다고 응답하였으며, "동일한 근로 조건인 경우 지속가능경영 실천기업에 취업하겠다"는 응답자가 전체의 약 90%에 달한다고 한다. 또한, 우수한 재능을 가진 인재를 회사에 오랫동안 머물게 하여 재고용 및 재교육에 대한 교체비용을 절감시키는 효과도 있다.

그 외에도 신뢰감을 주는 기업 이미지로 인해 브랜드 이미지 향상, 고객충성도 향상 등의 가시적 성과가 나타난다(그림 5-3).

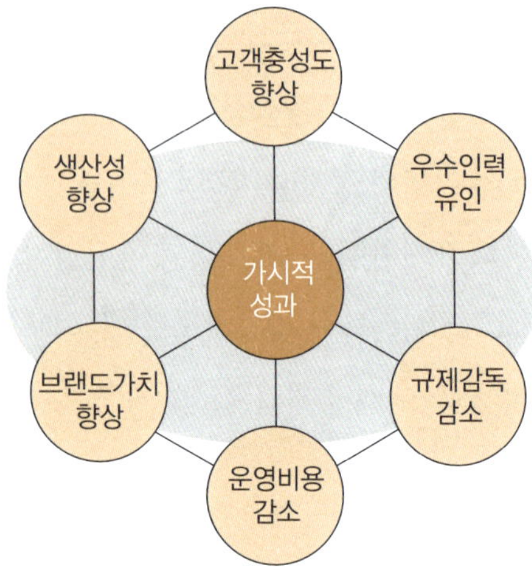

출처: 조동성, 산업정책연구원 지속경영본부, "지속(가능)경영", 서울경제경영, 2007

그림 5-3 | 지속경영의 가시적 성과

3. 수익성 향상

최근 지속경영 논의 중 가장 활발한 분야는 '경제적 효과'에 대한 것이다. 지속경영의 경제적 효과에 대하여 많은 연구와 조사가 있었지만 그 결과가 혼재 되어 있으며 아직까지 실증적으로 검증은 되지는 못하고 있다. 그럼에도 불구하고 지속경영의 경제적 플러스 효과를 증명하는 연구결과가 꾸준히 발표됨에 따라서 지속경영이 기업의 성과에 긍정적 영향을 미칠수 있다는 사실을 예상할 수 있다(표 5-1, 표 5-2).

영국 컨설팅 그룹인 서스테이너빌리티(SustainAbility)는 지속경영과 기업성과간의 상관관계를 조사하여 발표하였다. '재무성과 창출요인–재무성과'와 '지속가능경영 평가요인'간의 관계를 상호비교(Cross-

표 5-1 | 지속경영 성과-윤리/가치/원칙

구분	주요 연구결과
주주가치	• DePaul대학에 따르면 지속경영을 위해 노력하는 회사의 시가총액은 여타기업보다 2.5~3배 높음 • 비윤리적 기업행동은 기업명성과 시장가치를 훼손시킴을 의미함
운영효율	• John Dalla Costa(지속경영전문가)에 따르면 기업의 비윤리성이 美경제에 매년 1천억 달러 손실유발 • 즉, 지속경영은 사내외 이해관계자의 신뢰 및 종업원 몰입도 강화를 통해 기업성과를 향상
고객가치 유인	• 고객 마케팅 저널에 따르면 고객은 비윤리적 기업행동에 대해서 적극적으로 대응하려는 경향이 강함 • 특히, 고객은 기업의 투명성, 정직성 및 겸손함을 높이 평가
자본접근도	• 43%의 사회책임투자펀드(SRI 펀드)는 인권관련 성과를 평가지표로 사용
브랜드 가치 및 기업명성	• DePaul대학에 따르면 지속경영에 대한 의지가 강한 기업의 평균 기업명성 지수는 4.7%~6.7%를 기록하여 비윤리적 기업의 기업명성지수보다 월등히 높은 것으로 조사
인적/지적자산	• 1999년도 Business Ethics 조사에 따르면 자신의 일터가 윤리적이라고 생각하는 직원의 충성도가 상대적으로 높다고 함. 반대로 비윤리적이라고 생각하는 직원의 충성도는 낮음

출처: SustainAbility, "Buried Treasure: Uncovering the business case for corporate responsibility", 2001

표 5-2 | 지속경영 성과-작업환경/인권

구분	주요 연구결과
주주가치	• 高성과 직무관행을 도입하고 있는 회사는 타 기업보다 14%의 시장 프리미엄을 보유한다고 조사
매출	• 취업지원자가 선호하는 회사와 일반회사를 10년간 비교 연구한 결과, 선호회사는 타 기업에 비해 매출액 성장률, 순수익률(절대적 수치에서 뿐만 아니라 종업원 1인 대비 성과에서도)에서 앞선다고 조사
운영효율	• Rutgers대학 조사에 따르면, 高성과 직무관행을 도입하는 회사는 이직률에서 7.05%감소를 경험하였고, 종업원 일인당 수익은 $3.814가 향상 • 코카콜라사는 흑인 종업원이 고용, 승진, 임금에서 차별 당했다고 제기한 법정소송에서 패소해 2000년 11월 당시 최고액인 1억9천2백만 달러 벌금형을 선고받음
자본접근도	• 38%의 사회책임투자 펀드는 노동조건을 지표로 사용
고객가치 유인	• 시어스(Sears)사 1997년 조사에 따르면 종업원 만족도가 5포인트 상승하면, 한 분기 안에 고객 만족도는 2포인트 상승하고 매출액은 1.6%상승
브랜드 가치 및 기업명성	• BP(브리티쉬 페트롤리움)의 경우, 기업차원에서의 인권유린 방지 노력 및 CEO의 적극적 지원은 기업에 대한 대중적 신뢰를 향상시켰을 뿐만 아니라 기업명성 향상에도 도움을 줌
인적/지적자산	• Hewitt Associates조사에 따르면 100대 일하기 좋은 직장으로 선정된 기업의 경우 타 기업에 비해 이직률이 절반수준에 머물렀고 지원자가 두 배가량 높은 것으로 조사

출처: SustainAbility, "Buried Treasure: Uncovering the business case for corporate responsibility", 2001

Check)한 결과, 일반적으로 양자 간의 긍정적인 효과가 있다고 조사되었다. 서스테이너빌리티(SustainAbility)의 조사결과를 자세히 살펴보면 윤리 · 가치 · 원칙, 작업환경 · 인권, 환경 프로세스 등에서 긍정적

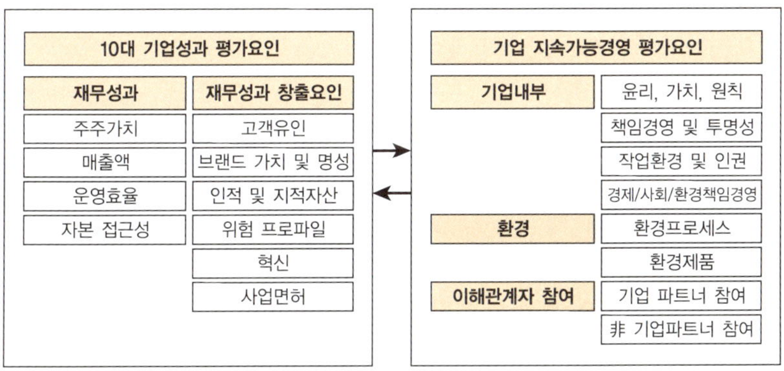

출처: SustainAbility, Buried Treasure: Uncovering the business case for corporate sustainability, 2001

그림 5-4 | 재무성과와 지속경영 평가요인

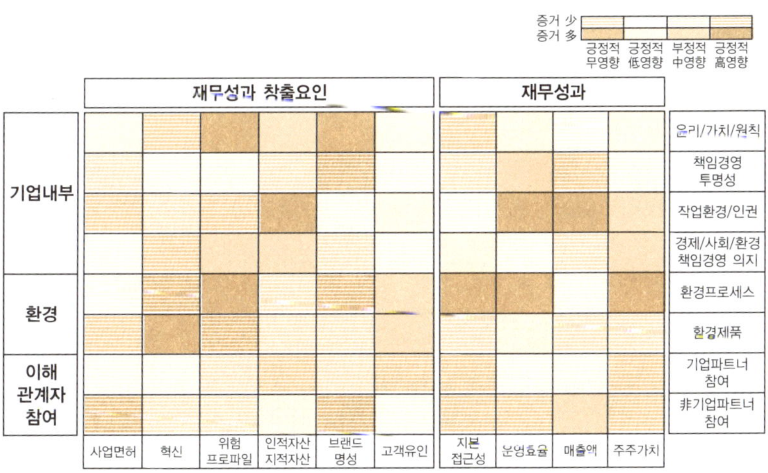

출처: SustainAbility, Buried Treasure: Uncovering the business case for corporate sustainability, 2001

그림 5-5 | 재무성과와 지속경영 평가요인과의 상관관계

인 효과가 가장 두드러진 것으로 나타났다. 긍정적 효과가 높게 나타난 두 분야에서의 지속경영 성과에 관한주요 연구 결과는 그림 5-4, 5-5와 같다.

4. 장기적 성장의 원동력

지속경영이 도입되고 단계가 발전됨에 따라 지속경영은 점차 기업의 비전 및 전략으로 편입되고 있다. 글로벌 기업들은 지속경영을 기업 가치 제고의 중요 전략으로 삼아 이를 적극적으로 도입하고 있다.

지속경영을 기업에게 부과되는 의무나 규제의 측면으로 보기보다는 기업의 경쟁력을 강화하기 위한 도구로서 향후 미래에 지속가능한 기업으로 성장하기 위한 경영전략으로 고려하는 것이다. 지속경영은 기업성장의 원동력으로서 지속경영의 확산을 통해 기업의 장기적이고 지속가능한 발전을 도모할 수 있다.

사례 5-1 유한킴벌리의 지속경영

유한킴벌리는 국내에서 대표적인 '존경받는 기업'으로 알려져 있으며 이는 최근 유한킴벌리의 수상실적을 봐도 쉽게 알 수 있다. 2008년 지식경제부가 주최하는 지속가능경영대상 3년 연속으로 수상하였고, 김중곤 사장은 '2008 글로벌리더-사회공헌부문(한국경제신문)' 대상을 수상하였으며, 그 외에도 '가장 일하고 싶은 직장(KBCSD)', '가장 존경받는 기업(한국능률협회컨설팅)' 등 국내외 주요 포상을 휩쓸고 있다. 수상실적을 봐도 알 수 있듯이, 우수한 사회공헌 프로그램 운영, 친환경 기업 이미지 구축 등을 통하여 기업명성을 성공적으로 관리하는 회사로서 자리매김하고 있다.

그렇다면 유한킴벌리는 어떠한 기업일까?

유한킴벌리는 미국의 킴벌리 클락(Kimberly-Clark Trading LLC)과 유한양행이 각각 70%와 30%를 투자하여 설립한 합작법인으로 외국인 투자기업이며 주요 사업으로는 유아위생사업, 여성위생사업, 가정위생사업 등이 있는 소비재 산업군에 속해 있다. 기저귀, 생리대의 경우 업계 1위 수준의 시장점유율을 유지하고 있으며, 특히 신규 진출한 바스앤바디산업(그린핑거)의 경우 진출 2년 만에 시장점유율 1위를 달성하기도 했다. 이러한 성과 덕분에 유한킴벌리는 경제위기가 강타했던 2008년 매출액이 전년대비 21.99% 증가하여 1조 221억 원을 달성하였다.

한국의 대표적인 지속경영 실천기업으로서 유한킴벌리의 명성은 모기업인 유한양행과 킴벌리 클락의 문화와 명성에 뿌리를 두고 있다. 유한양행은 독립운동가이자 사회사업가인 유일한 박사가 1926년 설립하였는데, 창업 이래 기업을 통한 사회봉사정신을 강조해 온 기업으로 한국 국민으로부터 많은 사랑을 받아온 민족기업이다. 유한양행은 유일한 박사의 "기업이 얻은 이익은 그 기업을 키워준 사회에 환원해야 한다"는 경영이념을 핵심가치로 유지하고 있다. 유한킴벌리는 모회사인 유한양행과 킴벌리 클락의 기업문화에 영향을 받아 인간존중, 고객만족, 사회공헌, 가치창조, 혁신주도의 5가지 경영이념을 종업원들의 공유가치로 정착시켜 나가고 있다.

1984년부터 환경경영에 대한 필요성을 인식하여 시작된 유한킴벌리의 공익환경캠페인 "우리 강산 푸르게 푸르게"는 26년의 역사를 자랑하는 국내 대표적인 환경 사회공헌캠페인으로 인정받고 있다. 이 캠페인은 유한킴벌리가 연간 매출액의 1%를 투자하는 사회공헌 활동으로, 숲가꾸기를 위한 기금 조성, 시범림 조성사업, 환경교육사업, 자연자원과 문화유산 발굴 지원 등으로 구성되어 있다. 이와 같이 적극적인 사회공헌 활동의 추진으로 높은 기업 명성과 신뢰가 제품의 좋은 이미지로 연결되어 평균 98%라는 고객 로열티를 얻게 되었다. 사회책임경영 및 환경경영 등에 기반한 이러한 대외적인 투자가 "땅바닥에 물붓기"식의 대가 없는 비용지출이 아니라 광고비와 같은 통상적 마케팅 활동보다 투자 대비 이익(Return on Investment)이 훨씬 높은 투자임을 증명하고 있다.

유한킴벌리는 한때 주력사업의 시장점유율이 100%에서 18%이하로 떨어지는 어려운 시기를 겪었고, 13년간의 노사분규와 기업 내부의 분열을 경험하였지만, 문국현 사장이 중심이 되어 과감한 혁신경영을 통해 이를 극복하였다. 대부분의 한국 기업들이 1997년 경제위기 속에서 제품개발을 위한 연구비를 줄이고, 종업원에 대한 교육훈련비를 절감할 때, 유한킴벌리는 한국 소비자가 원하는 초슬림형 생리대, 통풍이 되는 기저귀 등 제품개발에 과감한 투자를 단행하였고, 이러한 과감한 혁신을 통해 2004년 생산하는 품목 모두가 시장점유율 1위를 달리고 있는 기업으로 성공적으로 변신하였다. 또한 미국발 경제위기가 불어닥친 2008년 유가와 원재료 가격상승 등에 따른 어려운 경영 환경 속에서도 신제품 및 신시장 개척을 기반으로 창사 이래 최초로 1조원의 매출을 달성하였다. 이러한 성과는 지속경영에 대한 투자를 축소하지 않고도 이룬 성과이기에 더욱 빛을 발한다고 볼 수 있다.

유한킴벌리는 지방의 세계화(Loc-balization)와 같이 세계 어떤 나라, 어떤 기업에서도 시도하지 못한 창조적 경영을 성공적으로 시도함으로써 전세계에 벤치마킹대상이 되고 있다. 이러한 유한킴벌리의 사회책임경영, 환경경영, 윤리경영, 혁신경영, 창조경영, 인간존중경영은 유한킴벌리를 한국의 150만개 기업 중에 국민에게 가장 사랑받고 존경 받는 기업으로 자리매김하게 하였다. 한국의 장수기업 연구회에 따르면 "한국에서 가장 오래된 기업 중에서 앞으로도 가장 오래 존속할 회사 1등으로 선택된 유한킴벌리의 이와 같은 성공 메커니즘은 지속경영의 진정한 의미와 21세기 기업의 바람직한 모델을 제시해 주고 있다"고 평가하였다.

출처: 유한킴벌리, "2009 지속가능성 보고서"

핵심용어

- 기업명성
- 경제적 효과(Business Case)
- 수익성
- 이해관계자 신뢰구축

참고문헌

1. 산업연구원, 산업정책연구원, "지속가능경영 논의동향과 대응방안", 2005
2. 조동성, 산업정책연구원 지속경영본부, "지속(가능)경영", 서울경제경영, 2007
3. 조동성, 서울경제경영, "21세기를 위한 전략경영", 2006
4. 유한킴벌리, "2005 지속가능성보고서"
5. 유한킴벌리, "2009 지속가능성 보고서"
6. SustainAbility, Buried Treasure: Uncovering the business case for corporate responsibility, 2001

Part 02

지속경영의 실천

6장
지속경영의 실행

7장
지속경영의 평가

8장
지속경영 보고

9장
지속경영을 통합한 새로운 비즈니스 모델

06

지속경영의 실행

경제적이고 단기적인 성과만을 좇는 지금까지의 관행을 본다면 지속경영의 필요성에 대한 의문이 제기될 수 있다. 이에 세계지속가능발전기업협의회(WBCSD: World Business Council for Development) 의장을 역임한 듀폰(DuPont)의 채드 홀리데이(Chad Holliday) 회장은 경영자가 가질 수 있는 의문과 그에 대한 해답을 다음과 같이 설파한 바있다.

"지금이라면 지속가능성을 모르더라도 기업경영을 충분히 잘 할 수 있는 것이 사실이다. 경영자는 '왜 우리에게 지속가능한 경영활동이 필요한가'라고 반문하는 것이 어쩌면 당연할 수도 있다. 그러나 빠른 시기 안에 이러한 경영양상이 바뀔 것이라고 나는 확신한다. 10년이 지나지 않아, 아니면 더 빠른 시일 내에 우리는 쉽게 발견할 수 있을 것이다. 성공적인 글로벌 기업의 공통요건 중 가장 중요한 것이 지속가능성 개념을 기업경영에 얼마나 잘 적용했는지의 여부라는 사실을."

1. 지속경영 실행요소

지속경영의 중요성이 대두되면서 지속경영을 기업에 도입하고 확산시키기 위한 활발한 움직임이 계속되고 있다. 산업계의 자발적인 노력과 국제기구 및 정부의 지원으로 지속경영 실행 프로그램이 개발 및 확산되고 있는 추세이다.

1995년 지속가능기업협의회와 세계환경보호산업협의회가 통합하여 출범한 세계지속가능발전기업협의회(WBCSD)[1]는 기업의 리더들이 지속가능한 발전을 지향할 수 있도록 기업의 사회적 책임, 에코효율성, 혁신과 기술, 생태계, 지속가능성과 시장, 위험 등 '6대 핵심주제'를 전략목표로 제시하였다(표 6-1).

1999년에는 영국표준화기구(BSI: British Standard Institution)[2], 미래를 위한 포럼(Forum for the Future)[3], 어카운터빌리티(AccountAbility)[4]

---

[1] 세계지속가능발전기업협의회(WBCSD): 1991년 경제, 사회, 환경적 측면의 지속가능한 발전을 위한 전세계 35개국 175개 기업이 모여 만든 기업연합체로서 각 회원국에 지속가능한발전기업협의회를 두어 네트워크를 형성하고 있을뿐만 아니라 경제협력개발기구(OECD), 제협력 유엔개발계획(UNDP), 유엔환경계획(UNEP) 등 국제기구와 전세계 NGO, 언론사, 재단 등과도 파트너십을 맺고 있다.

[2] 영국표준화기구(BSI: British Standard Institution)는 영국의 국가 표준(BS)을 제정하는 정부 공인 기관이다. 영국을 대표하여 국제표준화기구(ISO), 국제전기표준협회(IEC) 등의 국제표준기구와 유럽표준화위원회(CEN), 유럽전기기술표준화위원회(CENELEC) 등의 유럽 표준기구와의 창구 역할을 담당하고 있다.

[3] 미래를 위한 포럼은 지속가능한 발전을 촉진하는 영국의 비영리조직으로 목표 달성을 위해 90개 이상의 민간 기업 및 공공부문과 협력하여 활동하고 있다. 녹색기술과 지속가능한 발전, 그리고 환경을 주제로 하는 잡지 "Green Futures"를 발간하며 또한 관련 이슈에 대한 석사과정 교육을 제공하고 있다.

[4] 어카운터빌리티(AccountAbility)는 영국에 소재한 지속가능성 관련 이슈를 연구 및 컨설팅하는 비영리조직이다.

표 6-1 | 세계지속가능발전기업협의회(WBCSD)의 지속경영 프레임워크

구분	내용
기업의 사회적 책임 (CSR)	지속가능한 발전은 장기적인 성공을 위하여 사회, 환경, 경제적인 측면에서 균형된 시각을 요구한다. 기업의 사회적 책임은 기업이 다른 전략적 경영과제를 다루는 방식과 동일하게 사회적인 이슈를 다루고 그에 대한 책임을 갖는 것이다.
에코효율성 (Eco-efficiency)	경제적 효율성과 생태적 효율성을 동시에 추구하는 경영방식으로, 공정의 최적화, 폐기물 재활용, 제품혁신, 서비스화, 네트워크 및 가상조직이라는 5가지 방법을 통하여 달성할 수 있다.
혁신과 기술 (Innovation and Technology)	인구가 늘어나고 삶의 질 향상에 대한 요구가 증가함에 따라 인류가 사용해야 하는 자원량이 급격히 늘어나는데 지구상에 자원은 한정되어 있어 성장의 한계가 발생하게 된다. 이를 해결할 수 있는 거의 유일한 해결책은 기술발전이다. 지속가능한 발전이 달성되려면 과학자와 공학자에 의한 기술혁신뿐 아니라 경제적, 사회적, 제도적인 혁신이 병행되어야 한다.
생태계 (Ecosystems)	WBCSD는 생태계를 현명하게 관리하는 방법에 대한 가이드라인을 제시하였는데 특히 물과 생물다양성을 강조하고 있다. WBCSD가 권장하는 생물다양성 보존의 목표는 크게 3가지로 요약된다. 첫째는 생물종의 보존이고 둘째는 생태자원의 지속가능한 사용이고 셋째는 생태자원으로부터 얻어진 이익을 공정하게 공유하는 것이다.
지속가능성과 시장 (Sustainability and Market)	지속가능한 시장이란 합법화된 경쟁우위를 인정하고 에코효율성과 혁신을 장려하는 시장을 말한다. 시장을 통한 지속가능한 발전을 달성할 수 있는 핵심 요소로

표 6-1 | 세계지속가능발전기업협의회(WBCSD)의 지속경영 프레임워크 (계속)

구분	내용
	혁신, 에코효율성의 실천, 이해관계자와의 파트너십, 고객에 대한 완전정보 제공, 독점 및 부패 등 잘못된 시장체제 상황의 개선, 지구에 대한 가치평가, 빈곤퇴치를 지향하는 시장 구축 등 7가지 방향을 제안하고 있다.
위험 (Risk)	위험은 주로 기업 외부에서 발생하는 것으로 자연현상, 사회, 경제, 기술적 변화에 의하여 발생한다. 기업은 직접 직면하고 있는 위험뿐 아니라 단기적으로는 기업에 직접 영향을 주지 않을 것 같은 위험에도 선도적인 관리를 해야 한다. 예를 들어 기후 변화와 같은 위험의 경우 장기적으로 국가전체에 영향을 미치고 기업의 지속가능성에 심각한 영향을 미칠 수 있다. 기업은 단기적인 수익성 관점에서 수행하는 단순 대응이나 관리를 벗어나 사회 전체적인 영향을 분석하고 종합적으로 관리하는 전략적인 접근이 필요하다

출처: 지속가능발전기업협의회(KBCSD), "지속경영 프레임워크와 실천과제", 2004

등에서 지속경영과 관련된 가이드라인 개발의 필요성을 인식하고 경영을 위한 지속가능성 통합 가이드라인인 SIGMA(Sustainability Integrated Guideline for Management)를 개발하였다.

SIGMA는 조직이 지속가능성을 이해하고 실천하는데 길잡이가 될 일련의 원칙을 제시하고 있으며, 모든 형태의 조직이 지속가능성을 추구할 때 참고할 수 있는 절차와 방법에 대한 가이드라인으로 구성되어 있다. 프레임워크는 일반적인 모델인 PDCA(Plan-Do-Check-Act) 모델을 차용함으로써 많은 조직이 익숙하게 지속경영을 추구할 수 있도록 개발되었다. 리더십 및 비전, 계획, 실행, 피드백 및 보고가 각각의 단계이다. 모든 조직은 조직이 처한 상황과 역량에 따라 서로 다른 단계부터 시작할 수도 있다. 또한 각종 사례, 질문서, 환경회계 접근법 등 지속경영 도입시 활용 가능한 툴을 함께 제시하고 있다.

이러한 국제적 흐름을 반영하여 국내에서도 지속경영 프레임워크를 개발하고, 도입하려는 움직임을 보이고 있다. 지속경영 실행 모델에 대한 세부내용을 다음 장에서 살펴보도록 하겠다.

2. 지속경영 실행 모델

국내 기업들이 손쉽게 지속경영을 도입, 실천할 수 있도록 가이드라인을 제시하고자 다양한 모델들이 개발되었다. 이러한 모델들은 국내 기업들에게 효과적인 지속경영 추진방향을 제시하고 지속경영 시스템의 성공적인 구축 및 정착에 필요한 실무지침을 제공하고자 한다.

지식경제부 "지속가능경영대상" 평가지표 지식경제부는 국내 기업의 지속가능경영을 장려하기 위하여 매년 지속가능경영대상을 수여하고 있으며, 우수기업 발굴시 지속경영 정책, 성과부문(경제, 사회, 환경), 대외공시 내용, 향후 지속경영 계획 등 4개부문으로 구성된 평가 프레임워크에 따라 평가하고 있다. 본 평가 프레임워크는 2003년 지식경제부의 요청을 받아 산업정책연구원이 개발한 지속경영에 대한 제3자에 의한 평가모델이다.

지속경영 정책에 대한 평가요소는 지속경영 추진 비전 및 전략, 이해관계자 참여, 지배구조, 리스크 관리 등으로 구성되어 있으며, 한 조직이 지속경영을 추진하는데 있어서 장기적 목표, 이를 추진하기 위한

표 6-2 | 지식경제부 지속가능경영 평가 프레임워크

대분류		중분류
정책		지속가능경영 비전 및 전략
		지속가능경영활동 추진부서 및 추진인력
		당사의 지속가능경영 중대 이슈발굴 및 대응
		이해관계자 참여
		CEO의 지속가능경영 의지
		이사회 활동
		주주참여/권익보장
		리스크 관리
성과	경제성과	경제적 가치의 창출 및 분배
		브랜드 가치
		혁신경영 · 창조경영 성과
		투명한 회계감시
	사회성과	윤리경영 추진현황
		차별금지 정책
		노사 관계
		안전보건 증진
		가족친화경영 정책
		자기계발 지원
		협력업체 선정의 공정성
		협력업체에 대한 지속가능경영 관련 지원
		상생협력 성과
		소비자 제품책임
		정보 보호
		사회공헌 활동
	환경성과	환경경영 정책
		에너지 사용 목표 설정 및 달성률
		온실가스 관리
		환경경영 투자

표 6-2 | 지식경제부 지속가능경영 평가 프레임워크 (계속)

보고내용 평가	보고서 발간여부 공적서 내용의 충실성 공적서 내용의 중대성 공적서 내용의 균형성 공적서 내용의 완전성 공적서 내용의 신뢰성 공적서 내용의 접근성
향후계획	지속가능경영을 성공적으로 추진하기 위한 단기, 중장기 계획 및 목표 계획 및 목표를 달성하기 위한 향후 전략(내외부 환경 및 실행가능성, 시기성이 반영된 전략)

출처: 산업정책연구원 http://www.ips.or.kr, 지속가능경영대상 평가항목

추진조직, 이해관계자 참여를 통한 지속경영 현안이슈 발굴 및 리스크 관리활동을 주로 평가하고 있다.

성과영역에서 경제, 사회, 환경성과가 균형있게 반영되어 있다. 경제적 가치 창출 및 분배, 혁신 및 창조경영, 투명한 회계공시 등이 경제성과로 평가되며, 윤리경영, 임직원, 협력업체 고객 관련 성과 등이 사회성과로 집계된다. 환경 성과는 환경경영 정책, 에너지 사용 목표 설정 및 달성률, 온실가스 관리, 환경경영 투자성과가 평가된다.

이외에 지속가능경영 성과의 대외 공시, 지속가능경영에 대한 지속적 추진을 위한 향후 계획 내용 등이 평가되어 이해관계자 관점에서의 정보 공시 필요성이 충족되었는지, 또한 현재의 성과뿐만 아니라 향후 계획이 반영되어 지속적인 노력이 천명되었는지를 평가하고 있다(표 6-2).

지속가능발전기업협의회(KBCSD: Korea Business Council for Sustainable Development) 전국경제인연합회가 주축이 되어 만든 지속가능발전기업협의회(KBCSD)에서는 지속경영에 대한 프레임워크를 개발하고 국내기업이 나아가야 할 방향을 제시하였다. 지속경영을 환경, 경제, 사회 분야의 지속가능성을 위해 기업차원과 사회차원에서 기여하고자 하는 경영활동으로 정의하고 지속경영 구성요소를 필수요소와 환경적, 사회적, 경제적 요소로 규정하였다. 필수요소는 최고경영자의 의지, 지속경영 추진을 위한 담당조직의 구성, 비전 및 방침 수립 그리고 내외부 커뮤니케이션이다.

환경적 지속가능성(Environmental Sustainability)은 환경적 효율성과 경제적 효율성을 동시에 달성하는 것을 추구하며, 세부적으로는 청정생산,[5] 전과정 관리, 기후 변화 대응, 리스크 관리, 생물다양성 보호[6], 서비스화 등으로 구성된다.

사회적 지속가능성(Social Sustainability)은 기업이 사회에 행사하는 기업권력과 책임 있는 기업 행동 간의 균형성을 강조하며, 사회공헌, 준법경영, 인권경영, 보건안전 등으로 구성된다. 경제적 지속가능성(Economic Sustainability)은 외적 성장위주의 경제발전에서 내적 경제발전 및 경영의 선진화를 요구하며, 지역사회에 대한 기여, 기업

[5] 청정생산: 제품의 생산과 관련된 전 과정에서 오염물질의 발생을 근원적으로 감소시키는 경제적이고 환경친화적인 생산기술이다.

[6] 한 특정 지역 내 존재하는 유전자와 생물종 및 생태계를 일컬어 생물다양성(biological diversity, biodiversity)이라 하며, 현대에 생물다양성이 위협을 받게 됨에 따라 유지 및 자원관리 차원에서 각지로부터 워싱턴조약, 세계유산 조약 등을 포함한 선언 및 보호활동 움직임이 나타나고 있다.

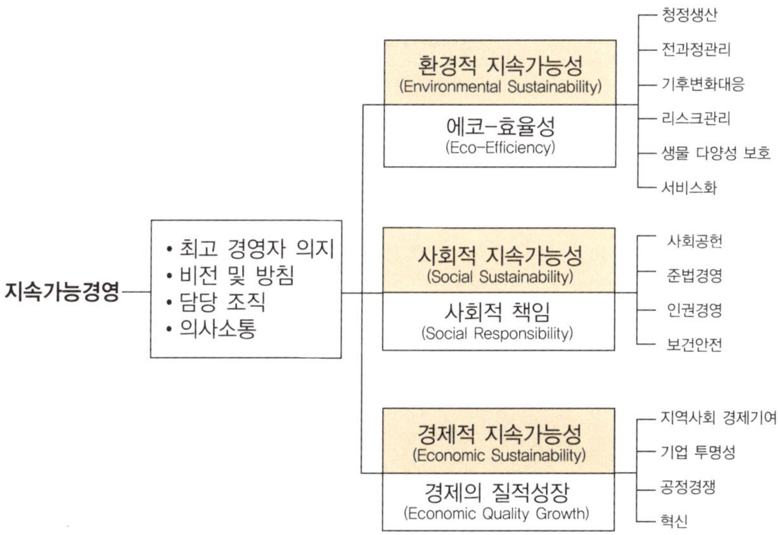

출처: KBCSD, "지속가능경영 프레임워크와 실천과제", 2004

그림 6-1 | KBCSD 지속가능경영 프레임워크

투명성, 공정경쟁, 혁신 등을 주요 요소로 제시한다(그림 6-1).

환경부 지속가능경영 프레임워크 2006년 환경부는 지속경영의 세 가지(TBL) 분야별 지속경영 프레임워크를 개발하였다. 환경부 지속가능경영 프레임워크는 국내 대기업 수준에서 모델로 삼을 수 있는 일반적인 형태의 지속가능경영 프레임워크를 제시하고 있으며 환경, 사회, 경제적 측면을 모두 포괄하고 있다(그림 6-2). 프레임워크는 4개 대분류로 나눠지는데, 이는 지속가능경영의 전략 그리고 환경, 사회, 경제적 지속가능경영 실행시스템으로 구성되어 있다.

출처: 환경부, "지속가능경영 기업 자가진단 기준", 2006

그림 6-2 | 환경부 지속가능경영 프레임워크

지속가능경영 전략부문은 지속가능경영 비전과 방침, 지속가능경영 중장기 마스터플랜, 지속가능경영 추진을 위한 최고경영자의 의지, 지속가능경영 추진조직 구축, 대내외 커뮤니케이션 등 5개의 세부항목으로 구분된다. 환경적 지속가능경영 실행시스템은 환경부하관리, 환경경영, 청정생산, 친환경제품개발, 공급망 관리(SCM: Supply Chain Management)로 구성되어 있으며, 사회적 지속가능경영 실행시스템은 제품 및 서비스, 인적자원관리, 고용 및 노사관계, 협력사관계, 사회공헌, 경제적 지속가능경영 실행시스템은 경영효율성, 기업지배구조, 고객관계경영[7], 투명경영, 국가경제기여 등 각 5개 항목으로 구성되어 있다(표 6-3).

[7] 고객관계경영(CRM: Customer Relationship Management)은 고객과 관련된 기업의 내부와 외부의 자료를 분석 및 통합하여 고객 특성에 기초한 마케팅 활동을 계획하고 지원하며 평가하는 일련의 과정을 말한다.

표 6-3 | 환경부 지속가능경영 프레임워크

<table>
<tr><th colspan="2">구분</th><th>세부항목</th></tr>
<tr><td colspan="2" rowspan="5">지속가능경영 전략
(5)</td><td>지속가능경영 비전과 방침</td></tr>
<tr><td>지속가능경영 중장기 마스터플랜</td></tr>
<tr><td>지속가능경영 추진을 위한 최고경영자의 의지</td></tr>
<tr><td>지속가능경영 추진조직 구축</td></tr>
<tr><td>대내외 커뮤니케이션</td></tr>
<tr><td rowspan="23">환경적
지속가능
경영
시스템
(23)</td><td rowspan="3">환경부하 관리
(3)</td><td>오염물질 관리</td></tr>
<tr><td>자원의 효율적 이용</td></tr>
<tr><td>자원 재순환</td></tr>
<tr><td rowspan="7">환경경영
(7)</td><td>환경경영시스템(EMS)의 구축 범위</td></tr>
<tr><td>환경경영시스템(EMS)의 통합</td></tr>
<tr><td>환경심사</td></tr>
<tr><td>환경성과평가</td></tr>
<tr><td>환경교육</td></tr>
<tr><td>환경회계</td></tr>
<tr><td>환경성과보상</td></tr>
<tr><td rowspan="3">청정생산
(3)</td><td>생산공정설계의 친환경성</td></tr>
<tr><td>생산공정 분석 및 모니터링 체계</td></tr>
<tr><td>생산공정 환경관리 방법</td></tr>
<tr><td rowspan="5">친환경제품개발
(5)</td><td>전과정평가</td></tr>
<tr><td>에코디자인</td></tr>
<tr><td>환경연구개발부서 수준</td></tr>
<tr><td>환경마케팅</td></tr>
<tr><td>환경라벨링</td></tr>
<tr><td rowspan="5">공급망관리
(5)</td><td>원/부자재 평가시스템</td></tr>
<tr><td>원/부자재 유해물질 제거</td></tr>
<tr><td>공급사 평가시스템</td></tr>
<tr><td>공급사 환경역량 지원</td></tr>
<tr><td>공급사 EMS 인증</td></tr>
</table>

표 6-3 | 환경부 지속가능경영 프레임워크 (계속)

구분		세부항목
사회적 지속가능 경영 시스템 (15)	제품 및 서비스 (3)	사회적 영향 대응 신뢰성 확보 법규준수
	인적자원 관리 (4)	보상 및 인사제도 임직원 복리후생 임직원 교육훈련 보건 및 안전
	고용 및 노사관계 (2)	다양성 확보 노사관계
	협력사관계 (3)	계약투명성 협력사 지원 및 보호 협력사 선정
	사회공헌 (3)	사회공헌 조직 및 시스템 사회공헌 현황 사회공헌 성과관리
경제적 지속가능 경영 시스템 (14)	경영효율성 (3)	생산성 혁신시스템 운영 연구개발 역량
	기업지배구조 (3)	주주권리보호 이사회 다양성 및 독립성 감사기구 운영
	고객관계경영 (2)	고객의견 수렴 고객만족 수준
	투명경영 (3)	내부신고자 보호 윤리경영 추진현황 정보공개 수준
	국가경제기여 (3)	고용창출 공정거래 성실납세

출처: 환경부, "지속가능경영 기업 자가진단 기준", 2006

사례 6-1 에자이(Eisai)주식회사의 지속경영 실행

1941년 창업자인 나이토 도요지(Naito Toyoji, 內藤豊次)에 의해 설립된 에자이(Eisai)주식회사는 현재 매출의 95%가 의약품 분야이며, 의약용 의약품을 중심으로 일반용 의약품, 진단용 의약품을 제조, 판매하고 있다. 글로벌상품인 알츠하이머형 치매치료제 '아리셉트(Aricept)' 및 위궤양치료제 '아시펙스(Aciphex)'의 매출신장으로 해외 매출비율이 48%를 차지하고 있는 기업이다.

에자이주식회사의 지속경영 사상은 기업통치체제의 정비, 컴플라이언스의 철저한 준수, 그리고 사회 및 환경을 고려한 경영으로 경영의 투명성, 공정성, 성실성을 높이는 것이며, 동시에 기업의 사회적 책임을 다하는 것이라고 인식하고 있다. 이를 위해 폭넓은 이해관계자의 관점을 바탕으로 지속가능한 사회 실현을 핵심으로 한 경영이 불가결하다고 믿고 있다.

지속경영의 추진체제로 기업통치에 대한 투명한 경영과 의사결정의 신속화를 목적으로 2004년 6월 위원회를 설치회사에 위임했다. 이사회는 사외이사가 과반수를 차지하고 있으며, 설치한 지명위원회와 보수위원회는 사외이사만으로 구성하고, 감사위원회는 과반수를 사외이사로 구성하여 보다 열린 경영을 실현하고 있다. 컴플라이언스에 대해서는 컴플라이언스 위원회와 기업윤리추진부를 설치하고 기업윤리 담당임원을 임명했다.

기업행동헌장, 행동지침의 책정 및 기업윤리 핸드북의 작성 등을 통해 에자이 그룹 전체에서 추진하고 있다. 사회 · 환경과의 공존에 대해서는 특히 이해관계자와의 대화를 중시하고 있다. 주주·투자자, 고객, 사원, 미디어, 지역주민, 그리고 NPO/NGO 등에 대해 사내커뮤니케이션, 총무, 고객용 핫라인실 등의 담당부문이 중심이 되어 관계 구축을 꾀하고 있다. 또한 매월 집행회의에 사내외의 지속경영동향과 이해관계자 대화의 추진상황을 보고한다.

에자이 회사의 지속경영에 대한 도입효과는 다음과 같다. '환경·사회보고서'를 2001년부터 발행하고 있으며, 지속경영에 관련되는 담당부문의 멤버로 구성되는 프로젝트에서 작성하고 있다. 프로젝트의 각 멤버가 GRI가이드라인과 지속경영의 세계적인 흐름을 알게 됨으로써, 자기 부문의 과제를 인식하고 개선을 위한 체제와 활동이 가능해졌다. 2003년부터 보고서에 관해 사원들에게 설명회를 실시하고 있어, 사원들의 지속경영에 대한 의식이 높아지고 이해도 깊어지고 있다.

기업이념

환자와 생활자 모두의 희로애락을 고려하여 복지향상을 제일로 하며, 세계 헬스케어의 다양한 니즈를 충족한다.

지향하는 기업상

모두가 법규와 윤리를 준수하는 비즈니스 활동에 충실하며, 어떠한 의료시스템 아래서도 존재의 의를 지닌 휴먼헬스케어 기업

기업행동헌장

1. 휴먼헬스케어 기업으로서 환자와 생활자 모두에게 기여할 수 있는 제품과 서비스를 제공한다.
2. 각국의 법규를 준수함과 동시에 높은 윤리관을 지니고 스스로를 다스린다.
3. 각국의 문화와 습관을 존중하는 사업활동을 전개한다.
4. 각국의 사업활동에서 공명정대하게 경쟁한다.
5. 의료에 관련되는 모든 사람, 주주, 투자자, 종업원, 거래처, 지역사회 등과의 관계를 존중한다.
6. 세계 각국에서 지구환경의 보전에 힘쓴다.
7. 우량기업시민으로서 사회공헌활동을 추진한다.
8. 정치, 행정과는 공정하고 투명한 관계를 유지한다.
9. 반사회적 세력과는 대결한다.
10. 종업원 모두의 인권과 인격을 존중하여 공정하게 처우하고, 직장환경의 안전을 확보한다.
11. 회사정보를 적합하게 관리하고, 적시에 적절하게 정보를 공개한다.

ENW 기업윤리 테스트

당신이 행동할 때는 항상 다음 사항을 자문하고, 기업 윤리에 유의하시기 바랍니다. 판단하기 어려울 때는 상사에게 상담하십시오. 혹시 상사에게 상담할 수 없는 내용이 있다면 각국의 법무부 등 관계부서 또는 기업윤리 카운터(상담창구)에 알려주시기 바랍니다.

귀하의 행동은

1. 가족에게 떳떳하게 말할 수 있습니까?
2. 들키지 않으면 괜찮다고 생각하지는 않습니까?
3. 제3자로서 뉴스에서 본다면 어떻게 생각하시겠습니까?

※ ENW(Eisai Network Companies)는 에자이주식회사 및 관계회사로 구성된 기업그룹

출처: GJT, "GMP · GCP · GLP에 있어서의 FDA 21 CFR Part11 작업실무: 에자이 · 산쿄 · 다이이치 제약의 사례 연구법에 배운다", 2007

핵심용어

- 지속경영 프레임워크
- SIGMA
- 환경적 지속가능성
- 사회적 지속가능성
- 지속경영 전략
- 에코 효율성
- 경제적 지속가능성
- 윤리적 지속가능성
- 지속가능경영 실행 시스템

참고문헌

1. 대한상공회의소, 산업정책연구원, "윤리경영 매뉴얼", 2006
2. 산업정책연구원 http://www.ips.or.kr
3. 지속가능발전기업협의회, "지속가능경영 프레임워크와 실천과제", 2006
4. 환경부, "지속가능경영 기업 자가진단 기준". 2006
5. 환경부, 에코프론티어, "지속가능경영 기업개발", 2006
6. 현대경제연구원, "지속가능경영의 도입 프레임워크", 2004
7. KBCSD, "지속경영 프레임워크와 실천과제", 2006
8. GJT, "MP · GCP · GLP에 있어서의 FDA 21 CFR Part11 작업실무: 에자이 · 산쿄 · 다이이치 제약의 사례 연구법에 배운다", 2007

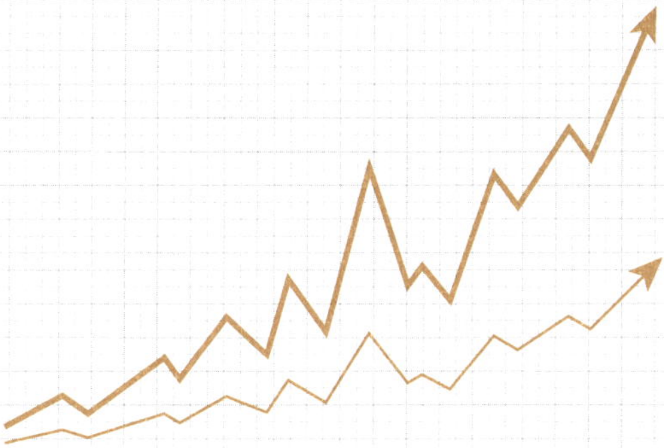

07

지속경영의 평가

기업에서는 지속경영을 추진하고 있지만 현재 자사의 지속경영 수준이 어디까지 와 있는지 가늠하기 어려운 경우가 있다. 이러한 문제점으로 인해 지속경영의 개선방안을 수립하고자 할 때 기업의 강점과 약점을 파악하는 데 어려움이 발생한다.

지속적인 지속경영 평가를 통해 자사의 위치를 파악하고, 문제점을 해결하여 개선해 나가려는 노력이 필요하다. "평가없이 개선없다"라는 말처럼 지속경영 평가는 성공적인 지속경영 실천을 위해 반드시 필요한 부분이다.

1. 지속경영 평가 의의

기업이 지속경영을 통하여 이해관계자들로부터 신뢰받기를 원한다면, 기업은 이해관계자들과 대화를 할 뿐만 아니라 기업이 장기적으로 성장할 것이라는 구체적인 증거를 보여주어야 한다. 이를 위하여 지속경영을 도입한 기업들은 기업의 성과를 측정하고 통제할 수 있는 적합한 시스템을 마련해야 한다.

한편 기업의 외부에서도 공개된 지속경영 정보를 활용하여 기업들을 평가함으로써 사회책임투자(SRI)와 같은 투자기회나 신용평가의 도구로 사용하고자 한다. 따라서 지속경영을 평가하고 관리하는 기법은 기업 내외부의 필요와 요구에 의해 조금씩 발전되었다고 볼 수 있다.

표 7-1 | 기업 성과 평가 툴

경제적 측면	사회적 측면	환경적 측면	지속경영 전반
재무보고서 및 연차보고서	사회감사 (Abt, 1977)와 사회보고서(Gruppo per il Bilancio Sociale, 2001)	환경보고서와 전과정 환경평가(LCA) (Hallay and Pfriem, 1992)	GRI http://www.globalreporting.org
투자수익률(ROI) 자기자본이익률 (ROE)	사회 회계 (Zadek et al., 1997; Gonella et al., 1998)	환경회계(Bundesumweltministerium and Umweltbundesamt, 1995; Burritt et al., 2002)	균형성과 평가제도 (Kaplan and Norton, 1992; Figge et al., 2002; Zingales and Hockerts, 2003)

표 7-1 | 기업 성과 평가 툴 (계속)

경제적 측면	사회적 측면	환경적 측면	지속경영 전반
레버리지비율 (Leverage ratio)	사회효율성 (Schaltegger et al., 2002:P.9)	에코라벨 http://www.eco-label.com	SIGMA Project http://www.projectsigma.com
유동 비율 (Current ratio)	AccountAbility1000 (AA1000) (AccountAbility, 1999)	환경효율성지표 (World Business Council, 2000)	Q-RES Project (2002; 2004)
정기적 성과평가 (Economic Value Added, EVA) (Stewart, 1991)	안전보건국제규격 (BS 8800)과 산업 보건 및 안전 경영 시스템(OHSAS) http://www.bsi-global.com	환경성과 평가에 관한 규격(ISO14031) http://www.iso.org/iso/en/iso9000-14000/index.html	ISO26000 http://www.iso.org.sr http://www.uni.com
세부 성과지표 (마케팅, 생산, 물류, R&D, 품질 등)	사회적 책임경영시스템 (SA8000, Social Accountability) http://www.sa-intl.org	환경경영 및 감사제도 (EMAS)과 환경경영 시스템 국제 인증(ISO14001) http://europa.eu.int/comm/environment/emas/index_en.htm; http://www.iso.org/iso/en/iso9000-14000/index.html	지속경영성과 측정을 위한 통합 체계 (Schaltegger and Wagner, 2006)

표 7-1 | 기업 성과 평가 툴 (계속)

경제적 측면	사회적 측면	환경적 측면	지속경영 전반
경제자본가치 (Guatri, 1991)	윤리인덱스 ① 미국의 Domini 400 Social Index, ② 스웨덴의 Ethibel, ③ 영국의 FTSE4Good, ④ 이탈리아의 Ethical Index Euro(Tencati, 2002b, pp 196-197)		지속경영평가 및 보고시스템(SERS) (Tencati 2002a; Perrini and Tencati, 2003)
주주가치 (Rappaport, 1986)	윤리 사회 평가 (Perrini and Tencati, 2003, pp.14-16)		

출처: Antonio Tencati, Francesco Perrini, Stefano Pogutz, 'Developing Corporate Social Responsibility-A European Perspective', p.97 일부 수정

기업의 경제적, 사회적, 환경적 성과를 측정하고 보고하기 위하여 많은 사회, 환경 기준 및 평가방안들이 수년간에 걸쳐 개발되었다. 이러한 평가방안들은 기업의 정량적, 정성적인 정보들을 제공할 뿐만 아니라 이해관계자 간의 상호작용에 영향을 미치게 된다.

위의 표 7-1을 살펴보면, 경제, 사회, 환경 각 영역에 해당하는 이슈에 대해 정량화하거나 관리하고자 하는 요구들이 20~30년 전부터 지속되었음을 알 수 있다.

경제적 영역에서는 1986년에 '주주가치 패러다임'의 개념이 소개되면서 전환점을 맞게 되었다. 그 시점을 이후로 재무적 평가 외에 환경성 및 사회성을 포함한 지속가능성 평가를 통해 비재무적 위험에 대비할 수 있다는 개념이 점차 생겨나게 되었다.

처음으로 사회 감사시스템(Social auditing system)[1]이 도입된 것은 1960년대 후반에서 1970년대 초 사이로 미국에 이어 독일, 프랑스 등의 유럽지역에서 이루어졌다. 그리고 1990년대 초에 유럽의 협동조합 운동들이 계기가 되어 사회보고 프로세스가 생겨나게 되었다.

환경보고[2]는 1980년대 후반부터 독일 및 북유럽 연구기관과 기업들이 주축이 되어 시작되었고 이와 함께 환경 이슈에 대한 관심이 증대되기 시작하였다. 그 이후에 이러한 평가방안들은 생태학적인 관점에서 덜 관심있는 기업들에게도 사용되었다.

세 가지 마지막 줄(Triple bottom line)이란 개념은 1994년 지속가능성 회계 분야에서 처음 언급된 내용이나, 본격적으로 논의된 것은 1997년 GRI가 설립되면서부터였고 그 이후 지속경영 전반에 대한 평가 방안들이 제안되기 시작하였다.

지속경영 평가는 재무적, 환경적, 사회적 측면의 전 활동을 점검, 평가하는 것으로 이를 통해 기업은 경영활동의 개선기회를 찾고, 이해관계자들은 기업에 대한 다양한 정보를 얻을 수 있게 되었다.

전 세계적으로 많이 활용되고 있는 주요 평가모델들은 '제3장 지속경영 관련 글로벌 스탠다드'에서 언급된 다우존스 지속가능성 지수(Dow Jones Sustainability Indexcs), FTSE4Good, IVA^{TM}(Intangible

---

[1] 사회감사(Social Audit)란 기업의 사회적 책임을 이행하기 위해 벌이는 노력을 평가하는 것이며 기업이 경제적 책임, 법적 책임, 도덕적 책임 등을 완수하는지 여부에 관심을 두고 있다.

[2] 환경보고(Environmental Quality)는 미국에서 대통령이 국가 환경정책법에 의거하여 매년 의회에 제출하는 공해보고서이다. 이 보고서의 정식명칭은 '환경의 질(environment quality)'이지만 대개의 경우 환경보고라 불리며 미국에서는 경제보고, 국방보고와 같이 대통령의 주요 보고사항 중 하나이다.

Value Assessment) 등이 있다. 하지만 국가나 기업의 특성에 따라 평가모델도 달라지기 때문에 조사과정 및 조사방법, 자료의 신뢰성, 평가범위등에 대한 표준화에 대한 평가의 신뢰성과 공정성에 대한 논의가 계속되고 있다. 하지만 국가나 기업의 특성에 따라 평가모델도 달라지기 때문에 조사과정 및 조사방법, 자료의 신뢰성, 평가 범위 등에 대한 표준화에 대한 평가의 신뢰성과 공정성에 대한 논의가 계속되고 있다.

국내에서도 국내 제반 여건과 기업의 특성을 고려한 가이드라인 개발을 통해 체계적인 평가가 이루어져야 한다는 점을 고려하여 몇 개의 평가모델들이 개발되어 활용되고 있다. 평가모델에 대한 세부 내용은 다음 장에서 살펴보도록 하겠다.

2. 지속경영 평가 모델

지식경제부 지속가능경영 평가모델(KoBEX-SM™)[3] 주요기업의 지속가능경영 실태조사(KoBEX SM™: Korean Business Ethics Index - Sustainability Management)는 지식경제부가 의뢰하여 산업정책연구원이 2009년 개발한 지속가능경영 인덱스이다. 본 조사는 기업의 지속가능경영 실천도를 높이기 위하여 지속가능경영 인덱스를 작성 및 보급하는데 목적을 두고 있다. 매년 국내 주요 공기업과 민간기업의 지속가능경영 도입 현황 및 성과를 조사하여 지속가능경영 성과 평가에 대한 기

---

[3] 산업정책연구원 지속경영연구센터는 2002년 윤리경영평가지표인 KoBEX™(Korean Business Ethics IndeX)의 주요 구성요소를 개발하였다. 개발 당시 국내기업들에게 '지속경영'이란 용어가 흔히 사용되지 않아 보다 잘 알려진 '윤리경영'이란 단어로 모델명을 정하였다.

본 틀을 제공하고 지속가능경영 체제 확산을 도모하는데 기여하고 있다.

1. KoBEX SM^{TM} 개념

KoBEX SM^{TM}(Korean Business Ethics IndeX-Sustainability Management)은 기업의 지속가능경영 실태를 조사하는 지표이다. KoBEX SM^{TM}에서 사용하는 '지속가능경영'의 개념은 '경제, 환경, 사회적 측면에서 기업이 윤리, 혁신, 창조적인 방법을 통해 지속적인 성과를 창출해 내며, 이를 통해 궁극적으로 경쟁우위를 확보하여 기업의 가치를 증진시키는 것'으로, 다음과 같은 특징을 지닌다.

- 지속가능경영 원인변수 개발: 지속가능경영 현황뿐만 아니라 현재의 상황을 낳게 한 원인을 파악하기 위해 원인변수를 개발
- 단계별 지속가능경영 개발: 도입기–확산기–정착기–성숙기 등 일정한 단계를 통하여 발전하는 지속가능경영의 단계에 맞도록 기본형 지표들에 '발전형 지속가능경영 지표'를 추가로 개발하여 소개
- 해외 지속가능경영 동향 반영: ISO26000, GRI(G3), CR Index, JSE SRI Index 등 해외 지표를 반영하여 국제적 기준에 부합
- 국내 기업환경의 특수성 반영: 노사관계(예시: 사내 노조관련 조직, 노동쟁의 현황), 협력업체(예시: 협력업체와의 상생) 등의 주요이슈 관련 지표들은 추가 보완하여 국내 기업 환경이 갖는 특징을 반영

2. KoBEX SM^{TM} 구성

KoBEX SM^{TM}은 모든 기업에게 적용될 수 있는 공통지표(CI: Common

Index)와 업종 및 기관의 성격에 따라 적용이 달라지는 추가지표(SI: Supplementary Index)로 구성된다. 즉, 공통지표(CI)는 연구의 조사 대상인 공기업과 민간기업 모두에게 적용되고, 추가지표(SI)는 민간기업에게만 적용하였다.

이러한 KoBEX™ 지표구성은 조사대상 기업의 업종별 차이를 고려하여 현실에 적합한 진단결과를 도출하고 결과해석 및 활용이 용이하다는 장점을 가지고 있다.

KoBEX SM™ 구성 및 내용은 다음과 같다(표 7-2, 표 7-3).

표 7-2 | KoBEX SM™ 구성

구성	주요 평가내용
지속경영 비전	경영진의 지속경영 의지, 지속경영 전략 및 성과 관리, 이해관계자 참여, CEO의 부정행위 여부 등을 평가
지배구조	기업지배구조 개선을 위해 기업의 소유구조, 이사회의 독립성, 기업지배구조의 투명성 등의 항목을 측정
작업장	건전한 작업장 환경 조성을 위해 고용평등, 인력개발, 안전보건, 노사관계, 윤리경영제도 평가
협력업체	공정거래 및 거래 비리 척결을 위해 거래시스템, 불공정거래, 협력업체와의 상생협력 등의 내용을 평가
고객	공정거래 및 소비자 보호 제도를 위해 소비자정보 은폐, 불공정 약관, 소비자피해 구제, 소비자 보호 시스템 유무 등의 내용을 평가
환경경영	환경 정책 및 목표 관리, 환경 영향 최소화 정책 등 전반적인 환경경영 활동을 평가
지역사회	사회적 책임 강화를 위해 정부와의 관계, 지역시민과의 관계 등을 평가

출처: 산업정책연구원, "2008년 주요기업의 지속가능경영 실태조사", 2009

표 7-3 | KoBEX SM^{TM} 지표 내용

영역	소분류	항목	원인/결과	정량/정성	구분
지속가능경영비전(10)	경영진의 지속가능경영	CEO의 공식적인 커뮤니케이션	원인	정성	CI
		CEO의 지속경영성 평가	원인	정성	CI
		CEO의 부정행위 처벌경험	결과	정량	CI
	지속가능경영 전략	지속가능경영 국제규범 승인여부	원인	정성	CI
		지속가능경영 비전 및 전략	원인	정성	CI
		지속가능경영 목표설정 및 공개여부	원인	정성	CI
		지속가능경영 추진조직	원인	정성	CI
		지속가능경영 관련 정보 공시여부 및 방법	결과	정성	CI
	이해관계자 참여	주요 이해관계자 정의 및 파악	원인	정성	CI
		이해관계자 참여결과 반영 및 활용	원인	정성	CI
지배구조(10)	이사회	이사회 의장의 독립이사 여부	원인	정성	CI
		대주주측 임원비율	결과	정량	SI
		이사회 내의 지속가능경영 소위원회 설치 운영	원인	정성	CI
	주주	집중투표제 시행 여부	원인	정성	SI
		공정공시제도 도입 및 시행 여부	원인	정성	SI
		분식회계, 회계공시 위반 여부	결과	정량	SI
	리스크 관리	정기적 리스크 조사 여부	원인	정성	CI
		리스크 관리 및 분석을 위한 교육 훈련	원인	정성	CI
		위험관리 부서 구축 여부	원인	정성	CI
		공시자료 및 미디어 자료 검토	결과	정량	CI
작업장(17)	노동관행 지표	노동 관련 성과관리 지표	결과	정량	CI

표 7-3 | KoBEX SM™ 지표 내용 (계속)

영역	소분류	항목	원인/결과	정량/정성	구분
작업장 (17)	인력 개발	종업원 1인당 교육비용 및 시간	결과	정량	CI
		지속적인 고용가능성 및 경력관리 지원	원인	정성	CI
	안전, 보건, 복지	산업안전교육 실시여부	원인	정성	CI
		산업재해 모니터링 제도여부	원인	정성	CI
		노사가 합의한 보건 및 안전노동 관리 위원회	원인	정성	CI
		가족친화적인 환경조성을 위한 운영사항	원인	정성	CI
		가족친화기업 인증	결과	정량	CI
	노사 관계	노사협의회 설립 및 경영자 참석률	결과	정량	CI
		종업원 만족도 조사	원인	정성	CI
		노동법 규정 위반	결과	정량	CI
	윤리 경영 제도	윤리강령, 행동원칙 제정여부	원인	정성	CI
		종업원 사내 윤리경영 관련 교육	결과	정량	CI
		윤리경영 지원제도 여부	원인	정성	CI
		임직원 윤리성 평가	원인	정성	CI
		임직원 윤리 첨령성 및 윤리적 의사결정능력 제고를 위한 제도 운영	원인	정성	CI
		뇌물수수, 탈세혐의 적발 및 처벌 건수	결과	정량	CI
협력 업체 (8)	거래	협력업체 선정기준	원인	정성	CI
		거래부정행위 사내처벌 기준	원인	정성	CI
		협력업체 만족도	원인	정성	CI
		협력업체 지속가능경영 지원 사례	원인	정성	CI
		협력업체 고충처리제도 여부	원인	정성	CI
		불공정거래 행위 적발 및 처벌 여부	결과	정량	CI
	상생 협력	상생협력제도 운영여부	원인	정성	CI
		상생협력 제도 성과분석 및 관리	원인	정성	CI

표 7-3 | KoBEX SM™ 지표 내용 (계속)*

영역	소분류	항목	원인/결과	정량/정성	구분
고객 (11)	고객니즈 충족 및 분쟁해결	고객만족도조사	결과	정성	CI
		고객 고충 처리 및 보상	원인	정성	CI
	공정거래 및 정보보호	고객 관련 법률 위반 여부	결과	정량	CI
		고객 정보 공급 사내 규정	원인	정성	CI
		고객 사생활 방지 처벌 기준	원인	정성	CI
	안전 · 안심 소비생활 지원	고객건강 및 안전 유지제도	원인	정성	CI
		리콜 또는 보상 실시 여부	원인	정성	CI
	지속가능한 소비생활 지원	지속가능한 제품 및 서비스 제공	원인	정성	CI
		고객에게 사회 · 환경적 정보 제공	원인	정성	CI
		지속가능한 소비를 위한 제도 및 서비스	원인	정성	CI
		지속가능한 소비 관련 행사 제공	원인	정성	CI
지역 사회 (7)	대 지역사회 활동	지역사회 니즈 파악 및 대응	원인	정성	CI
		지역사회 사회투자 규모	결과	정량	CI
		종업원 1인당 봉사활동시간	결과	정량	CI
		지역사회 지원 정책 및 프로그램	원인	정성	CI
		선략적 사회공헌 활동	원인	정성	CI
		간접적 지역사회개발 공헌	원인	정성	CI
		지역사회 공헌 가치평가 여부	원인	정성	CI
환경 경영 (7)	환경 정책	환경정책 제정공시여부	원인	정성	CI
		공인된 환경인증제도	결과	정성	CI
		정량화된 환경목표	원인	정성	CI
		환경회계제도 도입 또는 사내투자 집계 및 공시여부	원인	정성	CI
		환경적 영향 최소화를 위한 정책마련 여부	원인	정성	CI
		환경경오염원인 물질 배출량 집계	결과	정성	CI
		환경법령 위반사례	결과	정량	CI

* CI(Common Index, 공통지표)는 모든 기업에 적용가능하며, SI(Supplementary Index, 추가지표)는 기업 지배구조 형태 및 산업군에 따라 선별적으로 적용가능 함

출처: 산업정책연구원, "2010년 주요기업의 지속가능경영 실태조사", 2010

3. KoBEX SM™ 조사

KoBEX SM™ 전체 조사기간은 3~4개월 정도가 소요되며, 기업 설문조사 기간은 2개월 동안 진행된다. 조사대상은 국내 주요 공기업과 민간기업으로 구성이 되며, 조사대상은 산업별로 조사항목의 구성 및 가중치가 적절히 수정되어야 의미있는 조사결과를 보장할 수 있다.

한 예로, 환경보호 항목은 금융권 보다 제조업에서 중요성이 더욱 강조될 수 있다는 점에서 환경과 관련된 지표 세분화 및 가중치 조정 작업이 필요하다. KoBEX SM™ 조사에서는 민간기업과 공기업을 아래와 같이 분류하여 기업의 형태에 맞는 설문지에 응답하도록 요청하고 있다(표 7-4, 그림 7-1).

표 7-4 | KoBEX SM™ 업종 분류

공기업	민간기업
1. 환경 고(高)영향 기업 2. 환경 저(低)영향 기업	1. 제조업 2. 비제조업

출처: 산업정책연구원, "2008년 주요기업의 지속가능경영 실태조사", 2009

지속경영 자가진단지표(SYSA)[4] 지속경영 자가진단지표(SYSA: Self-test for Your Sustainability)는 특정 기업의 지속경영 우수성 여부를 따지는 평가용 기준이 아니라 기업 스스로 하여금 현재의 지속경영 현황을 파악할 수 있도록 돕기 위한 지표이다.

[4] 산업정책연구원에서는 기업에서 손쉽게 진단해 볼 수 있는 지속경영 지가진단지표를 개발하였다. SYSA 자가진단테스트는 산업정책연구원 지속경영연구센터 홈페이지(http://csm.ips.or.kr)에서 기업 담당자가 실제로 자사의 지속가능 정도를 테스트 해보고 테스트 결과를 확인할 수 있다.

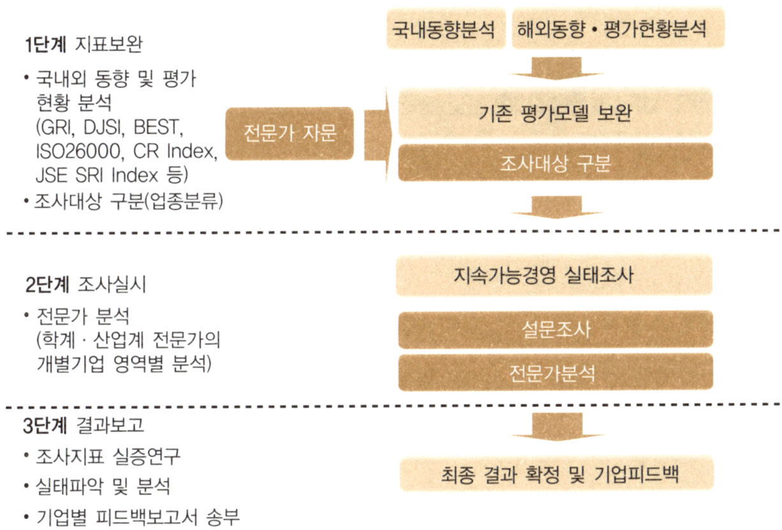

출처: 산업정책연구원, "2010년 주요기업의 지속가능경영 실태조사", 2010

그림 7-1 | KoBEX SM™ 조사과정

가치와 리더십, 지배구조, 윤리경영, 사회책임, 환경 등 9개 지속경영 영역에 대한 종합질문 및 추가질문으로 구성되어 있는데, 종합질문은 기업의 지속경영 기본단계를 파악하는 것이며, 추가질문은 기업의 현 위치를 점검하는 문항으로 이루어진다(표 7-5).

'가치와 리더십'은 지속경영 실천에서 중요한 기업의 지속경영 가치와 최고경영자 및 부서장들의 의지와 실천을 다루고 있으며, '기업 지배구조'는 해외에서 국내기업이 저평가되고 있는 가장 큰 요인으로 국내기업이 해결해야 할 중요한 사안 등에 대해 포함하고 있다.

'윤리경영'은 윤리경영 현황을 파악하고, 실천 여부를 판단할 수 있으며, '사회책임'은 종업원, 협력업체, 고객, 지역사회 등을 다루고 있다. '환경'은 지구환경 보호 및 미래세대를 고려하는 부분까지 포함하고 있다.

표 7-5 | SYSA 구성

지속경영 영역	종합질문	추가질문(총104개)
가치와 리더십	기본단계진단	5 문항
지배구조	기본단계진단	8 문항
윤리경영	기본단계진단	12 문항
사회책임 1-종업원	기본단계진단	25 문항
사회책임 2-협력업체	기본단계진단	12 문항
사회책임 3-고객	기본단계진단	10 문항
사회책임 4-지역사회	기본단계진단	12 문항
환경	기본단계진단	16 문항
종합성과	기본단계진단	4 문항

출처: 지속경영연구센터 http://csm.ips.or.kr

지속가능경영 평가가이드라인 환경운동연합 기업사회책임위원회가 지속경영지수의 근간이 되는 지속가능경영 평가가이드라인을 발표하였다.

지속가능경영평가 가이드라인은 환경경영, 윤리경영 체제, 정보공개, 환경보호, 에너지 절약, 소비자보호, 인권, 노동, 부패방지, 공정경쟁, 납세 및 사회공헌 등 10개 항목으로 구성되어 있다(표 7-6).

이 가이드라인은 환경경영 체제인 ISO14001 규격을 기초로 UN사무총장이 전 세계 기업에 대해 권고한 지구계약의 인권, 근로기준, 환경, 부패방지 등 4개 분야에 걸친 원칙들을 포함한 가이드라인이다.

또한 OECD에서 권고하는 다국적 기업 가이드라인의 8개 항목인 정보공개, 고용 및 산업관계, 환경, 뇌물방지, 소비자보호, 과학기술, 경쟁, 납세를 포괄하도록 구성되어 있다.

평가 항목은 크게 기업문화의 지속가능성, 사회적 지속가능성, 환경적 지속가능성, 경제적 지속가능성 등 4개 분야로 나뉘어져 있으며, 사회적 책임 이행정도를 종합적으로 평가한 것이 특징이다.

표 7-6 | 지속가능경영 평가가이드라인

구분	평가기준
환경경영 및 윤리경영 체제	• 환경경영체제 구축 • 기업사회책임 및 윤리경영체제 구축 • 비윤리적 산업 및 관행 배제
환경보호	• 생산, 유통, 소비과정의 환경오염 물질 관리 • 환경성과평가 및 전과정평가 기법 도입 및 운용 • 환경보고서 및 지속가능경영 보고서 발간
경영과 관련된 정보공개	• 재무제표 공개 • 생산 활동과 관련된 자료의 공개 • 시민, 소비자, 지역사회에 대한 피해자료 공개
에너지 및 자원절약	• 에너지효율 향상노력 및 관리수준 • 자원의 재활용 수순 • 기후변화대응 및 신재생에너지 관련 전략
인권보호	• 인종, 성별, 출신 등에 의한 차별금지 • 인권과 관련된 자유와 권리 보호 • 양성고용평등 및 사회적 약자보호
뇌물 및 부패방지	• 뇌물수수 등 부패방지 체제 구축 • 분식회계 금지 등 기업투명성 제고 • 불법 정치자금 제공 등 정경유착 금지
노동권보호	• 강제노동 및 아동노동의 배제 • 산업보건 및 안전관리 • 노동기본권 보호

표 7-6 | 지속가능경영 평가가이드라인 (계속)

구분	평가기준
공정경쟁	• 기업지배구조 개선 • 가격고정 및 담합 등 부당행위금지 • 부당내부거래 및 불공정 하도급금지
소비자보호	• 안전성, 환경성을 고려한 제품 생산 및 판매 • 소비자의 권익보호 및 허위, 과장광고 배제 • 제조자책임제도 실시 및 소비자피해 구제
납세 및 사회공헌	• 납세 의무 준수 • 연구개발 확대 등 과학기술 발전에의 기여 • 이익의 사회 환원과 사회적 책임 실천

출처: 환경부, 에코프론티어, "지속가능경영 기법 개발", 2006

사례 7-1 텍사스인스트루먼트(TI: Texas Instrument)의 윤리테스트

세계 제3위의 반도체회사인 텍사스인스트루먼트는 창업 초기부터 지금까지 도덕성을 기준으로 경영활동을 수행하고 있는 윤리경영의 대표적인 기업이다.

TI는 1930년 창립 이래 '성실(Integrity)', 즉 '정직, 공평, 솔직하며 서로를 인정하고 존경할 것'을 'TI의 가치'로서 기업을 운영해왔다. TI에서는 비즈니스와 윤리 중에 어느 쪽을 우선할지 판단이 요구될 경우 주저없이 윤리를 선택할 것을 명확히 하고 있다.

톰 엔지버스(Tom Engibous) 회장은 도덕성에 관한 책자를 제작하여 전 사원들에게 배부하고 윤리성을 정립하기 위해 혼신의 노력을 기울였다. 책자에는 명함 사이즈의 윤리척도 자기

진단 소책자가 들어 있어 모든 종업원은 이를 항상 몸에 지니도록 한다. 이 소책자는 업무활동을 실행하는 과정에서 윤리성을 판단하기 망설여질 때 윤리테스트가 기재되어 있어 도움을 주도록 한다.

또한 '톱다운/문화형성형 접근', '가치관의 공유', '성선설에 기초한 신뢰관계의 구축', '공개/수평형 조직, 문화(오픈도어 폴리시)' 등 윤리가 문화로서 뿌리내리도록 하기 위한 다양한 활동을 하고 있다.

TI의 윤리테스트

윤리테스트

- 법률에 저촉되고 있지 않은가?
- TI의 가치기준에 적합한가?
- 좋지 않다고 느끼지는 않는가?
- 신문에 게재된다면 어떻게 비춰질까?
- 옳지 않다고 느끼면서도 하고 있지 않은가?
- 확신이 서지 않을 때는 질문해 주시기 바랍니다.
- 납득이 가는 대답을 얻을 때까지 질문 하시기 바랍니다.

답변은 여기 있습니다.

- 우선 상사에게 상담할 것
- 인사부에 상담할 것
- 법무부에 연락할 것
- 온라인정보를 이용할 것
- 윤리사무소에 연락할 것–편지, 이메일, 전화

*오픈도어 정책(Open Door Policy): 직속 상사에게 상담해도 해결할 수 없는 경우, 그 위의 상사나 옆 부서의 상사 등 누구에게라도 상담할 수 있는 제도

출처: Texas Instrument, http://www.ti.com/corp/docs/company/citizen/ethics/quicktest.shtml

핵심용어

- 지속가능경영 평가모델(KoBEX SM)
- 지속경영 자가진단지표(SYSA)
- 지속경영평가 가이드라인
- 사회감사시스템
- 사회회계
- 환경회계
- 환경보고
- 경제자본가치
- 주주가치 패러다임

참고문헌

1. 대한상공회의소, 산업정책연구원, "윤리경영 매뉴얼", 2006
2. 산업정책연구원, "주요기업의 윤리경영 실태조사", 2006
3. 산업정책연구원, "2008년 주요기업의 지속가능경영 실태조사", 2009
4. 산업정책연구원, "2010년 주요기업의 지속가능경영 실태조사", 2010
5. 지속경영연구센터 http://csm.ips.or.kr
6. 환경부, 에코프론티어, "지속경영 기법 개발", 2006
7. 환경부, 에코프론티어, "지속가능경영 기법 개발", 2006
8. Francesco Perrini, Stefano Pogutz and Antonio Tencati, 'Developing Corporate Social Responsibility – A European Perspective', 96–98
9. Texas Instrument, http://www.ti.com/corp/docs/company/citizen/ethics/quicktest.shtml

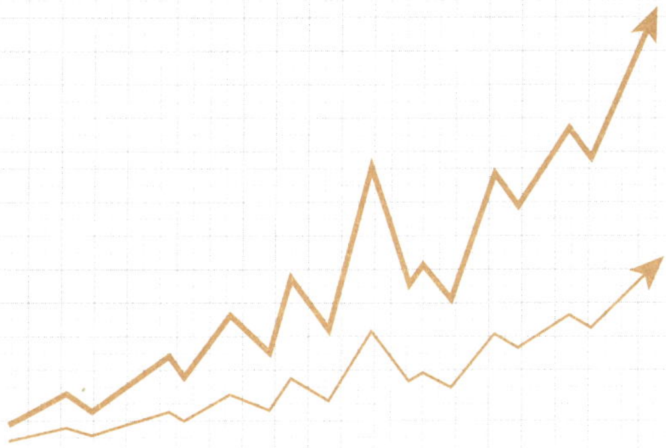

08

지속경영 보고

기업은 과거, 내부 경영실적을 해마다 영업보고서로 작성하여 이해관계자에게 제출해 왔다. 그러나 최근에는 영업보고서 이외에 보고서를 하나 더 만드는 기업들이 등장하고 있다. 이들은 사회를 향한 활동을 '사회보고서'나 '환경보고서'로 작성하는 기업들과 미래를 향한 '지속경영 보고서'를 작성하는 기업들로 나뉜다.

여기서 '사회보고서'나 '환경보고서'는 내부 지향적인 영업보고서에 대응되는 다양한 이해관계자 지향적 보고서이고, '지속경영 보고서'는 과거 지향적인 영업보고서에 대응되는 미래 지향적 보고서이다.

다만 경영자에게는 외부지향성보다는 미래지향성이 더 중요한 과제라는 점에서 궁극적으로는 '사회보고서'나 '환경보고서'가 '지속경영 보고서'로 통합될 것으로 보인다.

1. 지속경영 보고 개념

지속경영 보고는 해당 기관의 경제적 성과뿐만 아니라 환경적, 사회적 성과를 외부에 공시하는 프로세스를 일컫는다. 최근 주주, 고객, 지역사회 등 기업을 둘러싼 이해관계자의 요구가 강화됨에 따라 기업의 총체적인 경영성과는 재무성과만으로는 파악하기가 어려워졌다. 이에 따라 기업은 '지속경영 보고서'를 발간하여 기업의 경제적인 성과는 물론 환경적, 사회적 성과에 대하여 목표 대비 성과를 보고하고 있다.

지속경영 보고서에 포함되는 지속경영의 구성요소는 일반적으로 세 가지 마지막 줄(Triple Bottom Line)의 내용에 대한 것이다. 세 가지 마지막 줄의 요소인 경제, 사회, 환경성과는 지금까지 지속경영 활동의 요소로서 기존에 기업들이 추구하던 윤리경영, 사회책임경영, 환경경영의 평가요소로 간주되어 왔다. 그러나 최근에는 여기에 혁신경영과 창조경영의 내용까지도 지속경영 보고의 내용에 포함되고 있다(그림 8-1).

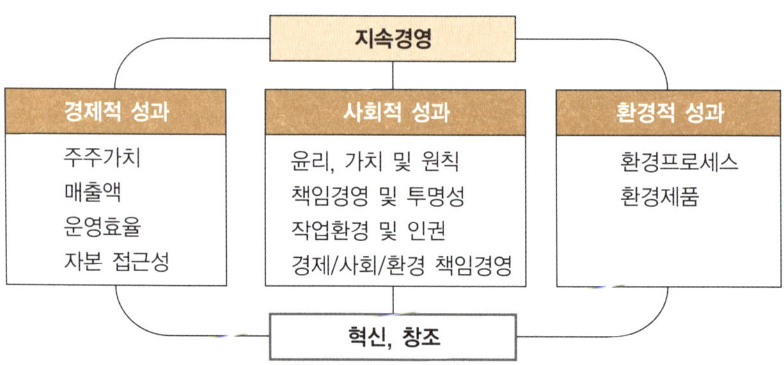

출처: 조동성, 산업정책연구원 지속경영본부, "지속(가능)경영", 서울경제경영, 2007을 수정, 변형함

그림 8-1 | 지속경영 보고 내용

2. 지속경영 보고 의의

기업이 지속경영 보고를 하게 되는 배경을 살펴보면, 외부의 규제나 압력에 의해서 혹은 내부적으로 경영관리 능력을 향상시키기 위해서 시작하는 경우가 많다.

영국의 컨설팅 기관 '투투모로우 아시아(Two Tomorrows Asia)'의 대표인 제이슨 퍽스(Jason Perks)는 기업들이 지속경영 보고를 하게 되는 주요 이유를 첫째, 규제가 제정됨에 따라 점차 의무화되기 때문에, 둘째, 동종업계에서 보고서를 발간하는 기업들이 늘어나자 '남들이 다하니까 우리도 하지 않으면 안 된다'는 경쟁의식 때문에, 셋째, 지속경영 보고서를 발간하라는 외부 이해관계자들의 압력 때문에, 넷째, 기업의 명성관리를 통하여 리스크관리를 할 수 있기 때문에, 다섯째, 지속경영 보고시스템을 통하여 내부관리능력이 향상되기 때문이라고 설명한 바 있다.[1]

이렇듯 기업들이 지속경영 보고를 하는 이유는 기업이 장기적으로 존속할 수 있도록 도와주는 여러 장점들이 있기 때문이다. 대표적인 것이 지속경영 보고를 통하여 글로벌 경제의 새로운 커뮤니케이션 방식을 구현할 수 있다는 점이다. 인터넷이 발달하게 되면서 이해관계자들과 보다 적극적인 커뮤니케이션이 필요하게 된 기업들은 지속경영 보고를 통해 이해관계자와 대화함으로써 신뢰와 충성도를 증가시키는 효과를 가져오게 되었다. 지속경영 보고서에는 이해관계자와의 건설적인 관계를 구축하고 이들과의 커뮤니케이션 과정 및 성과에 대한 상

[1] 출처: Jason Perks, "Reporting, Stakeholders and Materiality", 2007

표 8-1 | 기업경쟁력 향상을 위한 지속경영 보고서의 역할

주요 압력	보고서의 역할
산업 내부의 경쟁	지속경영 보고서는 기업에게 차별성을 제공하며 특히 경쟁자들과의 차별성을 표출함. 커뮤니케이션을 통하여 종업원의 충성심과 몰입을 도와줄 뿐 아니라 잠재 입사지원자들에게도 차별성을 보여줄 수 있음
신규 진입자 위협	다양한 성과에 대한 투명한 공개는 새로운 진입자를 막는 효과가 있음
고객	고객과의 신뢰형성과 브랜드 로열티 증진 효과가 있음
투자자/주주	명확하고 다양한 정보가 실린 지속경영 보고서를 통하여 투자자는 기업과 시장에 대한 장기적인 리스크에 대한 우려를 경감할 수 있음
공급자	특정 공급업자와 계약하기 위한 경쟁이 있는 경우, 지속경영 보고서를 통한 대화와 지원활동이 공급업자와의 관계를 원만히 유지시키는 효과가 있음. 원재료, 배출쓰레기 등에 대한 공급업자와의 민감한 문제들을 사전에 대처할 수 있는 수단이 됨
경쟁자	제품(제품의 라벨링 포함)의 사회적 · 환경적 성과공개를 통하여 대용품이나 하급 제품들보다 우수함을 표출할 수 있음
환경요인들	기업 경쟁력에 영향을 줄 수 있는 외부적 요인에 대해 보고해야 함(예: 신규 기술, 경제적 · 정치적 동향, 인구통계적 트렌드, 환경트렌드, 규제강화에 대한 이슈 등)

출처: BitC(2004), A Director's Guide to Corporate Responsibility Reporting에서 발췌 수정

세한 내용이 담겨 있기 때문에, 이를 통하여 이해관계자는 자신들의 기대와 요구가 얼마나 이행되었는지 파악 할 수 있다.

또한 기업은 지속경영 보고를 통하여 기업 내부의 기능들을 더욱 전략적으로 연계시키며, 현재수준을 파악하고, 개선방안을 모색할 수 있

는 계기가 된다. 이러한 지속경영 성과에 대해 이해관계자에게 보고함으로써 기업의 지속가능성에 대한 투명성을 증명하고, 이를 대중에게 정직하게 공개했을때, 기업의 대중적 이미지와 명성에 긍정적인 영향을 미친다.

한편으로 지속경영 보고는 정기적 정보공시를 통해 주식시장에서 기업의 안정성을 증명시킬 뿐만 아니라 불확실성과 자본비용을 감소시켜주는 효과가 있으며, 급증하고 있는 사회책임투자(SRI)자들의 판단기준요소가 될 수 있다는 점에서도 의미가 있다(표 8-1).

3. 지속경영 보고 현황

전세계 지속가능경영 보고서 발간추이를 살펴보면, 2011년 3월 기준 4,784개 기관이 보고서를 발간하고 있다(그림 8-2).

1992년 전 세계적으로 26개에 불과하던 보고서가 10년 만에 지속적으로 증가하여 2002년에는 1,452개 보고서가 발행되었고, 특히, 2002년~2003년 사이 급격히 증가하여 1,877개('03) → 2,053개('04) → 2,374개('05) → 2,736개('06) → 3,184개('07) → 3,802개('08) → 4,399개('09) → 4,784개('10)로 집계되었으며, 2003년 이래 꾸준히 증가하고 있다.

산업별로 살펴보면, 2011년 3월 기준으로 금융, 보험 및 증권업종의 보고서 발간 비중이 가장 높다고 조사되었다. 사회적, 환경적 영향이 큰 기업일수록 보다 적극적으로 지속경영을 추진하며, 이해관계자 참여를 활발히 진행하고 지속경영 보고 건수도 많은데, 특히 금융산업의 경우 SRI를 비롯하여 반사회적, 반환경적 기업에게는 투자하지 않

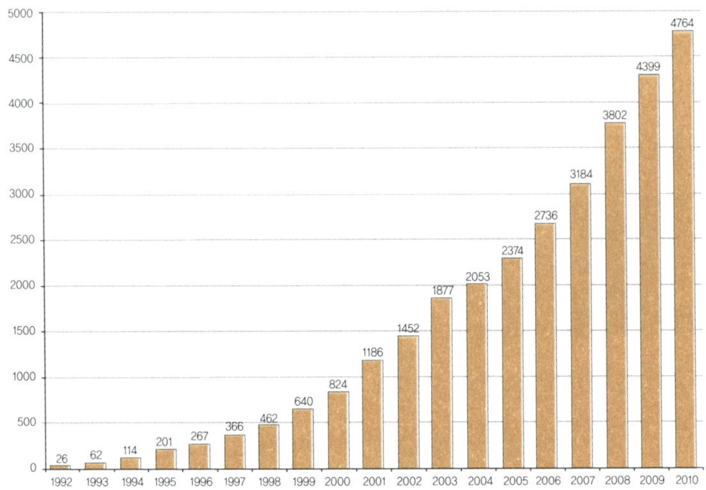

출처: www.corporateregister.com

그림 8-2 | 지속경영 보고서 발간 추이

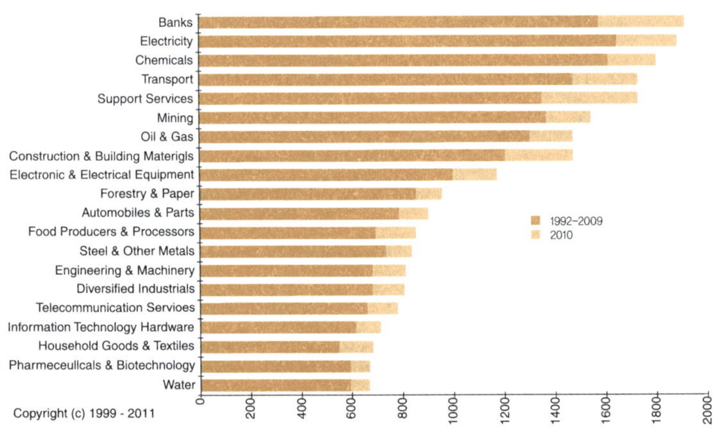

출처: www.corporateregister.com

그림 8-3 | 주요업종별 보고서 발간 추이

는 '프로젝트 파이낸싱', 소외계층을 위한 '마이크로 크레딧(무담보소액대출)' 등 지속경영 확산에 금융기관의 역할이 강조되어 지속경영

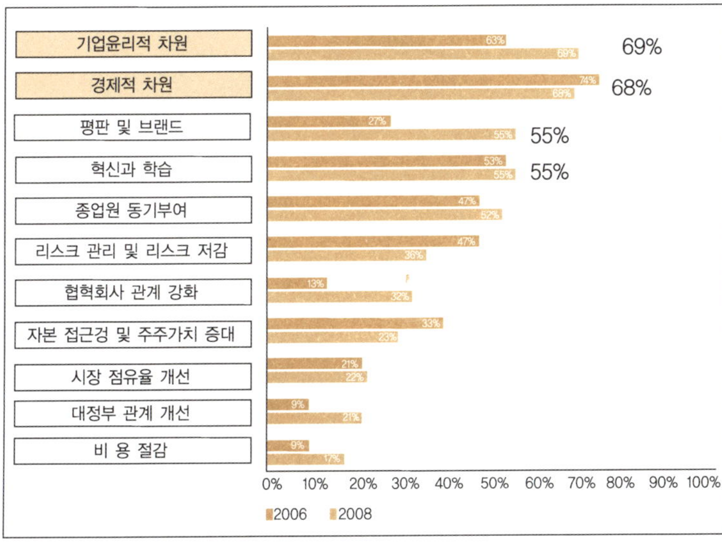

출처: KPMG Global Sustainability Services, October 2008

그림 8-4 | 지속경영 보고서 발간 동기

추진 성과 보고도 활발하다(그림 8-3).

보고서 발간 기업을 대상으로 보고서 발간 동기를 묻는 질문에서 '기업윤리적 차원', '경제적 차원'이 가장 응답률이 높았으며, '평판 및 브랜드'의 경우 2005년 대비 응답률이 가장 눈에 띄게 상승하여(27% ⇒ 55%), 보고서 발간 효과가 정량적이지는 않지만 기업의 브랜드 제고에 직접 · 간접적인 영향을 주는 것으로 조사되었다(그림 8-4).

보고서 발간기업 중 30%가 보고서 검증 및 제3자에 의한 검토를 실시하였다고 조사되어 '제3자 검증'이 보고서의 객관성 및 신뢰성을 높이기 위한 주요 수단으로 고려되고 있음을 알 수 있다(그림 8-5).

국내 지속경영보고서 발간 기업은 2003년 삼성SDI, 현대자동차 등

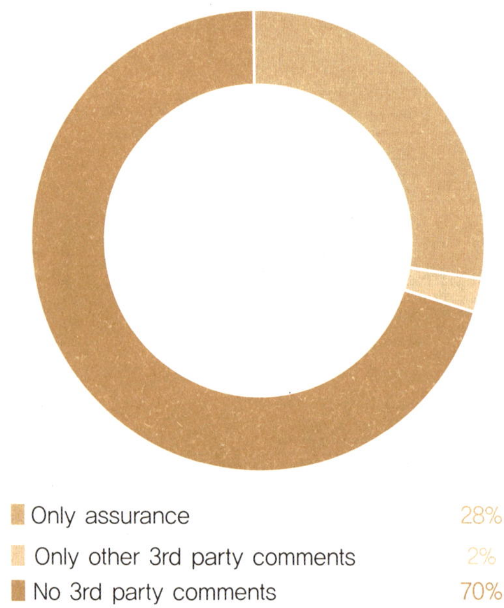

출처: KPMG Global Sustainability Services, October 2008

그림 8-5 | 제3자 검증 혹은 의견

4개사가 발간한 이후, 2005년 15개 기업, 2006년 29개 기업, 2007년 50개 기업, 2008년 59개 기업, 2009년 69개 기업, 2010년 69개 기업으로 증가했으며 2010년 발간 보고서 기준으로 약 300여개(중복포함) 보고서가 발간되었으며, 내부용 등 자체적으로 발간한 것까지 합하면 530여개 보고서가 발간되었다. 보고서를 발간하기 시작한 기업들은 매년 혹은 격년으로 보고서를 발간하고 있어 국내에서의 지속경영 보고서 수가 빠르게 증가하고 있는 추세이다(표 8-2).

표 8-2 | 국내 보고기업 현황 (2010년 12월 기준)

연도	기업명	
	등록기업	내부용
2003	삼성SDI, 현대자동차, 기아자동차, 한국다우코닝	-
	4	**0**
2004	삼성SDI, 현대자동차, 기아자동차, 포스코, BAT코리아, 디아지오코리아	-
	7	**0**
2005	삼성SDI, 현대자동차, 기아자동차, 포스코, 한국전력공사, SK(주), 대한항공, **신한은행, 현대해상,** 한화석유화학, 롯데백화점, **한국수자원공사, 한국토지공사, 웅진코웨이**, SK에너지	**보령제약(주), 세종텔레콤, PSK(주), 한국스파이렉스사코, ABC상사(주), 삼화페인트공업(주), Korea Golf & Art Village, 대신증권(주), C&그룹, 대창공업(주), 현대그룹**
	15	**11**
2006	삼성SDI, 현대자동차, **기아자동차**, 포스코, BAT코리아, 한국전력공사, SK(주), 대한항공, **신한은행 한국수자원공사,** KT, 삼성전기, **유한킴벌리**, 웅진코웨이, LG전자, 대우증권, SK텔레콤, **한국중부발전,** 한국남동발전, GS칼텍스, LG화학, 롯데백화점, 삼성전자, 아시아나항공, 한국다우코닝, 한국마이크로소프트, 한국바스프, 한국토지공사, 산업자원부	**(주)한영캉카루, (주)탑 경영컨설팅, (주)놀부, (주)제네시스 BBQ, 안진회계법인, 국민연금관리공단, (주)시공테크, (주)에듀왕, 금호전기(주), 차병원, 서울예술기획(주), 올림푸스 한국(주), 모나미, (주)Ygroup, 안국약품(주), OK연합법률 사무소, 유도실업(주), (주)싱글로골프, (주)경농, 인터파크, 금융결제원, 스타커뮤니케이션, 한국코닝, (주)솔로몬저축은행, 정보통신윤리위원회, 음성효자병원,(주)지엔텍홀딩스, 금호건설,(주)세중그룹, (주)마리오 아주산업(주), 한국방송통신대학교 사회과학대, (주)마케팅인사이트, (주)한일맨파워, TBS교통방송, 유니코써어치, (주)한국농어민신문, (주)DYB최선어학원, 안진회계법인, 유로피아추모관, 코리아나화장품, 강남대학교, 영신금속공업(주), (주)미지나노텍, (주)알파켐, 법무법인 우일아이비씨, 성균관의대강북삼성병원, 중소**
	29	**49**
	기업은행, 대한주택공사, **기아자동차**, 포스코, 한국전력공사,대한	**호원대학교, 경문도시개발, (주)지엔에스, 대한석탄공사, (주)삼천리ENG, 목동 예치과 병원, (주)키네스, 혜성산업(주), 법무법**

표 8-2 | 국내 보고기업 현황 (2010년 12월 기준) (계속)

연도	기업명	
	등록기업	내부용
2007	항공, **현대해상**, 한화석유화학, 롯데백화점, **한국수자원공사, 한국토지공사, KT, 유한킴벌리**, 웅진코웨이, SK텔레콤, 한국가스공사, **웅진씽크빅, 웅진해피올**, 하나은행, **한국동서발전**, 대구은행, **현대오일뱅크**, 한국도로공사, **동부화재, 풀무원, 농협중앙회, 한국석유공사, 인천국제공항공사**, 한국서부발전, 한국여성재단, 금융결제원, 아주그룹, **테크노세미캠**, 금호타이어, 삼성전자, 삼성SDI, 아시아나항공, 웅진그룹, 한국마이크로소프트, 한전KPS, 한진해운, 현대자동차, 홈플러스, GS칼텍스, LG화학, SK에너지, STX엔진, 자화전자, **신한은행**	**인 한울, LG화학, 웅진쿠첸, (주)신아주, EXR코리아, (주)그라쎌, 과학기술부, (주)Jin Design, 이소라이트 한국지사, 코아에프지(주), 대보유통(주), 서울중앙지방검찰청, (주)유니에스, (주)워터웍스유진, 행정공제회, C&그룹, 테크노세미켐, 대신증권(주), JES, (주)경농, 한국코칭센터, (주)팩시아소프트, 동훈 디앤아이, (주)싸이맥스, 금융결제원, 타이거코리아(주), 디와이(주), 법무법인 케이씨엘, 하이트맥주(주), 웍스에너지 마케팅컴퍼니, GE Sensing Korea, 미산 일렉트로닉스(주), 한국프로토콜스쿨, 현대스틸산업(주), 한국전기안전공사, SPP조선(주), 나우IB캐피탈, 엔포유에듀, (주)아이엠티브이, 아주그룹, (주)신아주, (주)삼탄, 조선일보 생활미디어(주), (주)대양이앤씨, 한국축산의 희망 서울사료, 나노엔텍, (주)우주일렉트로닉스, 세중나모여행, 쌈지길, (주)삼천리**
	50	**59**
2008	**신한은행**, 기업은행, SK텔레콤, KT&G, **나노엔텍, 하이닉스반도체, 한국지역난방공사, 제주국제자유도시개발센터**, SC제일은행, **국방기술품질원**, 금융결제원, **기아자동차, 환경재단**, 삼성SDI, 웅진코웨이, 포스코, 한전KDN, **현대해상**, 한국남부발전, **KT**, 한국MS, STX엔진, SK에너지, 한국토지공사, 현대자동차, 대한항공, 아주그룹, 대구은행, LG화학, **유한킴벌리, 풀무원, 현대오일뱅크, 한국가스공사, 한국수자원공사**, LG전자, **인천국제공항공사, 한국전력거래소, 한국수력원자력, 서울메트로**, 아시아나항공, 한국남동발전, **한국중부발전, 홈플러스**, 삼성전자, BAT코리아, **한국동서발전**, 한국서부발전, S-Oil, **석유**	**서울특별시 여성가족재단, 대신증권, 서울대학교병원 강남센터, (주)삼천리, 한일철강(주), 대동그룹, (주)서린바이오사이언스, (주)이지오스, KB국민은행, (사)경기도수의사회, (주)새미르종합건설, 목동예치과병원, (주)미래씨앤알, 건설공제조합, (주)에스피에스, 한국무역협회, 노스웨스트 항공사, KG그룹, (주)명진산업, 애드벤트엔터프라이즈(주), (주)우성프라임, (주)그린텔, 사립학교교직원연금관리공단, (주)모토텍, 굿센테르날러지(주), 한국토탈디자인(주). (주)이폴리머, 유니온아크, 한국교직원공제회, 페텍스코리아, (주)에스씨티, 금호렌탈(주), (주)에이플러스에셋, (주)인성 하이텍, 현대엔지니어링(주), (주)하이스틸, (주)멘토르커뮤니케이션, 한샘이지유저가이드, 운보건설(주), (주)한유에너지, 한독약품, 명동예치과, 메리츠증권, (주)바이널, (주)데이터소프트, 모토텍D&R, 신용회복위원회,**

표 8-2 | 국내 보고기업 현황 (2010년 12월 기준) (계속)

연도	기업명	
	등록기업	내부용
	품질관리원, 현대제철, 전주대학교, 삼성전기, 한국다우코닝, 한국바스프, GS칼텍스, 파워로직스, 한국전력공사, 호남석유화학, **코레일**	**제이에이치산업, 전방재엔지니어링, 웅진케미컬, 의식경영컨설팅, 로데슈바르즈코리아(주)**
	59	52
2009	BAT코리아, **KT,** LG전자, SK에너지, SK텔레콤, **교직원공제회,** 국민체육진흥공단, **금호석유화학, 기아자동차, 나노엔텍, 농협중앙회,** 대구은행, 대우증권, 대한항공, 롯데백화점, 삼성 SDI, 삼성전자, **서울메트로, 신한은행,** 아시아나항공, 아이들과 미래, **유한킴벌리,** 포스코, **풀무원홀딩스,** 하나은행, **하이닉스반도체,** 한국가스공사, **한국가스안전공사, 한국공항공사, 한국관광공사,** 한국광물자원공사, 한국수자원공사, **한국전력거래소,** 한국전력공사, 한국정보사회진흥원, **한국지역난방공사, 한국토지공사,** 한미파슨스, 현대오일뱅크, 현대자동차, **환경재단, 현대제철, 부산시설관리공단, 한국가스기술공사,** 두산인프라코어, GE코리아, 아모레퍼시픽, 다솜이재단, 삼성물산, LG화학, 홈플러스, 한국표준협회, 한진해운, 한화석유화학, 한국조폐공사, 함께하는 시민행동, 대한지적공사, 한국감정원, 농수산물유통공사, 웅진그룹, 대우증권, CJ제일제당, 한국농어촌공사, 대한주택공사, 한국수력원자력, 한국동서발전, 호남석유화학, 웅진코웨이	**천지세무법인, 하나아이엔에스, SK네트웍스, (주)지에스인스트루먼트, 에이플러스에셋, 한국직업능력개발원, 인컴브로더, 케이더블유엠산업기술, 진로, 아주산업, 천일식품, 삼천리, SK증권, 행정공제회, 언론중재위원회, KT네트웍스, 팩컴코리어, 시멘틱스, 포이닉스, 아이컴포넌트, 서울도시가스, 세일회계법인, 아주캐피탈, 썬트랜스글로브, 프라임아이티, SK브로드밴드, 베델 ONE, 서울지방국세청, 한국도심공항, 캐길애그리퓨리나, 씨앤에드인터내셔날, 두산중공업, PSG, SK C&C, 인카인슈, 삼주에스엠씨**
	69	38
	SK에너지, **기아자동차, 동부화재, 서울시설공단,** 아이들과 미래, 포	

표 8-2 | 국내 보고기업 현황 (2010년 12월 기준) (계속)

연도	기업명	
	등록기업	내부용
2010.10 기준	스코, **풀무원, 하이닉스 반도체,** 엘지생활건강, (사)기독교윤리실천운동, 환경재단, **한국자산관리공사**, 삼성전기, 한국예탁결제원, 농수산물유통공사, 교통안전공단, 현대모비스, KT&G, 국민은행, 국민체육진흥공단, **현대제철**, LG전자, SK텔레콤, LS엠트론, 삼성증권, 아시아나항공, 웅진케미칼, 웅진코웨이, 웅진씽크빅, 현대건설, 현대자동차, SK건설, 대한항공, 삼성SDI, 한국타이어, 다음커뮤니케이션, 포스코특수강, **유한킴벌리**, STX, STX팬오션, STX조선해양, GS칼텍스, 롯데쇼핑, 나노엔텍, S-OIL, 아모레퍼시픽, SK그룹, 현대오일뱅크, **현대해상**, KT, **한국동서발전**, 한국가스공사, 인천항만공사, **한국관광공사, 한국석유공사, 한국공항공사, 서울메트로**, 한국수자원공사, 한국광물자원공사, 한국철도시설공단, 인천국제공항공사, **부산교통공사**, 건강보험심사평가원, 한국남동발전, 한국서부발전, 서울시 강동구, 스포츠토토, 한국감정원, 환경재단, **전국은행연합회**, 아이들과 미래	**(주)크라운제과, KBS N, (주)해피캠퍼스, LIG손해보험(주), GS건설(주), 한전산업개발(주), (사)코스닥협회, 본아이에프(주), 경희대학교 혜정박물관, (주)리노스, 피케이밸브(주), 두산중공업, 영산대학교, (주)세종텔레콤, 닐슨컴퍼니 코리아(유), 극동건설, (주)아모스아인스가구, 다경물산, 한국기술교육대학교, 행정공제회, (주)네트워**
	69	**21**

※ 굵은 글씨는 BEST Guideline을 사용한 보고서임
출처: 대한상공회의소 지속가능경영원, 산업정책연구원

4. 지속경영 보고기준

국제적으로 지속경영을 추구하는데 필수적인 지속경영 보고서가 사회책임투자(SRI)의 기초 평가자료가 되고, 해외에서는 정부의 법적규제를 이행하기 위한 내부 지침으로 확대되어 적용되는 등 중요도가 점차 증가하였다. 따라서 이를 표준화하고 비교가능하게 만드는 비재무적 성과보고의 틀이 필요하게 되었다.

다양한 국제적 기준들은 '윤리성', '사회적 책임', '지속가능성'이라는 추상적 개념들을 기업들이 경영활동에 접목 시킬 수 있도록 계량적 측정이 가능한 자발적 가이드라인으로 만들고자 노력하고 있다. 이에 적극적인 지속경영을 실천하려는 선두 기업들을 중심으로 국내기업의 현실에 맞는 지속경영 보고기준의 필요성이 대두되었다. 뿐만 아니라 각국 정부는 자국 기업들의 보고서 발간 확산을 위하여 가이드라인을 개발히고 보급하는 실정이다.

BEST 가이드라인[2]

1. BEST 가이드라인 개요

'윤리성', '사회적 책임', '지속경영'이라는 개념들을 기업의 경영활동에 접목시키고 계량적 측정이 가능하도록 도와주는 지속경영 보고 가이드라인이 늘어나고 있는 가운데, ILO, UN 등 국제적인 NGO들이 해외에서 개발한 글로벌 지표들은 그대로 놔두면 경제적 성과만을 추

[2] BEST 가이드라인은 B.E.S.T. Sustainability Report Guidelines의 약자이며, 여기서 B.E.S.T.는 윤경포럼을 의미할 뿐만 아니라 최고, 최선, 양질이라는 뜻을 가짐

구할 가능성이 농후한 다국적 기업들이 사회적 성과, 환경적 성과에 관심을 갖도록 하기 위해 개발되었기 때문에 기업경영자들이 자발적으로 사용하기에 부적합하다. 이에 지식경제부 · 대한상공회의소 · 산업정책연구원이 공동으로 발의하여 전략과 국제경영 전공 경영학자들의 주도하에 여러 전문가와 이해관계자의 의견을 반영하여 'BEST 가이드라인'을 개발하여 보급하고 있다. 특히, 미래포럼의 미래기업 지표가 2008년 9월 통합되어 현재는 BEST가이드라인 2.0버전까지 공시되고 있다.

2. BEST 가이드라인의 특징

- 보고범위의 확대 및 국제보고기준의 포용

BEST가이드라인의 성과지표는 국제적 NGO들이 만든 글로벌 가이드라인의 핵심적인 지표인 경제, 사회, 환경성과를 모두 포함하였을 뿐만 아니라 기업이 장기적 성장과 수익성 향상, 더 나아가 장수를 추구하기 위하여 시도하는 정도경영, 혁신경영, 창조경영을 포함함으로써 NGO 성향을 띈 국제기준에 부합하면서도 기업 경영자가 자발적으로 채택할 수 있는 틀을 마련하였다.

- 지속경영 성과측정

지속경영의 정성 · 정량적 성과 측정을 도와주기 때문에 기업들이 구체적인 지속경영 전략을 수립하고 시속경영 영역 중 부진한 영역의 원인을 분석하고 개선을 지원해 주는 툴로서 활용이 가능하다.

- ser-M 모델 적용[3]

지속경영에 대한 현황뿐만 아니라 원인 분석을 가능하게 하기 위하여 ser-M 모델을 적용하였다. 이는 지속경영에 해당하는 조직 내외부의 활동들을 지속경영을 위한 원인변수와 결과변수로 분류하여 기업의 지속경영에 대한 잠재역량을 예측할 수 있다는 장점을 가진다(표 8-3).

- 5단계 수준별 보고

다국적 기업을 포함한 세계적 대기업을 대상으로 하는 국제적인 NGO들이 만든 기존의 가이드라인이 기업의 규모에 상관없이 일률적인 항

표 8-3 | ser-M 모델을 적용한 BEST 가이드라인의 개요

구분	요소	내용
s	주체(Subject)	최고경영자(CEO)의 의지 및 리더십을 평가
e	환경(Environment)	경영활동 전반에 관련되는 이해관계자들을 파악
r	자원(Resources)	지속경영을 위하여 투입되는 기업 내 인적, 물적 자원 현황을 제안
M	메커니즘(Mechanism)	위 요소들을 이용하여 개개의 기업이 독특한 방법으로 구축하게 되는 제도적인 측면
P	성과(Performance)	s, e, r, M을 통해 생성된 기업활동의 결과물을 나타내는 '성과' 파악

출처: 산업자원부, 대한상공회의소, 산업정책연구원, "BSR 가이드라인 소개 1", 2006

[3] ser-M모델: 기업은 지속적으로 성공하기 위해 끊임없이 환경과 상호작용하는데, 주체(Subject)인 최고경영자가 환경(Environment)의 변화에 적응하고 선도하기 위해 자원(Resources)을 활용하거나 창출하는 등 상호작용하는 과정에서 형성되는 메커니즘(Mechanism)을 ser-M모델이라고 한다. 이는 기업의 지속적인 성공을 설명하기 위한 중심개념이라고 할 수 있다. (참고: 조동성 외, "M 경영: 제4의 전략 패러다임", 2006)

표 8-4 | BEST가이드라인 단계별 지표의 분포

단 계 별	지표수(개)
1단계	56
2단계	17
3단계	18
4단계	47
5단계	8
전 체	146

출처: 산업자원부, 대한상공회의소, 산업정책연구원, "BSR 가이드라인 소개 1", 2006

목을 제시한 것과 달리 BEST가이드라인은 각 기업의 규모와 수준에 맞춘 단계별 보고체계를 채택하고 있다. 즉 보고지표를 난이도 별로 5단계로 분류하여 대기업, 중소기업, 벤처기업 등이 기업 특성에 맞게 보고단계를 선택할 수 있다(표 8-4).

- 미래포럼[4]의 미래기업지표 통합

미래포럼의 "6대 미래기업지표"와 BEST지표는 기본적으로 환경, 사회, 경제적 성과의 균형을 추구하고 미래지향성을 갖는다는 공통점을 가지고 있다. 이에 사회적 실천과 적용에 있어 두 지표가 통합될 경우 더 큰 사회적 영향력을 발휘할 수 있다는 판단하에 두 지표가 통합되었고, 그 결과 미래기업 지표를 포함한 새로운 버전으로 업그레이드 된

[4] 미래포럼: 다음 세대를 위하여 건강한 미래 사회, 투명하고 신뢰할 수 있는 미래사회, 미래 사회 건설을 비전으로 삼아, 미래세대에 대한 책임을 공유하며 미래 사회에 대한 꿈을 함께 나누고 나누고 만들어 가기 위하여 설립된 사회 각 계층이 참여하는 포럼

BEST가이드라인 2.0버전이 2008년 9월 발표되었다. 이에 따라 4개 지표가 신설되고, 4개 지표가 변경되었다.

미래기업지표와 통합된 BEST가이드라인 2.0 버전은 국내외 주요 지표의 핵심요소를 담고 있기 때문에 이를 기준으로 보고할 경우 국내외 다양한 지표에 대응할 수 있다는 장점이 있으며, 특히 미래기업 인증제도에도 활용되어 그 사회적 영향력이 더욱 제고되었다.

3. BEST 가이드라인의 프레임워크

BEST 가이드라인은 윤리경영, 사회책임경영, 환경경영, 정도경영, 혁신경영, 창조경영으로 구성되며 각 부문에 대하여 주체, 환경, 자원, 메커니즘의 성과 지표가 개발되었다. 즉, 각 부문에 대한 현황뿐만 아니라 현재를 설명해 줄 수 있는 원인지표를 개발하여 현 상황과 현 상황에 이르게 한 원인을 설명해 주도록 개발된 것이다.

BEST 가이드라인 지표는 아래와 같이 크게 보고서 개요(Report Overview)와 성과지표 두 부분으로 나누어지며, 총 146개의 항목으로 구성되어 있다.

- 보고서 개요: 이 부분은 조직과 보고서의 소개, 범위에 대해서 보고한다. 보고 기업(조직)은 가이드라인에 따라 내용을 작성하되 융통성과 창의력을 발휘하여 보고 기업(조직)의 지속경영을 위한 노력과 성과에 대한 정보를 충분히 명시하여야 한다.
- 성과지표: BEST 가이드라인 성과지표는 총 115개의 항목으로 구성되어 지속경영의 3가지 구성요소인 경제성과 · 사회성과 · 환경성

과에 대하여 보고하도록 구성되어 있다.

앞서 설명한 바와 같이 기업들은 현재 자사의 수준에 맞는 보고서를 발간할 수 있도록 아래와 같은 단계를 선택하여 보고서를 작성하게 되어 있다(그림 8-7).

1단계는 지속경영을 위한 준비가 없었던 기업이라도 BEST 가이드라인 지표를 파악하고 이들 중 현재 보고 가능한 것들을 중심으로 보고서를 발간하는 단계로서 BEST 가이드라인의 '도입기'에 해당한다. 1단계 보고를 시도하는 기업은 보고서 발간 시 글로벌 지표에 대한 인식을 제고하고, 오랜 시간이 걸리는 데이터 축적을 위한 현황파악 및 계획을 세움으로써 앞으로의 준비단계에 착수할 수 있다.

2단계는 지속경영의 제도(Mechanism)를 공시하는 것으로 BEST 가이드라인의 '도약기'에 해당한다. 2단계 보고를 진행할 수 있는 기업은 이제 글로벌 보고서 발간을 위한 기초단계에 진입한 것이며, 시계열 데이터 축적을 위한 첫 단계에 들어섰다는 의의를 가진다. 2단계에 해당하는 데이터를 준비하며, 다음 단계로 도약하기 위한 부족부분을 파악할 수 있다.

3단계는 지속경영의 원인이 되는 요소들, 즉 주체(s: subject), 환경(e: enriroment), 자원(r: resource)에 대해 공시하는 단계로서 BEST 가이드라인의 '확산기'에 해당한다. 3단계에 해당하는 데이터를 보유하고 있는 기업은 이미 글로벌 보고서 발간을 위한 구비요건이 마련되었으며, 데이터가 시계열로 축적되어 있다.

4단계는 지속경영의 성과(Performances)를 보고하는 단계로서

BEST 가이드라인 중 '정착기'에 해당한다. 4단계에 해당하는 데이터를 보유하는 기업은 GRI 가이드라인이 요구하는 평가요소를 거의 충족한 동시에 BEST 가이드라인이 제시하는 지속경영을 위하여 장기적인 전략을 가지고 추진해 온 기업이다. 4단계는 글로벌 보고서 발간을 위한 완성 단계에 진입한 것으로 평가할 수 있다.

5단계는 BEST 가이드라인이 제안하고 있는 s, e, r, M, P 지표를 모두 설명하고, 문제점 파악과 이에 따른 새로운 전략 수립을 가지고 있는 단계로서 BEST 가이드라인 중 '성숙기'에 해당한다. 5단계에 해당하는 보고를 하는 기업은 지속경영을 평가하는 통합지표와 시계열 지표를 보유하고 있을 뿐만 아니라 문제점에 대한 지속적 모니터링과 새로운 전략을 제안할 수 있다.

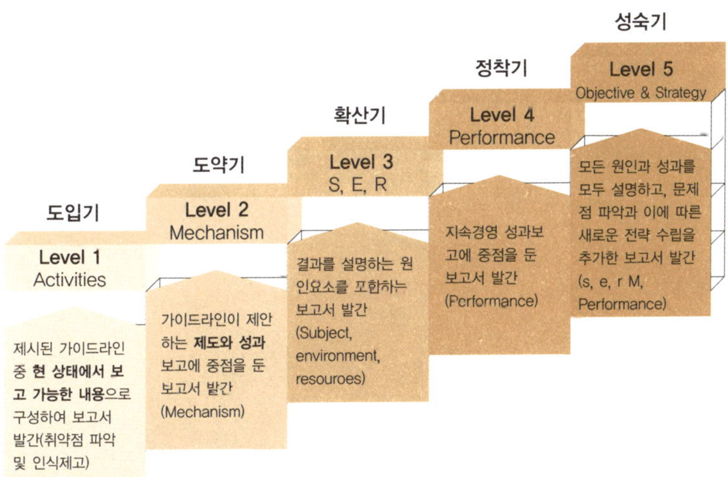

출처: 조동성, 산업정책연구원 지속경영본부, "지속(가능)경영", 서울경제경영, 2007

그림 8-7 | BEST 가이드라인의 단계별 접근법 개요

5. 지속경영 보고서 작성

지속경영 보고서의 작성을 위해서는 지속경영에 대한 전략과 기업 내부의 시스템을 구축하고 이해관계자와의 대화를 통하여 보고 기업에 해당하는 이슈를 도출하는 것이 중요하다.

보고 기업에 대한 이해관계자의 주요 관심사들을 중심으로 보고서를 작성하되 신뢰성 확보 과정을 보고서에 포함시켜 보고서를 읽는 이해관계자에게 정보의 객관성을 확신시키는 것이 필요하다. 따라서 지속경영 보고서를 준비하는 기업의 경우 일반적으로 다음과 같은 프로세스를 거쳐서 보고서를 작성해야 한다(표 8-5).

1. 보고 전략수립

기업전략은 궁극적으로 미래의 지속가능한 성장을 위한 계획이므로 지속경영의 개념을 포괄하고 있어야 한다. 지속경영 전략은 대내외 환경분석과 이해관계자 요구, 벤치마킹 등을 통하여 선정된 기업의 기회와 위험, 강점과 약점을 파악하여 경영전략과 연계된 목표를 세우고 실

표 8-5 | 지속경영 보고서 발간을 위한 주요 프로세스

- 보고 전략수립
- 이해관계자와의 대화
- 중대성 평가(Materiality Test)
- 보고서 작성
- 신뢰성 확보를 위한 검증절차

출처: 조동성, 산업정책연구원 지속경영본부, "지속(가능)경영", 서울경제경영, 2007

행 부서와의 협의를 통해 결정되어야 한다.

사회적 기대, 규범, 신기술, 인구통계적 트렌드, 환경이슈 등의 빠르게 변화하는 새로운 도전들이 중장기적으로는 기업의 경쟁력에 큰 영향을 줄 것이다. 따라서 사회적 · 환경적 책임에 대해 전략적인 차원에서 고려하는 것이 경영활동에서 기회요인과 위험요인을 파악할 수 있게 한다.

지속경영 보고서를 작성하는 데에는 법적으로 지정된 프레임워크를 갖고 있지 않다. GRI 가이드라인과 같이 NGO 입장에서 데이터를 수집하고 내용을 작성하면 대외용 보고서가 만들어지고, BEST 가이드라인처럼 기업경영자 입장에서 NGO 주장을 반영하면서도 기업의 장수를 추구하기 위하여 데이터를 수집하고 내용을 작성하면 기업 내부의 경영혁신을 달성하는 동시에 이를 외부에 밝히는 내외공용의 투명한 보고서가 만들어진다.

맹목적으로 가이드라인을 따르는 보고서 작성은 이해관계자에게 관심도가 떨어지는 정보들에 대해 불필요하게 상세히 서술하는 오류를 범할 수 있다. 즉 방대한 양의 지속경영 보고서를 읽는 독자들은 '왜 나의 관심에서 벗어난 가이드라인의 전부에 대해서 서술하고 있는가?', '내가 이 내용에 대해서 알아야 하는 것인가?', '나는 이 보고서를 통해서 진정 필요한 정보들을 얻을 수 있는가?' 등의 의문을 갖기 쉽다. 따라서 선도적인 보고 기업들은 보고서의 구조와 내용을 한 눈에 보기 쉽게 구성하는 형태를 취하여 보고서의 불필요한 양을 줄이고, 진정으로 기업과 이해관계자에게 중요한 이슈에 대해서 초점을 맞출 수 있게 한다.

지속경영 보고서 작성을 위한 가이드라인에 명시된 데이터들의 수집을 위하여 내부 직원으로 구성된 태스크 포스 (Task Force), 혹은 부서나 팀을 상설화 해야 한다. 조직에서는 보고서 작성 가이드라인에 따라 관련 지표들의 담당자와 수집 현황을 파악하고 보고 방식을 결정한다. 또한 해당 지표의 내용이 누락되어 있는 경우 향후 수집 계획을 수립한다.

2. 이해관계자와의 대화

지속경영의 가장 핵심적이고 차별화된 점은 이해관계자와의 공존을 위한 활동이다. 기업의 이해관계자가 누구인지를 분류하기 위하여 경영활동의 프로세스를 도식화하여 이해관계자의 목록을 만들고, 이들을 범주화(Categorize)하여 그들의 관계, 역할, 공헌 등을 보여주어야 한다.

이해관계자가 누구인지 분류되면, 그들의 관심사를 파악해야 한다. 이해관계자와 기업이 당면한 이슈에 대해 매트릭스로 분류함으로써 관심정도를 파악할 수 있다. 이때 기업의 모든 경영 활동에서 각 이해관계자에게 미치는 영향을 정의하고 우선순위를 매기며, 이에 대한 긍정적인 영향뿐만 아니라 부정적인 영향을 모두 고려해야 한다.

주요 이해관계자와 관심 이슈가 선정되면 이해관계자와의 커뮤니케이션을 진행하고 그 결과를 지속경영 보고서에 삽입한다.

이러한 보고활동은 내부 커뮤니케이션 수단으로도 활용 가능하다. 즉, 임직원에게 아래와 같은 내용의 인식 공유를 통하여 경영 전반에 대한 이해를 돕도록 정보를 제공한다.

- 기업전략은 무엇인가?
- 가치와 원칙은 무엇인가?
- 이러한 전략과 가치가 어떻게 경영에 접목되어 운영 되는지?

또한 기업은 이해관계자와의 커뮤니케이션을 통하여, 다음과 같은 효과를 기대할 수 있다(표 8-6, 표 8-7).

표 8-6 | 이해관계자 분류에 따른 커뮤니케이션 방법

이해관계자 분류	커뮤니케이션 방법	
내부 이해관계자	뉴스레터 인트라넷 직원 미팅 게시판(Bulletin boards) 개별면담(One-on-one)	
외부 이해관계자	영업 및 마케팅	광고, 회사 브로셔, 기타 영업자료에 사회책임에 대한 성과, 정책, 특정 이슈에 대한 기업의 입장을 포한함. 또한 제품정보에 이 제품이 사회 혹은 환경에 미치는 영향 정보
	운영 절차	향후 제품에 대해 기업의 입장을 반영할 것이라는 것을 공급자와 공감대 형성
	정부	정부 당국에 사회책임에 대한 성과 공개. 정부가 제기하는 지속경영에 대한 이슈와 관심사에 대해 적극적으로 대처
	채용	잠재 인력들에게 기업의 인지도 향상
	투자자	투자자로 부터 받는 질문지나 조사지에 대한 응답. 연차총회(AGM)나 투자관련 미팅에 지속경영 이슈에 대한 응답

출처: UNEP, AccountAbility, Stakeholder Research Associates(2005), 'The Stakeholder Engagement Manual'에서 발췌 수정

- 이해관계자 각각의 니즈와 제약조건 파악
- 문제 조기 파악을 통해 잠정적 갈등 예방
- 만족도 모니터링
- 다양한 기업정책에 대한 공감대 형성
- 새로운 이슈 발굴
- 의견 불일치 및 갈등에 대한 관리
- 의사결정을 위한 정보 수집

표 8-7 | 풀무원의 이해관계자와의 대화

- 풀무원은 임직원, 고객, 협력업체, 지역사회를 대상으로 온·오프라인 조사를 통하여 이해관계자 조사를 시행하고 결과를 지속가능성 보고서에 공개하고 있음

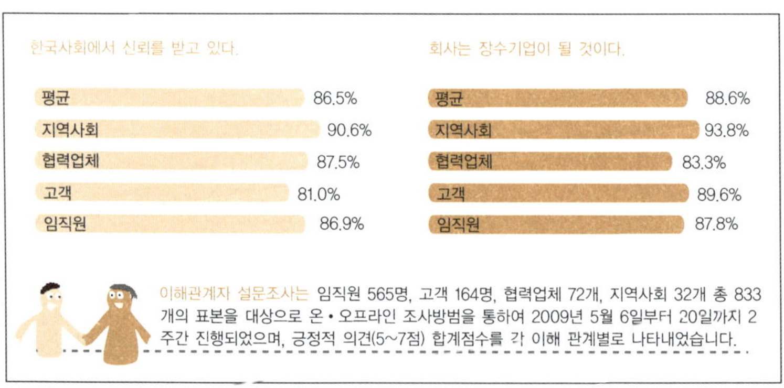

출처: 풀무원 홀딩스, 2009 지속가능경영 보고서

3. 중대성 평가(Materiality Test)

BEST 가이드라인의 작성을 위한 5가지 원칙인 중대성(Materiality), 명확성(Clarity), 정확성(Accuracy), 완전성(Completeness), 대응성(Responsiveness) 중에서 보고서 작성을 위한 이슈 도출에 필요한 원칙은 '중대성'이다. 이해관계자에게 주요한 정보를 담기 위한 중대성 평가 과정은 6가지 요소를 고려해야 한다(그림 8-8).

- 사내 정책: 사내 헌장, 강령, 행동지침, 조직, 프로그램 등
- 직 · 간접적 경제효과: 리스크 관리, 브랜드 영향, 주요 성과지표(집계가 가능한 경우 포함)

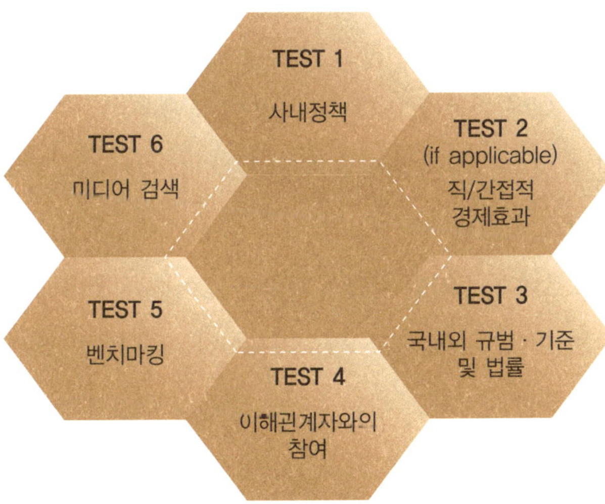

출처: 산업자원부, 대한상공회의소, 산업정책연구원, "BSR 가이드라인 소개 1", 2006

그림 8-8 | 중대성 평가를 위한 고려사항

- 국내외 규범 · 기준 및 법률: BEST, GRI, Global Compact, ILO협약, OECD다국적기업가이드라인, UNEP/FI, 활동하는 지역 및 국가의 법률 등
- 이해관계자 참여: 이해관계자와의 대화, 전문가 의견
- 벤치마킹: 동종업체 · 경쟁사 · 선진기업 · NGO 동향, 동종업계 지속경영 추진 성과, 동종업계 보고서 내용
- 미디어 검색: 국내외 언론보도 및 미디어 논의내용 등

4. 보고서 작성

보고 기업이 보고 전략 수립 시 선택한 가이드라인에 준하여 작성을 시작하되, 중대성 평가 결과 도출된 이슈들을 중심으로 목차 안을 구성하고 이에 해당하는 데이터를 수집하여 서술한다.

기업의 선택에 따라서 보고서의 내용에 폭넓은 이슈를 전반적으로 다룰 것인지, 중점 이슈에 대해서 자세하게 다룰 것인지 선택해야 하는데, 일반적으로 초기단계의 보고 기업의 경우는 폭넓은 범위의 데이터를 보고함으로써 전반적인 기업의 상황을 보여주는 것이 좋다. 그러나 발간 횟수가 거듭될수록 중복되는 내용이나 이해관계자의 관심도가 떨어지는 내용은 지양하고 해당 기간에 중대성 평가를 통하여 도출된 주요한 이슈들을 중점적으로 다루는 것이 필요하다.

보고서 내용에 신뢰성(Credibility)을 부여하기 위하여 표 8-8과 같은 사항들을 고려해야 한다.

표 8-8 | 지속경영 보고서의 신뢰성(Credibility) 요건

- **균형(Balance):** 긍정적인 정보뿐만 아니라 실패요인, 시행착오, 법률위반 등의 부정적인 정보가 균형 있게 다루어져야 한다.
- **포함범위(Coverage):** 사업장이 넓은 지역에 분포하거나 다각화된 사업인 경우 정보 수집의 어려움이 많기 때문에 지역마다 포함되는 데이터의 범위가 차이가 날 수 있게 되는데, 이러한 기준을 명확히 명시해야 한다.
- **문맥(Context):** 성과에 대한 추상적인 단어 선택보다는 의미있는 정량 데이터가 요구된다. 사실(fact) 중심으로 서술하며 홍보성 문구와 미사여구는 배제한다. 특히 일반 독자를 생각하여 쉬운 용어를 선택하고 어려운 용어(전문용어)는 풀어 쓰거나 각주를 통하여 설명을 해야 한다.
- **출처(Sources):** 원칙적으로는 원 데이터를 제공해야 하지만 근래들어 보고서의 간결성이 중요해짐에 따라서 이러한 상세 정보는 기업(조직) 웹사이트를 이용하는 경우도 있다.
- **절차 투명성(Process Transparency):** 이해관계자는 기업(조직)이 보고서에 들어갈 정보를 결정하는 것에 대한 절차(프로세스)를 투명하게 공개하는 경우 보고서에 대해 더 신뢰하는 것으로 나타났다.
- **사례로 보완되는 성과 데이터:** 초기단계의 보고 기업(조직)의 경우에는 일반적으로 정성적인 내용에 대해서 강조하게 되는데, 내부적으로 점차 효율적인 보고 프로세스가 정립되면 정량적인 데이터와 이와 연계된 내용, 사례가 더 많은 부분을 차지하게 된다.
- **시계열 성과 데이터:** 몇 년간 보고활동을 계속하게 되면 성과 데이터가 다년간 보고되고 축적되어 정책과 이니셔티브에 영향을 주는 데이터를 알 수 있게 된다. 특히 첫 보고서에서는 보고년도 이전 3개년 이상의 수치를 보고함으로써 현재 성과에 대한 위치를 보여줘야 한다.
- **관련성 있는 성과정보(Relevant performance information):** 선진 보고기관들은 핵심적인 경영추신요인과 영향요인이 연계된 데이터를 집중적으로 보고한다. 이런 트렌드가 발전하여 독자들도 다른 보고 기업(조직)들에게도 이러한 보고 성향을 기대하게 되었다. 그래서 많은 선두 보고서들이 주주보다는 중요 이해관계자의 관심사에 '관련성' 있는 정보를 포함하고 있다.

표 8-8 | 지속경영 보고서의 신뢰성(Credibility) 요건 (계속)

• **투입물, 산출물, 최종 결과물:** 성과에 대한 정보는 독자들에게 경영 프로세스가 효율적인지를 보여주기 위하여 투입물, 산출물, 최종 결과물에 대한 정보가 균형을 이루어야 한다(예를 들어 영업사원 교육의 투입물은 교육훈련에 소요된 시간이며, 산출물은 교육훈련 세션을 통해 나타난 사원의 시험점수이다. 그리고 최종결과물은 고객서비스 성과 향상 등으로 표현될 수 있다).
• **목표:** 사전에 수립된 목표와 그 달성정도의 결과를 함께 보고하여 독자의 신뢰도를 높일 수 있다.
• **비교가능성(Comparability):** 보고서의 지표, 수치들이 내부적인 사업부간의 비교뿐만 아니라 외부적으로 다른 기업(조직), 산업 간에 가능하게 하는 것이다.

출처: BitC(2004), A Director's Guide to Corporate Responsibility Reporting에서 발췌 수정

6. 지속경영 보고서 검증

보고서의 작성의 마지막 단계인 검증 절차는 작성 내용에 대해 명확성과 근거를 확인하기 위한 절차로서 이해관계자를 위해 작성하는 지속경영 보고서의 신뢰성 향상을 위하여 권장되는 절차이다. 검증을 통하여 지속경영 보고서의 수준이 향상될 수 있으며, 진단을 통한 개선방안 마련도 가능하다.

검증 프로세스는 내부적인 감사로 제한하는 경우도 있으나, 가급적 독립적이고 공인된 제 3자의 기관으로부터 받아야 한다.

- 회계 검증(Accountancy): 회계기관이 진행하는 것으로 기업(조직)이 보고한 정보에 대해 독립적인 평가
- 사회적 감사(Social audit): 기업(조직)의 지속경영 성과의 다양한 측면 혹은 한 개 측면에 대해 외부 전문가의 코멘트를 받는 것

- 자문 검증(Consultancy): 경영 시스템을 점검하고, 성과 향상을 위한 제언을 제공하는 것으로 보고서에 첨부되는 '검토의견서'와 함께 검증과정과 향후 제언이 담긴 '경영권고서한'을 받게 됨

검증에 사용되는 기준은 국제사회에서 범용적으로 적용되는 검증규범인 AA1000, ISAE(International Standard on Assurance Engagement) 3000, BEST가이드라인 등을 활용하여 검증을 실시한다.

- AA1000 검증기준: 영국에 소재한 사회책임경영, 윤리경영, 책임경영 관련 비영리기관인 어카운터빌리티(AccountAbility)에서 1999년에 사회적, 윤리적인 회계, 감사, 보고에서의 질을 향상하여 조직 전반적인 성과와 책임성을 증진시키고자 개발함. 다른 표준과 비교하여 검증서에 많은 정보를 제공하고 있으며, 2008년 10월 개정되어 2009년 시범기간을 거쳐 2010년부터 AA1000AS(2008)기준 적용
- ISAE 3000 검증기준: ISAE 3000(International Standard on Assurance Engagements 3000)은 국제회계사연맹(IFAC: International Federation of Accountants)소속의 국제회계감사와 증명 기준위원회(IAASB: International Audit and Assurance Standards Board)가 제공하는 검증기준으로 모든 전문회계기업은 비금융 검증에 대해서 ISAE 3000을 사용하도록 권장함. 전문적 감사표준, 윤리강령과 일관적인 방식을 사용하며 엄격한 검증접근법과 과정지원을 위해 필요한 지침을 제공
- BEST 검증: 산업자원부, 대한상공회의소, 산업정책연구원(IPS)가 공동 개발한 보고서 작성과 검증에 대한 기준으로 정성적 성과(환

경 · 사회 · 혁신경영 및 창조경영 성과)에 대한 근거와 BEST, GRI의 충족 정도, 중요도 높은 이슈에 대한 보고 여부, 이해관계자 의견에 대한 반영여부 등을 검토하여 보고서의 단계를 부여(도입형, 도약형, 확산형, 정착형, 성숙형의 5단계로 이루어짐)

7. 지속경영 보고서 사례

위와 같은 단계를 거쳐서 실제로 작성된 지속경영 보고서를 살펴보면, 막연하게 느껴지는 개념들이 보다 구체화 될 것이다. 본 장에서는 국내외 주요기업들의 지속경영 보고서 일부를 발췌하여 간략히 소개하고자 한다.

본 자료에서는 BEST과 GRI(G3) 지표의 예시를 동시에 파악할 수 있도록 좌측에는 BEST 지표를, 우측에는 GRI(G3) 지표를 기입하였다.

[BEST와 GRI(G3) 지표 병기예시]

BEST 지표번호	BEST 지표 내용	본 지표와 연관된 GRI G3 지표번호

사례로는 최근 국내 발간된 지속가능경영 보고서를 활용하여 지표별 사례를 정리하였으며, 사례 보고서로는 「유한킴벌리 2009 지속가능성보고서」, 「하이닉스 2009지속경영보고서」, 「스타벅스 2007기업의 사회적 책임 보고서」, 「서울메트로 2008지속가능성보고서」, 「현대오일뱅크 2009지속경영보고서」, 「한국관광공사 2008지속가능경영보고서」 등이 활용되었다.

A_1 지속경영에 대한 비전과 이에 대한 CEO 성명서 1.1

A_1지표에서는 기업(조직)의 의사결정에 대한 최고 결정자(예: CEO, 의장, 혹은 이에 상응하는 위치에 있는 자)의 지속경영과 관련한 조직이나 전략에 관련한 성명서를 제시하여야 하며, 본 성명서에는 지속경영에 대한 기업(조직) 전체의 비전이나 단기, 중기, 장기적인 전략이 포함되는 것을 권장한다.

유한킴벌리
2009 지속가능성보고서

CEO메시지

홈 > 지속경영 > 지속경영개요 > CEO메시지

생명 존중과 사람 중심에서 출발

지속가능성의 세계, 그 세계는 넓고 할 일은 많다!

– 어려움의 파고를 넘는 지혜

2009년 7월
유한킴벌리 대표이사 사장 김중곤

2008년 · 2009년 세계적인 불황이 계속되는 가운데 유한킴벌리는 평생학습과 가족친화로 대변되는 '혁신적인 기업 문화'와 유리경영, 환경경영, 우리강산 푸르게 푸르게 캠페인 등으로 대표되는 '사회적 책임에 대한 지속적 노력' 을 계속하면서 경제적 성장을 이룩해왔습니다. 특히 2008년에는 창립 이래 처음으로 목표로한 매출액 1조원을 달성하였습니다.

(중략) 전 세계적인 불황이 계속되고 있으나, 유한킴벌리는 지속가능성을 높이기 위해 더욱 노력을 집중할 것입니다. 첫째, 한국의 충주에 세계적인 수준의 여성위생용품 전문 생산공장을 짓는 등 투자를 성공적으로 완수해 미래의 성장동력을 갖추어나갈 것입니다. 둘째, 유한킴벌리의 강점인 적극적인 제품 개발과 지속적인 신제품 출시를 통해 시장을 리드해갈 것입니다. 셋째 기업의 사회적 · 환경적 책무를 다함으로써 기업시민으로서의 역할을 다해 나갈 것입니다.

혁신의 주체는 '사람', 어려울 때 그 상황을 헤쳐나가는 것은 '사람' 입니다. 유한킴벌리의 전문성을 갖춘 인재들이 창의적이고 자율적인 문화를 비탕으로 회사를 이끌어가고 있습니다. 앞으로도 생명과 사람이 중심이 된 기업의 가치를 완수하며, 더 차별화된 제품과 서비스로 고객을 감동시키는 노력을 계속해 가겠습니다.

A_2 주요 위험 및 기회요소 1.2

본 지표에서는 기업(조직)에게 주요한 영향을 미치는 요소, 위험을 미치는 요소, 기회를 주는 요소에 대해 다음과 같은 2가지 섹션으로 간결하게 설명해야 한다.

○ 국가 내의 법규나 국제적으로 통용되는 기준에 명시되는 권리들을 포함하여 기업(조직)이 이해관계자 혹은 지속경영에 미치는 주요한 영향요인 설명

○ 지속경영에 대한 장기적인 관점의 트렌드, 리스크, 기회 요인과 재무적 성과에 대한 설명 및 현재 혹은 향후 재무적인 정보에 관심을 갖는 이해관계자에 관련된 정보 제공

하이닉스
2009 지속경영보고서

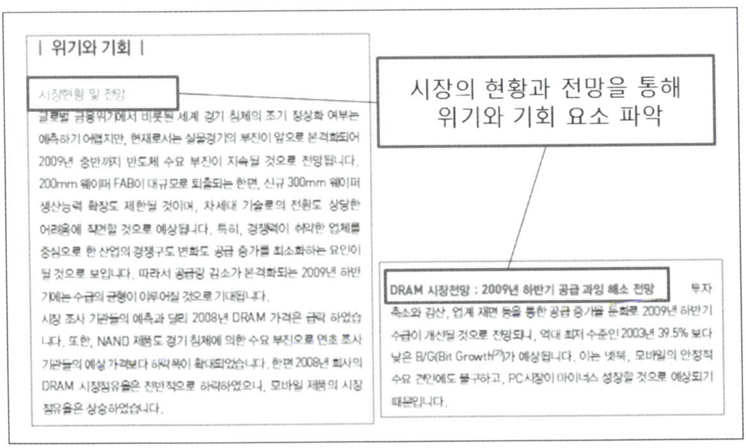

| 위기와 기회 |

시장현황 및 전망

글로벌 금융위기에서 비롯된 세계 경기 침체의 조기 정상화 여부는 예측하기 어렵지만, 현재로서는 실물경기의 부진이 앞으로 본격화되어 2009년 중반까지 반도체 수요 부진이 지속될 것으로 전망됩니다. 200mm 웨이퍼 FAB이 대규모로 퇴출되는 한편, 신규 300mm 웨이퍼 생산능력 확장도 제한될 것이며, 차세대 기술로의 전환도 상당한 어려움에 직면할 것으로 예상됩니다. 특히, 경쟁력이 취약한 업체를 중심으로 한 산업의 경쟁구도 변화도 공급 증가를 최소화하는 요인이 될 것으로 보입니다. 따라서 공급량 감소가 본격화되는 2009년 하반기에는 수급의 균형이 이루어질 것으로 기대됩니다.
시장 조사 기관들의 예측과 달리 2008년 DRAM 가격은 급락 하였습니다. 또한, NAND 제품도 경기 침체에 의한 수요 부진으로 연초 조사 기관들의 예상 가격보다 하락폭이 확대되었습니다. 한편 2008년 회사의 DRAM 시장점유율은 전반적으로 하락하였으나, 모바일 제품의 시장 점유율은 상승하였습니다.

DRAM 시장전망 : 2009년 하반기 공급 과잉 해소 전망 투자 축소와 감산, 업계 재편 등을 통한 공급 증가율 둔화로 2009년 하반기 수급이 개선될 것으로 전망되나, 역대 최저 수준인 2003년 39.5% 보다 낮은 B/G(Bit Growth[7])가 예상됩니다. 이는 넷북, 모바일의 안정적 수요 견인에도 불구하고, PC시장이 마이너스 성장할 것으로 예상되기 때문입니다.

D_1 경제적 · 사회적 · 환경적 목표
D_2 경제적 · 사회적 · 환경적 성과

–

D_1지표는 기업의 경영전략 및 비전과 연계되어 수립되어 있는 지속경영에 관련된 중장기 전략 혹은 목표를 보고하며, D_2에서는 지속경영에 관련된 목표치에 대비한 성과치 비교, 과거 보고서에 명시된 중장기 전략 및 목표에 대한 변경 혹은 달성여부를 보고한다.

Starbucks Corporation
Fiscal 2007 Corporate Social Responsibility Annual Report

스타벅스는 CSR 보고서를 통하여 경제, 사회, 환경의 균형적인 목표에 대하여 공개하고 있으며, 목표대비 성과에 대한 부분의 경우 '달성', '개선 중', '미달성' 공시를 통하여 투명하게 공개하고 있다.

KEY: ● ACHIEVED 달성 ◒ MAKING PROGRESS 개선 중 ○ DID NOT ACHIEVE 미달성

03 ENVIRONMENT

전기	Electricity	Kilowatt-hours per square foot of retail space per month	6.57	6.78	By 2010, we will reduce energy use by 25% in all company-operated and international stores.	Work with the U.S. Green Building Council to develop LEED (Leadership in Energy and Environmental Design) standards for the retail sector that set out best practices for environmentally sound design of new stores.	Continued to play an active role in advancing the USGBC's LEED standard for retail through its Retail Pilot project. We are currently working on the final application for our volume build prototype, anticipated to be completed in 2008.	●	Page 71
물	Water	Gallons per square foot of retail space per month	26	25	Target has not been established.	Use a representative sample of stores as a "test bed" to monitor energy and water usage as part of a comprehensive audit to help us determine conservation opportunities.	Began a six-month comprehensive energy audit, which involved 24-hour monitoring of all aspects of energy usage among a representative sample of 10 Starbucks stores in the U.S. Results will be evaluated in spring 2008.	◒	Page 75
종이	Paper	Percentage of post-consumer fiber (not including hot cups)	66.4% (goal: 50%)	62% (goal: 66.9%)	66.9%	Test the Environmental Paper Assessment Tool (EPAT) with our top two suppliers of paper products to help determine how to best incorporate the tool into our paper procurement decision processes.	Postponed our plans to test the EPAT tool until fiscal 2008.	○	Page 77
		Percentage of unbleached fiber (not including hot cups)	86.3% (goal: 86.5%)	76% (goal: 87.1%)	87.1%		The decreases in post-consumer fiber and unbleached paper percentages were mainly driven by increases in tonnage but no significant increase to PCF or unbleached paper changes in product categories. We are close to maximizing PCF and unbleached in many categories without having operational impacts to products.	○	Page 77

EC1 이해관계자 참여 방식생성 및 분배된 경제적 가치 창출 및 분배 EC1

보고기관의 수입, 운영비용, 임직원 보상, 기부, 지역사회 투자, 이익잉여금, 자본제공자 및 정부에 대한 지급 등과 같이 창출되거나 분배된 경제적 가치를 말한다. 경제적 가치의 창출과 분배에 관한 자료는 기업이 부를 어떻게 생성했는가에 관한 기본적인 지표를 제공한다.

서울메트로
2008 지속가능성보고서

EC1 지표의 경우 매출액, 총자산, 당기 순이익, 부채비율, 유동비율 등 보고 조직의 재무성과를 나타낼 수 있는 성과를 보고하며, 서울메트로의 경우 생성된 가치에 대하여 임직원, 연구개발/교육훈련, 채권자/서울시, 협력업체, 전력공급업체, 지역사회 등을 대상으로 어떻게 분배되고 있는지 보고하고 있다.

GR14	투자 · 협력구축에 있어서 사회적 영향을 고려하는 정책 및 제도(신설)	–

본 지표는 BEST가이드라인 개정시 신설된 지표로서 기업의 투자 및 협력체계 구축을 위한 과정에서 사회적 영향에 대한 고려를 평가하고 사회적 책임 부분을 포함시키는 기업 정책을 보고한다. 본 지표를 보고하는데 있어서 정책이나 제도의 경우에는 원인과 성과의 인과관계는 물론 문제점 파악의 단계가 있어야 하고, 사회적 영향에 대한 분석 및 지속적 모니터링이 병행되어야 한다.

현대오일뱅크
2009 지속가능경영보고서

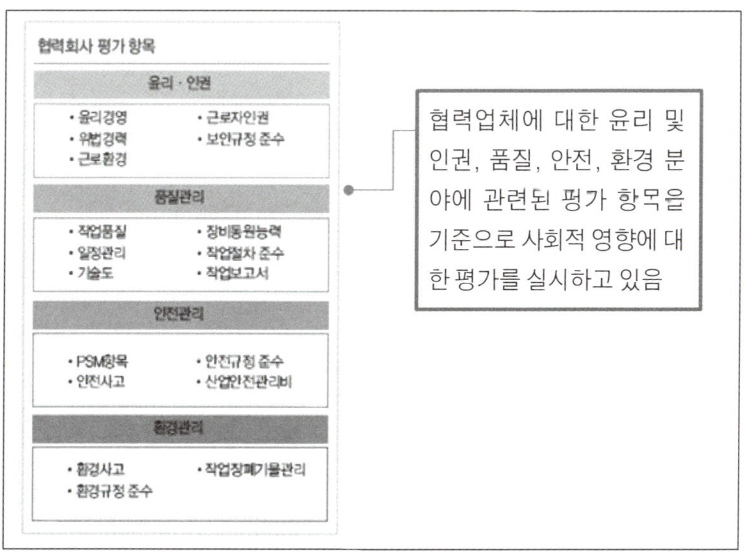

EM25 윤리경영 전담부서, 투자규모, 보고라인 –

본 지표는 윤리경영 실천을 위한 투자규모를 파악함으로써 윤리경영을 기업운영 시 어느 정도 비중 있게 다루는지 간접적으로 확인하기 위하여 개발되었으며, 윤리경영 전담부서 또는 담당부서를 보고하고 윤리경영 실천을 위한 대내외적 투자규모와 윤리경영 조직체계를 설명한다.

한국관광공사
2008 지속가능경영보고서

관광공사는 윤리경영 사내 추진도를 지속가능경영 보고서를 통하여 보고하고 있으며, 특히 각 조직별 역할, 구성, 기능을 제시하여 사내 윤리경영 운영 메커니즘을 설명한다.

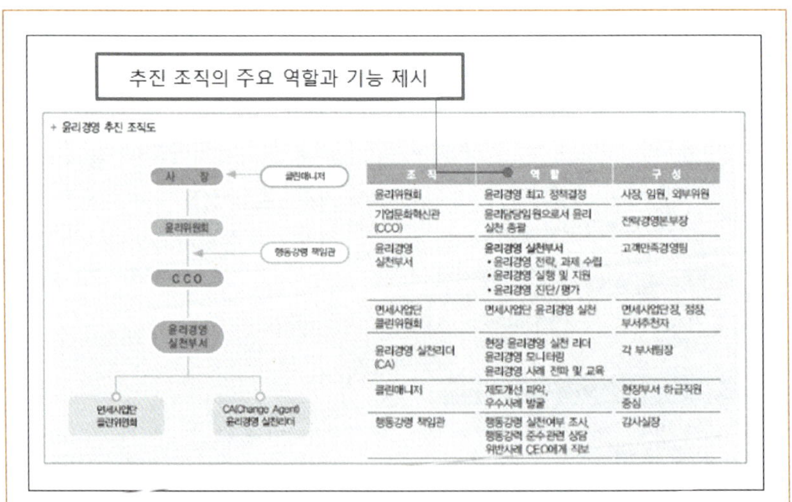
추진 조직의 주요 역할과 기능 제시

+ 윤리경영 추진 조직도

조직	역할	구성
윤리위원회	윤리경영 최고 정책결정	사장, 임원, 외부위원
기업문화혁신관 (CCO)	윤리담당임원으로서 윤리 실천 총괄	전략경영본부장
윤리경영 실천부서	윤리경영 실천부서 • 윤리경영 전략, 과제 수립 • 윤리경영 실행 및 지원 • 윤리경영 진단/평가	고객만족경영팀
면세사업단 클린위원회	면세사업단 윤리경영 실천	면세사업단장, 점장, 부서추천자
윤리경영 실천리더 (CA)	현장 윤리경영 실천 리더 윤리경영 모니터링 윤리경영 사례 전파 및 교육	각 부서팀장
클린매니저	제도개선 파악, 우수사례 발굴	현장부서 하급직원 중심
행동강령 책임관	행동강령 실천여부 조사, 행동강력 준수관련 상담 위반사례 CEO에게 직보	감사실장

CS1 제품 및 소비자의 특성 및 지속가능경영 이슈 –

본 지표는 기업이 공급하는 제품 및 서비스의 경제적 · 사회적 · 환경적 영향력에 대하여 보고한다. 소비자와의 거래에서 발생할 수 있는 경제적 · 사회적 · 환경적 특성과 이로 인해 도출되는 지속경영 이슈를 중점적으로 보고한다.

유한킴벌리
2008 지속가능성보고서

유한킴벌리는 제품 특성상 유아위생용품 제품 및 물질의 안전성의 중요성을 인식하고 안정성 확인 절차를 통해 제품의 환경적 영향에 대하여 보고하고 있으며, 지속적인 고객만족 조사활동을 통해 제품의 지속성을 확보하려는 노력을 보고하고 있다.

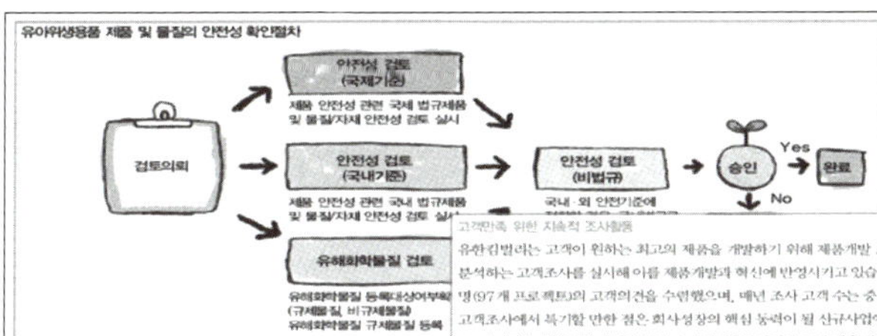

유아위생용품 제품 및 물질의 안전성 확인절차

고객만족 위한 지속적 조사활동

유한킴벌리는 고객이 원하는 최고의 제품을 개발하기 위해 제품개발 초기단계부터 고객의 핵심 니즈를 분석하는 고객조사를 실시해 이를 제품개발과 혁신에 반영시키고 있습니다. 2007년 한 해 동안 26,469명(97개 프로젝트)의 고객의견을 수렴했으며, 매년 조사 고객 수는 증가추세입니다.

고객조사에서 특기할 만한 점은 회사성장의 핵심 동력이 될 신규사업에 전체조사비용 중 15%를 투자했고, 기저귀의 해외시장 개척을 위해 유아위생용품사업부 조사 비용 중 34%를 사용했다는 점입니다. 해외조사에는 총 8,410명(25개 프로젝트)이 참여했으며, 결과는 제품 개발 및 현지 마케팅 전략 수립에 반영하고 있습니다.

이를 통해 신규사업인 스킨케어 제품을 출품하기 전 사전조사를 반영해 우수한 품질의 제품을 개발해 낼 수 있었으며, 기저귀와 관련한 조사를 중국에서 진행해서 2007년 중국 소비자의 기저귀 사용 행태 및 니즈를 이해하였습니다. 또한 중국에서 우위를 점하는 경쟁 제품과 하기스 제품의 소비자 유지 조사를 통해 제품력을 검증하고 강 · 약점을 파악하여 더 우수한 제품을 만드는데 반영하고 있습니다.

CO10 여성, 아동, 고령자를 위한 사회공헌 정책 및 성과 (신설) –

본 지표는 사회적으로 약자인 여성, 아동, 고령자의 인권보호에 관한 내용, 그들의 능력을 개발하기 위한 사업 혹은 사회적 참여를 지원하는 프로그램의 개발, 지원활동에 대한 내용을 보고하며 개정시 신설된 지표이다.

유한킴벌리
2009 지속가능성보고서

유한킴벌리는 2009 지속가능성 보고서에서 지역사회 어린이들을 위한 도서관, 여성 리더 양성, 초경교육 실시, 노년학 연구 지원 등을 보고하여, 여성, 아동, 고령자를 위한 사회공헌 성과를 중점적으로 제시하였다.

2. 저출산 시대에 강화되고 있는 사회 공헌의 영역 '돌봄 · 여성 · 노인'

돌봄 공동체 구축을 위한 1차년도 사업 시작 | 유한킴벌리는 한국이 당면하고 있는 저출산 극복의 과제를 해결하고 미래를 준비하고자 미래포럼의 기업 회원으로 활동하는 한편, 연 매출의 만분의 일 기부 기금 조성을 통해 풀무원 등 4개 기업과 함께 2005년부터 돌봄 공동체 구축을 위한 사업을 모색 해오고 있습니다. 2009년에 지역사회의 어린이도서관을 통해 주민들이 자발적으로 소통하고 어린이를 돌보는 공동체 모델을 만들고자 시범사업을 시작했습니다. 시범사업 대상은 부산의 '맨발동무어린이도서관', '광주의 바람개비어린이도서관', '용인의 밤토실어린이도서관' 등 3곳으로 … 갖추고 유지하는 것을 도울 계획입니다.

어린이들을 위한 도서관, 여성 리더 양성, 초경교육 실시, 등 여성, 아동, 고령자를 위한 사회공헌 성과 제시

2-3. 고령화 시대에 연구 기금을 조성하다

노년학 연구 지원 | 유한킴벌리는 고령화 시대에 대비하기 위해 한국노년학회과 함께 '유한킴벌리 고령사회 연구기금' 공모사업을 시행하여 매년 노년학 연구 소모임 3개와 노년학 연구자 3명을 지원하고 있습니다(2006 ~ 현재).

EV24 제품 중 재생 가능한 제품 무게와 실제 재생 무게의 비율 EN27

본 지표는 사용수명이 다한 제품 및 포장재의 폐기량 급증은 환경에 위협을 가하고 있음에 따라 보고기업은 재생가능한 제품을 파악하여 실제로 재생된 제품의 무게와 비교해 그 비율을 늘여가는 노력이 중요하며 그 성과를 보고한다.

하이닉스
2009 지속경영보고서

하이닉스에서는 용수사용량과 폐수발생량을 보고하면서 수자원 재활용 비율을 제시하고 있으며, 폐기물에 있어서도 발생량과 재활용을 함께 보고하고 있다.

[폐기물 재활용률]

+ 폐기물 재활용률 (재활용폐기물량/전체폐기물량 X 100) 이천/청주사업장, (단위: %)

구분	2006	2007	2008
일반폐기물	81	05	95
지정폐기물	84	83	84
전체	81	85	91

+ 폐기물 발생량 이천사업장, (단위: ton)

구분		2006	2007	2008
폐기물양	일반폐기물	54,810	37,684	26,191
	지정폐기물	8,331	15,962	17,613
합계		63,141	53,646	43,804

청주사업장, (단위: ton)

구분		2006	2007	2008
폐기물양	일반폐기물	11,770	13,435	12,774
	지정폐기물	4,746	6,825	7,544
합계		16,516	20,260	20,318

[용수사용량]

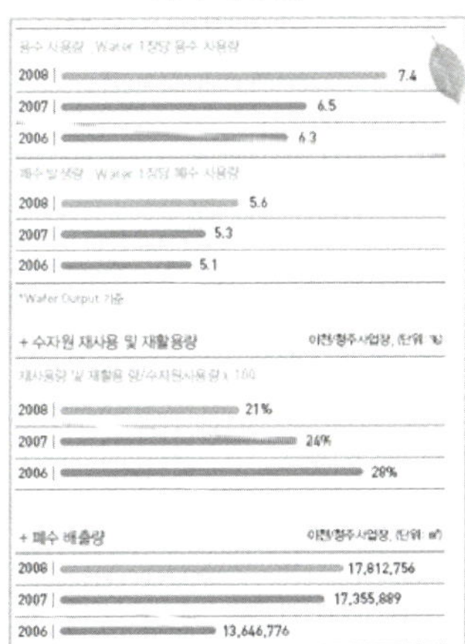

EV30 물류과정 중 운송의 중대한 환경영향 EN29

운송의 환경적 영향은 지역적 스모그 현상 및 소음 발생에서부터 지구 온난화까지 광범위하게 파급된다. 대규모 공급망 또는 광범위한 지역에 분포한 네트워크를 가진 기업의 경우 물류에 관련된 환경영향은 환경오염의 주요 원인으로 작용한다. 따라서 물류과정의 환경영향을 평가하는 것은 환경경영 전략을 수립하는 포괄적 방법 중의 하나가 될 수 있다. 이에 따라 본 지표에서는 사용하고 있는 운송 방식의 중대한 환경영향을 명시한다.

유한킴벌리
2008 지속가능성보고서

유한킴벌리는 운송과정에서의 환경영향에 대해 온실가스 발생량과 함께 제시하여 영향을 줄이기 위한 노력을 구체적으로 보고하고 있다.

물류과정 중 운송부문의 환경영향

유한킴벌리는 제품의 생산, 유통 등 전부문의 협력을 통해 물류부문의 온실가스 배출량을 2006년 대비 약 4.5% 줄였습니다. 이는 배기가스 저감장치 부착 및 복화운송개발 등 꾸준한 관리를 통한 공차율이 감소했고, 제품 압축포장으로 팔레트 보관 및 적재 효율이 좋아졌으며, 이를 통해 폐기물과 교통량이 감소한 결과입니다.

물류 온실가스 저감노력

분류	2005	2006	2007	전년대비 성과
제품운송량 (ton)	567	630	619	11톤 감소
온실가스 발생량(tCO_2/년)	10,565	11,721	11,198	약 4.5% 감소

8. 지속경영 보고서 트렌드

세계적으로 우수한 기업으로 평가되는 FTSE(Financial Times Stock Exchange) 100대 기업 중 80% 이상이 지속경영성과를 보고하고 있다. 지속경영보고서는 기업의 여러 이해관계자들로 하여금 기업의 지속경영 성과평가를 용이하게 하여 기업의 대외적 평가 및 투자 유치에 긍정적인 영향을 미치고 있다. 이에 기업은 점차 다양한 방법을 활용하여 경제적, 사회적, 환경적 관점에서 기업의 현재 가치와 미래 잠재력에 관한 정보를 더욱 효과적으로 제공하기 위해 다양한 보고방법을 활용하여 지속경영 보고서를 작성하고 있다.

본 장에서는 최근 기업의 지속경영 보고서 트렌드 중 주목만한 사례들을 소개하고자 한다.

1. 기업의 중장기 과제와 목표 대비 실적의 구체화

지속경영 보고서를 통해 이해관계자들은 기업의 지속경영 전략과 목표, 실적을 확인하고자 한다. 이를 위해 기업이 현재 지향하는 바를 구체적인 활동 목표와 진행상황을 통해 제시함으로써 보다 책임있는 경영활동을 영위하게 되며, 나아가 이해관계자들과의 친밀한 관계를 형성할 수 있다. 또한 지속경영 보고서에 중점 추진 전략에 따른 주요 프로젝트, 진행사항 점검, 향후 목표 등을 제시하여 보고할 수 있으며, 하나의 정리된 도표로 제시하여 각각의 진행상황 및 성과를 일목요연하게 보여주는 방식을 활용할 수 있다.

사례 8-1 금호석유화학 2009 지속경영보고서

기업의 과거 실적, 현재 실천상황과 성과 보고, 그리고 미래 계획에 대해 단계별로 보고함으로써 이해관계자들이 진행상황과 성과를 더욱 쉽게 살펴볼 수 있도록 하였다.

중점 추진 전략 로드맵

중장기 환경목표	중점 추진 전략	2004	2005	2006	2007	2008	2009	2010~
Ⅰ. 친환경 제품 개발	1. 친환경 원자재 도입[1]	1 건		1 건				지속적인 추진
	2. 친환경 신소재 개발[2]	1 건		2 건				지속적인 추진
	3. LCA 평가[3]	2 건					1건 예정	2건 예정
	4. 지속적인 공정개선					지속적인 추진		지속적인 추진
Ⅱ. 에너지절약 · 기후보호	1. 기후변화 대응 활동	TF팀구성		시범사업 참여	온실가스 저감실정 등록	청정개발체제(CDM) 사업추진		저감실적 등록, CDM 사업확대 시행
	2. 폐열회수 및 고효율 에너지기기 도입					지속적인 추진		지속적인 실행
	3. 에너지경영시스템(EMS) 구축					시범인증	인증	전사업장 확대 추진
Ⅲ. 국내외 환경 안전 보건 규제대응[4]	1. EU REACH 대응				TF팀구성	REACH사전등록	[illegible]	전사적 대응
	2. RoHS		대응준비		시행	지속적인 추진		지속적인 추진
	3. GHS						준비	지속적인 추진
Ⅳ. 시스템 실행력 강화	1. 시스템 체질화(RC활동 등)					지속적인 추진		최고 등급 유지
	2. 사업장환경안전보건 인증 유지관리					지속적인 추진(ISO 9001/14001, OHSAS 18001 등)		재인증 추진
	3. 환경성과지표 관리를 위한 성과 개선					오염물질 법적 배출농도 50% 이하 관리		지속적인 추진
	4. 해외사업장, 협력사 환경 안전관리 지원 체계 확립					협력사 지원		협력사, 해외사업장 지원

[1] 2004년: 친환경 원자재 DDS 사용 (난분해성 물질 대체로 인한 폐수처리 용이), 2006년: #1745Short Stop 변경 (일반 → DEHA, SDN 유독물 대체)
[2] 2004년: 친환경 Green NBR #3445G 개발, 2006년: Green NBR #2830G, #3430G개발, LPA oil 적용 제품 개발
[3] LCA 완료사업(2004년: SBR 1712, KSL 220 제품), LCA 예정사업(2009년: 0230L, 2011년 68H, 2013년 주력제품 추진)
[4] '국내외 환경 · 안전 · 보건 규제 대응'에 대한 구체적인 내용은 본 보고서 p.64에서 확인하실 수 있습니다.

2. 핵심성과지표(KPI: Key Performance Indicator) 공시

기업의 지속경영 전략을 평가할 때 고려되는 사항 중 하나로 지속경영 목표와 핵심성과지표(KPI: Key Performance Indicator)가 부합하여 개발되어 있는지에 대한 것이 있다. KPI는 재무지표, 비재무지표, 시계열성과지표 등 기업의 성과를 측정하기 위한 지표로 각 기업마다 다른 구성의 지표를 가질 수 있다. 과거에는 많은 기업들이 측정가능성을 고려한 지표 즉, 재무성과와 같은 과거성과를 주로 활용해왔으나 점차 기업비전이나 전략을 반영할 수 있는 KPI를 구축하고 있다. 재무적 성과와 함께 고객, 프로세스, 학습 역량 등 균형 잡힌 관점의 KPI 정립을 통해 기업이 어떤 활동으로 성과를 달성할지에 대한 정보를 제공하기 위함이다. 이에 기업은 이해관계자들이 손쉽게 살펴볼 수 있도록 지속경영 보고서에 KPI와 관련하여 성과를 이해하는데 도움이 되는 성과측정치를 제공한다. 또한 성과추세 및 절대치를 함께 보여주는 그래프나 표를 활용하기도 한다.

사례 8-2 한국수력원자력 2009 지속가능경영보고서

기존의 성과지표와 지속가능경영 전략체계를 함께 조정하여 지속가능성 핵심성과지표(S-KPI: Sustainability-Key Performance Indicator)를 수립하고, 그 결과에 따라 경제, 환경, 사회 부문의 성과지표를 도출하여 과거 실적 및 현재의 달성도, 내년의 목표를 관리하고 있다.

구분	핵심성과지표(KPI)	단 위	'07년 실적	'08년			'09년 목표
				목 표	실 적	달성도	
경제	매출액	억 원	55,803	52,368	58,024	●	51,110
	원전이용률	%	90.3	90.9	93.4	●	89.57
	매출액대비 신재생에너지 투자비율	%	-	0.25	0.26	●	0.3
	매출액대비 R&D 투자비율	%	5.4	5.4	5.04	◐	5.83
	지적재산권 출원건수	건	88	100	107	●	110
	해외사업매출액	만$		1,092	1,649	●	2,000
환경	방사선 집적선량	man/Sv호기	0.64	0.69	0.51	●	0.51
	호기당 고장정지	회/호기	0.6	0.55	0.35	●	0.5
	원자력고장 · 사고(1등급이상)	건	0	0	0	●	0
	폐기물 재활용률	%	61.8	65	64.3	◐	67.5
	방사성폐기물 발생량	m^3호기	60.2	54	52.98	●	65
	환경투자액	억 원	252.1	200	128.9	○	130
	온실가스배출량	t/CO_2	623,981	600,000	596,712	●	600,000
사회	일반국민 원자력지지도	%	71.4	73	73.1	●	74.4
	지역사회공헌투자액	억 원	482	567	568	●	504
	원전지역주민 수용성(5점만점)	점	3.17	3.20	3.32	●	3.34
	청렴도 평가 결과(10점만점)	점	9.8	9.85	9.89	●	9.90
	직무만족도(5점만점)	점	3.78	3.98	3.98	●	4
	성과공유금액	억 원	16.5	20	23.8	●	25
	1인당 교육훈련시간	시간/인	142	111	130	●	130

3. 이해관계자 참여결과 수록

기업은 이해관계자 참여를 통해 기업과 이해관계자 간 또는 다양한 이해관계자 간 상충하는 이해관계를 해소할 수 있으며 파트너십 등 협력적 활동기반을 제공하고 기업 커뮤니케이션의 투명성과 신용도를 향상시킬 수 있다. 이에 이러한 이해관계자 참여 과정과 결과를 지속경영 보고서에 수록하기 시작했다. 이해관계자들이 제시한 기업의 이슈, 핵심성과에 대한 전문적인 의견이나, 지속가능경영 발전을 위한 패널 회의결과를 보고서에 요약하여 제시하는 등 이해관계자 참여를 통한 보고서 작성이 증가하는 추세이다. 특히 기업의 경영진 대담 및 이해관계자 의견제시를 보고서에 기재함으로써 기업의 비전과 목표를 이해관계자들에게 직접 전달하여 조직의 의지와 책임을 더욱 강조하고 기업에 대한 신뢰성 제고효과를 기대할 수 있다.

사례 8-3 현대자동차 2009 지속경영보고서

이해관계자 참여를 통해 핵심이슈 도출과 관심사, 기대사항을 파악하고 관련 내용을 제공하며, 이해관계자 설문조사 결과 게재와 함께 이해관계자의 의견을 반영하기 위한 노력, 보완사항에 대해 보고서에서 찾아볼 수 있도록 하였다.

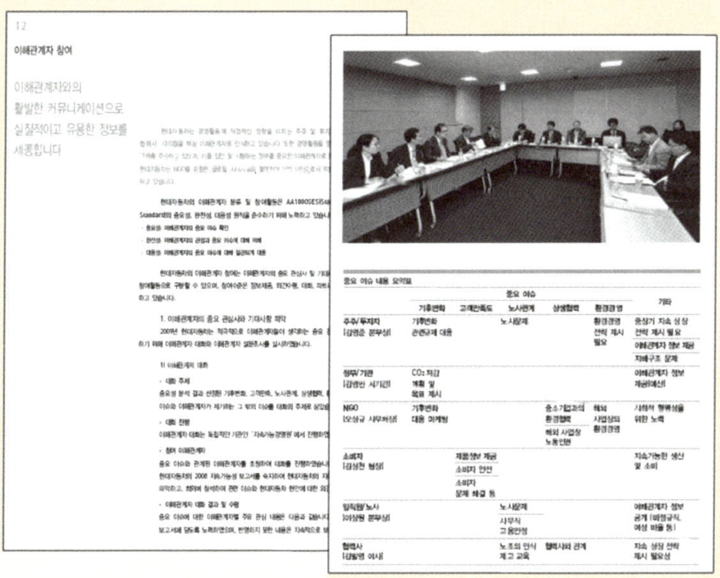

	중요 이슈					기타
	기후변화	고객만족도	노사관계	상생협력	환경경영	
주주/투자자 [illegible]	기후변화 관련규제 대응		노사문제		환경경영 전략 제시 필요	중장기 지속 성장 전략 제시 필요 / 이해관계자 정보 제공 / 재해구조 문제
정부/기관 [illegible]	CO_2 저감 계획 및 목표 제시					이해관계자 정보 제공(예산)
NGO [illegible]	기후변화 대응 미계획			중소기업과의 환경협력 / 해외 사업장 노동인권	해외 사업장의 환경경영	사회적 형평성을 위한 노력
소비자 [illegible]		제품정보 제공 / 소비자 안전 / 소비자 문제 해결 등				지속가능한 생산 및 소비
임직원/노사 [illegible]			노사문제 / 사무직 고용안정			이해관계자 정보 공개 (비정규직, 여성 비율 등)
협력사 [illegible]			노조의 인식 제고 교육	협력사와 관계		지속 성장 전략 제시 필요성

사례 8-4 현대제철 2008 지속경영보고서

기업의 지속가능성을 위한 노력에 대한 이해관계자의 의견과 평가를 이해관계자의 사진과 함께 게재하였다.

4. 한눈에 볼 수 있는 기업소개 및 가치사슬

최근의 보고서 트렌드 중 하나는 기업 활동에 대한 평이한 서술 대신 비즈니스 흐름도 또는 제품수명주기를 일러스트나 사진 등을 활용하여 독자들이 한 눈에 사업현황을 파악하도록 하여 기업에 대한 이해도를 제고시키는 것이다.

예를 들면, 한 해 동안 창출된 수익의 분배내용이나, 원료취득, 생산, 운송, 사용 및 폐기에 이르는 기업 비즈니스 활동이 경제 · 사회 · 환경적으로 어떠한 영향을 미치는지 그림으로 제시한다. 이를 통해 보고서를 접하는 이해관계자 및 독자들은 기업의 경영활동에 대한 이해는 물론, 기업 경영활동에 따른 효익을 더욱 쉽게 점검하고 평가할 수 있는 기회를 갖게 된다.

사례 8-5 2009 금호석유화학 지속가능성보고서

기업의 비즈니스 흐름을 단순화, 일반화 시킨 것으로 그림 하단에 간략한 설명과 함께 기업의 프로세스 전반을 이해관계자들이 쉽게 이해할 수 있도록 하였다.

비즈니스 흐름도

• 위 그림은 일반인들의 이해를 돕기 위해 금호석유화학의 비즈니스 흐름을 단순·일반화시킨 것입니다. 금호석유화학은 부타디엔, 스타이렌모노머와 같은 석유화학 기초유분을 원료로 하여 자동차 타이어, 스포츠 용품, 사무용품, 건축자재, 최첨단 반도체 소자 등에 사용되는 화학 중간재를 생산하고 있습니다. 천연자원을 대체하는 합성고무/수지, ABS계 창호 등의 제품을 만들어 공급함으로써 오히려 열대 우림 파괴를 막고 있으며, 공정 프로세스 상에서 부가적으로 발생하는 오염물질 저감을 위해 철저한 환경관리를 해나가고 있습니다.

사례 8-6 서울메트로 2009 지속가능경영보고서

기업의 활동에 영향을 받는 이해관계자의 모습을 그림으로 나타내어 각 활동에 따른 이해관계자와의 관계를 살펴볼 수 있도록 하는 것은 물론 고객, 지역사회, 임직원, 협력업체, 환경 등 각 이해관계자별 주요 이슈를 함께 제시하고 있다.

지속가능경영을 위한 주요 이슈

서울메트로는 공사의 활동에 의해 영향을 받는 이해관계자를 하나의 그림 속에 담아내어 각각의 활동을 통해 그 관계를 살펴보았습니다. 고객, 지역사회, 임직원, 협력업체, 그리고 환경으로 주요한 관심 사항을 제시하고 있으며, 이를 통해 이해관계자와 소통하려는 서울메트로의 의지와 노력을 보여주고자 합니다.

고객
고객만족도
고객시(민)보호
고객안전보건
서비스책임

지역사회
사회봉사활동
사회봉사활동 추진체계
문화활동
지역사회 커뮤니케이션

임직원
차별근절 및 기회제공
안전보건
교육훈련 및 자기개발
노사관계

협력업체
상생협력지원
협력업체 선정의 공정성
협력업체 커뮤니케이션

환경
녹색성장
환경경영 체제 및 시스템
환경에 대한 투자
에너지 및 자원절약
기후변화대응
공기질 관리

5. 보고 방식의 변화 및 발전

기업은 지속경영활동에 대한 보고방식을 강화하여, 지속경영 웹페이지 구축을 강화하고 웹페이지를 통한 공시를 확대하는 등 이해관계자와의 접근성을 높이고자 한다. 2008년 글로벌 포춘(Global Fortune)[5]이 선정한 250대 기업(G250)의 지속경영보고서 발간 비율은 79%이다. 특히 지속경영보고서 전체를 PDF형식으로 전자보고 하는 기업은 전체의 77%이며, 75%는 지속경영 관련 웹페이지를 통한 공시도 하고 있다. 매출액 기준 국내 100대 기업(N100)또한 지속경영 웹페이지 공시는 53%, 보고서 전체를 PDF형식으로 전자보고 하는 기업은 46%로, 글로벌 기업보다는 그 비율이 낮지만 과거에 비해 점차 증가하는 추세이다.[6]

지속경영 활동에 대한 보고방식 강화와 이해관계자의 접근성 향상을 위해 지속경영 웹페이지 구축이 강화되고 있다. 이에 기업들은 일반적으로 보고서에 반복 기재되는 내용 및 정책사항에 대해서는 지속경영 웹사이트를 동해 보고하도록 하며, 지속경영 전체 구성의 개요를 수록하고 각 성과에 대해 웹페이지 네비게이션을 통해 접근하도록 하여 독자들이 원하는 정보를 쉽고 신속하게 구할 수 있도록 해야 한다.

사례 8-7 유한킴벌리 2009 지속가능보고서

보고서 뒷면에 지속경영보고와 관련하여 추가적인 정보를 찾아

[5] 글로벌 포춘(Global Fortune)은 종합경제지인 포춘에서 글로벌 기업들을 대상으로 순위를 매겨 250개 기업, 혹은 500개 기업 등을 선정하는 것을 말한다.

[6] KPMG Global Sustainability Services, October 2008

볼 수 있도록 안내하여 이해관계자들이 웹사이트를 통해 좀 더 상세한 정보와 전문을 살펴볼 수 있도록 하며, 보고내용과 관련하여 의견을 제시하거나 문의할 수 있는 방법을 제공하였다.

2009 지속가능성보고서 추가 정보 공개처

www.yuhan-kimberly.co.kr

유한킴벌리는 웹 사이트를 통해 지속경영 노력을 통합적으로 소개하고 있습니다. 또한 이번 보고서의 추가적인 내용들을 찾아볼 수 있습니다. 추가 문의는 웹사이트를 통해 해주시면 성실히 답변 드리겠습니다.

주요 공개 내용

지속가능성보고서 PDF 다운로드(2006~2009 보고서), E-Book 보기(2007~2009 보고서), 인쇄 보고서 신청하기, 독자 의견 보내기 기능이 있습니다. 이 외에 국제 가이드라인 정보와 중대이슈 키워드 검색 기능이 구비되어 있습니다.

별도 전문 공개 자료 수상 실적, 행동규범, 광고윤리강령, 미래기업 헌장, CEO 윤리 서약, 단체 및 협회 가입 현황

상세자료 링크 E-Book보기 하단에 별도 편집 소개, 추가 자료 확인 가능.

보고서 신청 시 개인정보 보호 원칙

보고서 신청이나 독자 의견 접수 시 개인정보 보호를 위해 개인정보 취급 방식을 기재해 동의를 구하고 있으며, 보안프로그램이 설치되어 있습니다.

9. 개인의 지속경영 보고서

지속가능한 발전을 정착하는데 있어서 기업이나 조직이 아닌 개인 차원에서 노력하고 실천할 수 있는 것이 없을까라는 고민에서 작게는 개인과 가족, 크게는 기업, 사회, 국가를 구성하는 일원으로서 개개인의 지속경영 실천에 대한 책임과 역할의 중요성이 강조되고 있다.

단적인 예로, 지속가능소비 트렌드처럼 개인의 소비활동으로 세상을 바꿔나가는 신조류가 형성되고 있으며, 이러한 차원에서 개인의 생활을 경제, 사회, 환경적 차원에서 조명해보고 어떻게 하면 지구의 환경과 같은 주기로 순환하면서 살아갈 수 있을지 생활패턴을 개선해보

는 지속경영 보고서 작성이 증가하고 있다.

이에 따라 개인의 지속경영 성과를 담은 개인 보고서에 대한 관심이 집중되고 있으며, 지식경제부가 주최하는 지속가능경영대상에서 우수 개인보고서를 발굴하여 시상하고 있다. 표 8-9는 개인 보고서에 담겨야 하는 보고지표를 보여준다.

표 8-9 | 개인의 지속경영 보고서 지표

나의 지속경영 비전과 목표
* 설정기간(1년) * 목표 대비 성취도(개인성과 측정기준 명시) 등
현재 나의 지속가능성의 여건
* 나의 이해관계자: 내가 개인의 지속가능성을 실천하는데 있어서 주요 이해관계자는 누구인가 * 나의 환경: 나의 지속경영을 실천하는데 있어서 지속경영관련 주요이슈 * 나의 투입자원: 나의 지속가능성을 실천하기 위해 투자한 시간 및 노력 등
경제적 측면
* 나의 경제적 활동: 내가 창출한 경제적 가치(소득)은 얼마인가? * 나의 소비패턴과 지출 * 나의 경제적 가치: 나의 경제적 가치 향상을 하기 위해 어떠한 노력을 했는가
윤리/사회 책임 경영
* 나의 준법정신, 납세, 사회적 활동, 건강지수, 인권보호 노력, 평생학습노력, 기부금 및 자선활동 등
환경경영
* 자동차사용 효율화 * 친환경구매 * 에너지절감노력 등

표 8-9 | 개인의 지속경영 보고서 지표 (계속)

혁신/창조경영
* 새로운 영역의 새로운 활동창출 * 새로운 방법으로 사회공헌활동 실천 등
향후 지속경영 계획
* 차기년도의 지속경영성과를 향상시키기 위한 계획

사례 8-8 조동성교수의 개인 지속경영보고서

저자(조동성)는 지속경영 보고와 관련하여 개인의 지속경영 보고서를 작성해보기로 하였다. 보고기간은 2009년 1월부터 2009년 12월까지로 다음 단계에 따라 작성하였다.

[STEP 1] **1년 동안 내 주변에서 일어난 사건이나 내가 벌인 활동 중에서 나의 삶에 큰 영향을 끼쳤거나 중요한 의미가 있었던 것을 정리한다.**

조동성의 지속경영(활동) 원장

	2009년에 벌인 주요 활동/일어난 사건
1	1월 7일 정기신체검사: 정상적으로 판정
2	2월 11일 서울대 특수법인화 프로젝트 운영위원회 참여
3	3월 28일 서울대 "나무사랑"동아리와 서울대교정에서 회양목 10그루 식수
4	4월 3일 필라델피아 GUCP워크샵에서 한국 75개 도시의 경쟁력 평가 발표
5	5월 14일 서울대 음대에서 "예술경영"주제로 특강
6	6월 24일 대한상공회의소 "글로벌법질서포럼"에서 기조강연
7	7월 21~26일 미국 거주 아들이 귀국하여 가족 국내여행
8	8월 13일 제주 "세계평화포럼"에서 "지속경영의 신조류" 주제발표
9	10월 26일 남산국악당에서 안중근장군서거 100주기 기념 음악회 개최
10	12월 26일 중국사회과학원 초청으로 북경에서 진자귀 부원장과 좌담

[STEP 2] 각 사건이나 활동이 경제, 사회, 환경 중 어떤 내용(Content)을 담고 있는지, 기존/혁신/창조 중 어느 과정(Process)을 거친 것인지 분류하는 활동분개장을 작성한다. 2009년에 벌인 주요 활동을 우선 공적활동, 사적활동, 봉사활동으로 분류하고 각 활동의 경제, 사회, 환경 내용을 세부 분류한다.

조동성의 지속경영(활동) 분개장

	2009년에 벌인 주요 활동/일어난 사건	공적활동	사적활동	봉사활동	유지	혁신	창조
1	1월 7일 정기신체검사: 정상적으로 판정		V		V		
2	2월 11일 서울대 특수법인화 프로젝트 운영위원회 참여	V			V		
3	3월 28일 서울대 "나무사랑"동아리와 서울대교정에서 회양목 10그루 식수			V			V
4	4월 3일 필라델피아 GUCP워크샵에서 한국 75개 도시의 경쟁력 평가 발표	V				V	
5	5월 14일 서울대 음대에서 "예술경영"주제로 특강	V					V
6	6월 24일 대한상공회의소 "글로벌법질서포럼"에서 기조강연	V			V		
7	7월 21~26일 미국 거주 아들이 귀국하여 가족 국내여행		V		V		
8	8월 13일 제주 "세계평화포럼"에서 "지속경영의 신조류" 주제발표	V			V		
9	10월 26일 남산국악당에서 안중근장군서거 100주기 기념 음악회 개최			V		V	
10	12월 26일 중국사회과학원 초청으로 북경에서 진자귀 부원장과 좌담	V				V	
		6	2	2	5	3	2

조동성의 지속경영(활동) 시산표

	공적 활동(직장)	사적 활동	봉사 활동	
유지/개선	2, 6, 8	1, 7		5
혁신	4, 10		9	3
창조	5		3	2
	6	2	2	10

[STEP 3] 내용별, 과정별로 분류한 내용을 취합한다.

1부 활동 내용(Content)	2부 활동 과정(Process)
1장 공적 활동	1장 유지/개선 활동
–직장 활동(경제, 사회, 환경)	–유지
–사회적 활동(경제, 사회, 환경)	–개선
–기타(경제, 사회, 환경)	–기타
2장 사적활동	2장 혁신활동
–개인(경제, 사회, 환경)	–원인의 혁신
–가족(경제, 사회, 환경)	–과정의 혁신
–친구 및 가까운 사회(경제, 사회, 환경)	–결과의 혁신
–기타(경제, 사회, 환경)	–기타
3장 봉사 활동	3장 창조 활동
–넓은 사회(경제, 사회, 환경)	–원인의 창조
–국가(경제, 사회, 환경)	–과정의 창조
–자연 환경(경제, 사회, 환경)	–결과의 창조
–기타(경제, 사회, 환경)	–기타

[STEP 4] 어느 단계를 목표로 보고서를 작성할 것인지 확인한다.

*** 앞에서 설명된 BEST 가이드라인의 단계를 따른다.**

1단계 활동	주요 활동 및 일어난 사건을 보고하는 단계 **[예시]** 2009년 3월 28일 서울대학교 고정(버들 골)에서 회양목 10 그루를 심었다.
2단계 M	주체(s), 환경(e), 자원(r) 세 가지 요소를 결합하는 프로세스, 활동이 지속적으로 이루어지게 하는 메커니즘을 작성하는 단계 **[예시]** 매년 봄 서울대학교 교정에 나무를 심기로 계획하고, '나무사랑'이라는 나무 심기 동아리를 만들었다. (M)
3단계 ser	주체(s), 환경(e), 자원(r)의 투입(Input)을 작성하는 단계 **[예시]** 연구실 학생늘 중 '나무사랑'의 회장과 부회장을 선출하고, (s) 향후 지속적으로 나무심을 장소를 확보하였으며, (e) 매년 나무를 학교 앞 서울대 농생대에서 지원받기로 하였고, (r) 추가 비용은 연구실 운영비용에서 지원하기로 결정하였다. (r)

4단계 P	ser-M에 따른 산출물/성과를 작성하는 단계 **[예시]** '나무사랑' 조직을 통하여 연구실 학생들의 환경 관심사가 증대되었고, (환경가치) 학생들간에 서로 협조하는 분위기가 생겼으며, (사회가치) 학생들이 학교에서 보내는 시간이 월평균 180시간에서 215시간으로 늘었다. (경제가치)
5단계 전략	지속적인 성과를 창출하여 개인의 지속경영을 발전시키기 위해 목표와 전략을 수립하고 제시하는 단계 **[예시]** 서울대학교를 친환경 조직으로 만들기 위해 (목표) '나무사랑' 동아리를 경영대, 그리고 전교로 확장하여 앞으로 5년안에 1천 명 회원을 확보하고, 매년 봄 교직원과 동아리 회원들이 함께 나무를 심기로 한다. (전략)

핵심용어

- 지속경영 보고서
- 마이크로 크레딧
- BEST 가이드라인
- 미래기업지표
- AA 1000
- BEST 검증
- 프로젝트 파이낸싱
- 제 3자 검증
- Ser-M모델
- 중대성 평가
- ISAE 3000

참고문헌

1. 금호석유화학, 2009 지속가능성보고서
2. 산업자원부, 대한상공회의소, 산업정책연구원, "BSR 가이드라인 소개 1", 2006
3. 서울메트로, 2008 지속가능성보고서
4. 서울메트로, 2009 지속가능경영보고서
5. 유한킴벌리, 2008 지속가능성보고서
6. 유한킴벌리, 2009 지속가능성보고서
7. 조동성, "21세기를 위한 전략경영", 2006
8. 조동성, 산업정책연구원 지속경영본부, "지속(가능)경영", 서울경제경영, 2007

9. 조동성, 서울대 매커니즘 연구회, "M경영: 제4의 전략패러다임", 한스미디어, 2006
10. 풀무원 홀딩스, 2009 지속가능경영 보고서
11. 하이닉스, 2009 지속경영보고서
12. 한국관광공사, 2008 지속가능경영보고서
13. 한국수력원자력, 2009 지속가능경영보고서
14. 현대오일뱅크, 지속가능경영보고서 2009
15. 현대자동차, 2009 지속경영보고서
16. 현대제철, 2008 지속경영보고서
17. BitC, "A Director's Guide to Corporate Responsibility Reporting", 2004
18. KPMG, "KPMG Global Sustainability Service", 2008
19. UNEP, AccountAbility, Stakeholder Research Associates, "The Stakeholder Engagement Manual", 2006

09

지속경영을 통합한 새로운 비즈니스 모델

최근 기업들은 시혜적 차원의 자선활동이나 사회공헌보다 사회적 효용과 경제적 효용을 모두 제고하기 위한 노력을 하고 있다. 이에 따라 '업'을 활용한 전략적 사회공헌이나 빈곤층을 대상으로 한 사업전략을 개발하고 있으며 장기적으로는 기업활동에서 경제적 효용과 사회적 효용을 떼어놓을 수 없는 단계까지 진화할 것으로 예상된다. 그림 9-1은 기업의 사회적가치 창출을 위한 단계적 접근법을 살펴보는데 큰틀을 제공한다.

그림의 각 단계를 구체적으로 살펴보자.

① 1단계: 자선(Charity)

- 기업활동으로 발생된 이익을 활용하여 사회에 시혜적인 차원에서 지원하는 활동을 의미한다. 캐롤(Carroll)의 모델에 따르면 경제적,

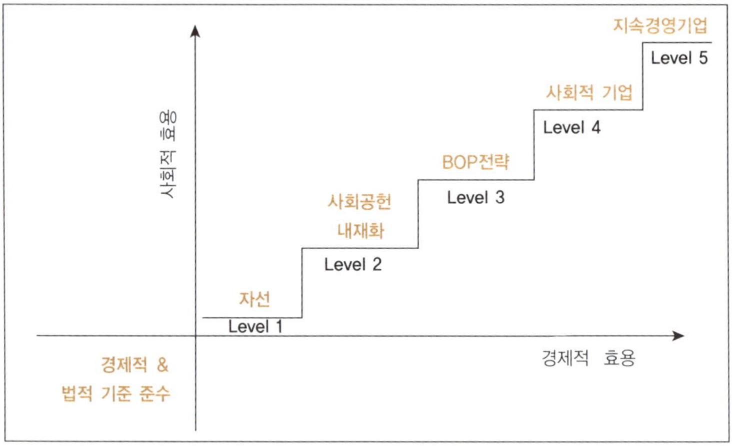

출처: 조동성, 강의안 "Corporate Social Responsibility: Building a Successful Model", 2009

그림 9-1 | CSR의 통합단계별 경제 및 사회 효과

법적인 책임의 다음단계인 자선적 책임에 해당하는 활동이다.

② 2단계: 사회공헌의 내재화(Internalization of Social Contribution)

- 최근 기업들은 시혜적 차원의 자선활동을 사회적 효과 및 경제적 효과 차원에서 모두 업그레이드하기 위하여 '사회공헌의 내재화' 혹은 '업'을 활용한 '전략적 사회공헌' 형태가 늘어나고 있다. 예를 들어 KT는 자사의 IT기술인력을 활용하여 정보격차 해소를 위해 1년간 풀타임으로 사회봉사를 하는 'IT 서포터즈'를 운영하여 대표적 전략적 사회공헌활동으로 자리잡고 있다.

③ 3단계: BOP전략(BOP: Bottom of the pyramid)

- 앞서서 설명했듯이, 기업의 지역사회 활동을 단순히 공헌 차원에서 바라보는 것이 아니라 한단계 더 나아가 사업기회 발굴을 위한 하

나의 혁신 메커니즘으로 접근하는 관점이다. 즉, 기업이 생산하는 제품 및 서비스 등 본연의 활동을 통해 사회적 문제를 해결하는데 참여함으로써 빈곤층과 기업 양자 모두에게 이익이 되는 비즈니스 모델이 BOP전략이다.

④ 4단계: 사회적 기업(Social enterprise)

- 제4섹터에 해당하는 사회적 기업은 기업의 영리와 비영리 형태의 중간으로서, 설립목적 자체가 사회적 가치와 경제적 가치를 동시에 추구한다. 즉, 사회적 서비스를 제공하는 동시에 일반 기업처럼 경제적 수익도 지속적으로 창출하여 '지속가능한' 운영기반을 구축할 수 있어야 한다. 최근 국내에서도 '사회적 기업 육성법[1]' 제정에 따라 사회적 기업 수가 빠르게 증가하고 있다(박스 9-1 참조).

⑤ 5단계: 지속경영 기업(Sustainable Enterprise)

- 경제적 목적과 사회적 목적이 통합되어 분리할 수 없는 단계인 新비즈니스 모델을 의미한다. 아직까지 이러한 형태의 비즈니스 모델은 찾아보기 힘들지만, 장기적으로는 BOP 모델과 사회적 기업이 정착되면서 사회적 목적과 경제적 목적이 통합되어 사회적 목적을 달성하기 때문에 혁신 모델이 경제적 시너지 효과를 유발하는 '지속경영 기업'의 단계까지 진화할 것으로 예상된다.

---

[1] 사회적 기업 육성법은 사회적기업의 설립 · 운영을 지원하고 사회적 기업을 육성하여 우리 사회에서 충분하게 공급되지 못하는 사회서비스를 확충하고 새로운 일자리를 창출함으로써 사회통합과 국민의 삶의 질향상에이바지함을 목적으로 한다.

박스 9-1 사회적 기업

사회적 기업이란 사회적 목적을 우선으로 하는 사업체로서 기업의 수익은 주주와 소유자의 이윤 극대화를 위해 운용되기보다는 그 사업체, 또는 지역사회를 위해 재투자 되는 기업, 혹은 기업적 방식으로 조직되는 활동을 뜻한다. 일반적인 기업이 이윤추구를 목적으로 한다면, 사회적 기업은 창립목적이 사회 서비스 제공을 통한 사회가치 창출이라고 볼 수 있으며 영리와 비영리 기관의 중간형태로 말할 수 있다.

표 9-1 | 일반기업과 사회적 기업 비교

구 분	일반기업	사회적 기업
목적	이윤 추구, 극대화	사회서비스 제공, 취약계층 일자리 창출
주체	주주 및 소유자	사업내용과 이해를 같이 하는 다양한 집단
조직형태	개인사업자, 주식회사	모든 기업형태, 협동조합, 비영리 단체
이윤배분	제약 없음	제약적

이러한 사회적 기업에 대한 정확한 정의와 역할은 사회에 따라 다르지만, 크게 북유럽형과 남유럽형, 영국형, 미국형 등으로 나눌 수 있으며, 우리나라에서는 이에 비해 상당히 협소한 의미

로 자리잡아가고 있다. 이는 사회적 기업 육성법 제 2조를 보면 알 수 있다.

> '사회적 기업'이라 함은 취약계층에게 사회서비스 또는 일자리를 제공하여 지역주민의 삶의 질을 높이는 등의 사회적 목적을 추구하면서 재화 및 서비스의 생산 · 판매 등 영업활동을 수행하는 기업을 말한다(육성법 제2조 제1호).

우리나라에서는 2007년 사회적 기업 육성법이 통과되고, 사회적 기업 인증제도가 도입이 되었으며, 사회적 기업의 규모가 늘고 있는 추세이다.

출처: http://www.socialenterprise.or.kr/에서 발췌하여 재정리

이상 다섯 단계의 비즈니스 모델 중에서 오늘날 가장 큰 관심의 대상이 되는 모델은 3단계의 BOP 모델이다. 아래에서는 BOP 모델을 상세히 알아보도록 하자.

1. BOP(Bottom of Pyramid)의 이해

세계은행의 통계에 따르면 일주일에 만원도 안 되는 돈으로 살아가는 사람이 전 세계 60억 인구 중 30억명 이상이다. 세계 곳곳에 널리 퍼져 있는 저소득층은 일반적으로 정부나 각종 비영리단체에 원조를 받기 때문에 일반 기업이 주로 대상으로 삼는 고객층은 아니다. 즉, 그들에

게 물건을 파는 것은 큰 가치가 없다고 여겨지고 있다. 세계의 거대한 다국적 기업들은 주로 선진국이나 개발도상국의 중, 상위 계층을 타겟으로 하는 제품 및 서비스 개발에 높은 관심을 보이고 있다.

그러나 최근 세계 부의 구성을 피라미드로 비유할 때 가장 하단에 속하여 BOP(Bottom of Pyramid)라 불리는 빈곤층 시장의 중요성이 커지고 있다. 빈곤층도 다양한 제품과 서비스를 구매할 여력이 있고, 기업들에게 신기술 및 신제품을 만들 수 있는 여러 가지 기회와 지식을 제공하기 때문이다.

파레토 법칙(Pareto principle)이라고 불리는 80-20법칙은 '전체 결과의 80%가 전체 원인의 20%에서 일어나는 현상'을 가리킨다(그림 9-2). 예를 들면, 상위 20%의 고객이 전체 매출의 80%에 해당하는 현상이다.

과거의 기업들은 전 세계 상위 20%에 속해있는 고객을 목표로 삼아 제품을 생산하고 판매하며, 그들을 대상으로 마케팅을 펼쳐왔다. 그러나 이제 상위 20%의 시장은 완전히 포화상태이며 경쟁도 몹시 치열하다. 여기에서 눈을 돌려 아직 개발되지 않은 나머지 80%의 시장을 돌아보자. 전체의 20%밖에 안되는 구매력을 가지고 있다고 할지라도 이미 치열한 경쟁으로 더이상 블루오션이 존재하지 않는 20%의 시장보다 더욱 넓은 시장이 존재하며 다양하고 새로운 전략이 가능하다. 80%에 속해있는 몇몇 개발도상국들은 새로운 시장이자 획기적인 기회가 될 것임을 충분히 예상할 수 있으며, 이미 그들 시장의 경제력과 잠재력이 확증되고 있다.

그림 9-2 | BOP 모델의 논리적 근거: 80-20법칙

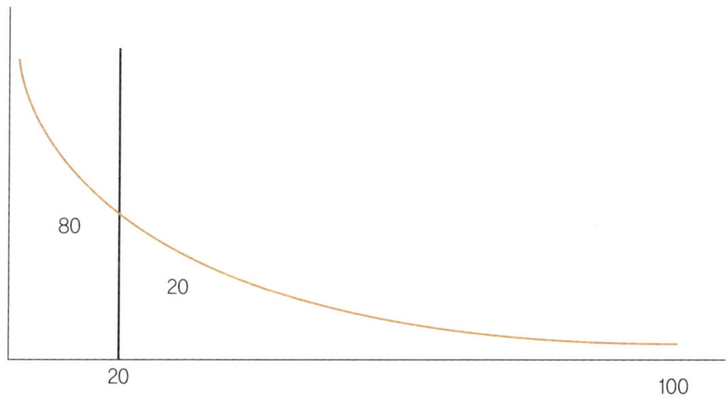

출처: 크리스 앤더슨(2006), "롱테일 경제학", 랜덤하우스코리아

C.K. 프라하라드(C.K. Prahalad) 교수는 새로운 차원에서 BOP 시장의 중요성을 역설하였다. 전 세계의 사람들 중 40억 명의 사람들이 하루에 5달러 미만으로 살고 있고 10억 명 이상의 사람들이 깨끗한 물을 구하지 못한 채 살고 있으며 수백만 명의 사람들이 예방 가능한 질병이나 기아로 인해 매년 죽어가고 있다. 이렇게 국가와 기업이 제 기능을 하지 못해 사람들이 고초를 겪고 있는 제3세계 국가에서 다국적 기업이 사회공헌에 나서면, 사회적 성과뿐 아니라 경제적 성과도 거둘 수 있다는 주장이었다. 특히, 후진국 혹은 개발도상국의 빈곤층을 잠재시장으로 삼으라는 그의 주장의 핵심 논거는 바로 시장의 *크기*이다. 세계 인구의 2/3에 해당하는 40억 명이 빈곤층에 해당하며, 이들은 40년 안에 60억 명으로 증가할 것이라는 것이다. 왜냐하면 현재 세계 인구의 성장은 바로 이 계층에서 일어나기 때문이며, 비록 이들을 연간 1500달러 이하의 소득으로 살아간다고 해도 이 계층은 수조달러의 시

장 규모를 지니기 때문이다. BOP는 기업의 지역사회 활동을 단순히 사회공헌 차원에서 바라보는 것이 아니라 한 단계 더 나아가 사업기회 발굴을 위한 혁신 메커니즘으로 접근하는 관점이다. 제품 및 서비스 생산 등 기업 본연의 활동을 통해 지역사회 문제를 해결함으로써 기업의 사회적 책임을 이행함과 동시에 기업의 새로운 비즈니스 모델을 창출할 수 있도록 하는 것이다.

BOP 모델에 의하면 다국적 기업이 소득수준이 낮은 피라미드 상의 가장 아래쪽(Bottom of the Pyramid) 시장을 타겟으로 기업이 이윤추구를 하면서도 저소득층에게 가치있는 제품과 서비스를 전달하고, 장기적으로는 저소득층이 자체적인 자본주의 생태계를 이루어 빈곤을 퇴치하고, 자긍심, 자신감 등 무형적인 가치까지도 얻을 수 있다는 것이다(C.K. Prahalad외, 2002).

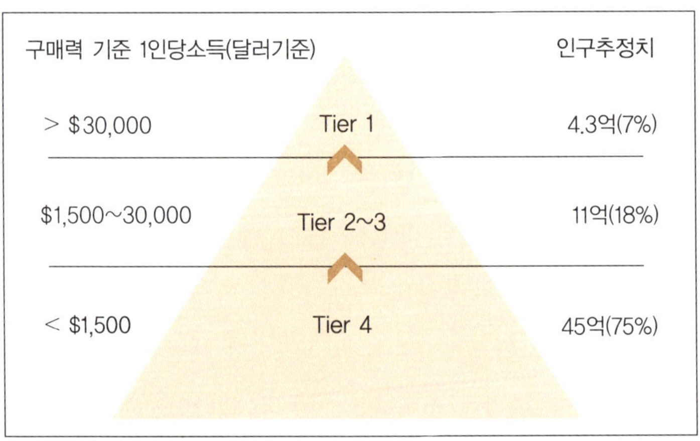

출처: Prahalad and Hart, www.globalrichlist.com에서 발췌, 수정

그림 9-3 | BOP 대상 시장

C.K. 프라하라드 교수는 일반적으로 기업은 고소득층을 타겟으로 하고 있지만, 인구통계적으로 대다수를 차지하는 약 40억의 저소득층 인구에 무궁무진한 시장기회가 존재한다고 말하고 있다(그림 9-3). 이러한 저소득층은 하루 5달러가 되지 않는 돈으로 생활하고 있으나 향후 거대한 시장으로 성장할 것으로 전망하고 있다.

C.K. 프라하라드 교수는 BOP 모델의 실행을 위해 연계가치창조(Co-Creation)[2]를 제안하고 있으며, 각 분야의 참여를 통해 경제적 발전과 사회적 변화를 동시에 가져올 수 있다고 한다(그림 9-4).

이러한 BOP 시장은 독일, 영국, 이태리, 프랑스, 일본을 모두 합한 것 보다 큰 규모로 14조 달러의 구매능력을 가지고 있다. 인구 통계학적으로 BOP는 연간 6%이상 새로 생기거나 성장하고 있다.

BOP 모델은 저소득층의 근원적인 문제를 해결하는 동시에 기업의 경제적 목표인 이윤 추구에도 기여했다는데 의의가 있다. 단순히 시혜적인 구호운동, 사회적 책임을 강조하는 측면이 아닌, 이익의 측면에서 BOP 시장은 기업이 새로운 성장을 위해서 검토해야만 하는 시장으로서의 가치가 있겠고, 빈곤퇴치라는 사회적인 목적과 기업의 이윤추구라는 경제적 목적을 연결시켰다는데 그 의의가 있다.

---

[2] 연계가치창조(Co-Creation)는 기업과 고객이 상호작용하여 가치를 향상시키는 기업전략이다. 시장이 단순히 제품 및 서비스를 사고파는 곳이 아닌 가치를 창조하고 제공하는 'market as forum'으로 패러다임이 변화하면서 소비자의 참여와 기업과의 연계가 중요해진 것을 말한다.

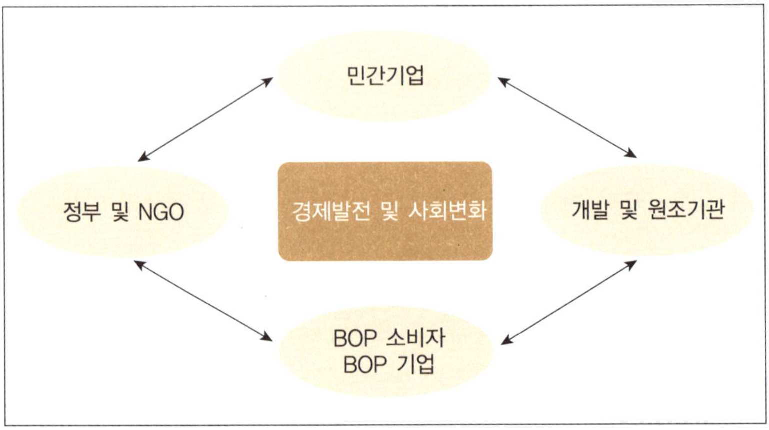

출처: SNV & WBCSD, "Inclusive Business: Profitable business for successful development," 2008

그림 9-4 | 연계가치창조(Co-Creation)

2. BOP의 특성

BOP의 구매력과 구매성향 일반적으로 가난한 사람들은 구매력이 없으며, 따라서 BOP 시장은 성장하기 어렵다는 의견을 가지고 있다. 그러나 BOP 시장 대부분이 자리 잡고 있는 개발도상국 내 총구매력을 살펴보면 개발도상국들은 커다란 성장 기회를 제공하고 있다.

대표적으로 중국의 경우, 2010년 기준 14억의 인구와 1인당 국내 총생산(GDP) 4,200달러, 그리고 총 GDP 5.9조 달러의 경제 규모를 가지고 있다. 그러나 물가와 실질 구매력을 고려하지 않은 명목상의 GDP는 수요의 질, 그리고 중국에서 생산 · 소비되는 서비스를 정확히 측정하는 도구가 아니라고 할 수 있다. 1달러에 6.6위안(RMB)이라는 환율로 평가된 중국의 명목상 GDP를 구매력 기준으로 전환해 측정한다면, 미국 CIA가 발표한 1달러 대 1.9위안을 적용할 때 21.6조 달러가 되어 미국의 GDP 14.7조 달러보다 더 큰 경제규모를 가진 국가이다.

인도 역시 구매력 기준으로 환산한 IMF, 세계은행, CIA의 2009년 발표를 살펴보면, 약 3조 5천억 달러의 경제 규모로 전 세계 4위의 구매력을 가지고 있다. 중국, 인도, 브라질, 멕시코, 러시아, 인도네시아, 터키, 남아프리카, 태국 등 9개국의 인구 총합은 전 세계 개발도상국 인구의 70%인 30억 명이지만, 이들 국가의 2009년 구매력 기준 GDP총합은 전 세계 저개발국 시장의 대부분을 차지하고 있는 약 20.5조 달러이다. 이것은 일본, 독일, 프랑스, 영국, 이탈리아의 구매력 기준 GDP의 총합인 약 12.8조 보다 훨씬 더 큰 규모이다. 결코 무시할 수 없는 시장인 것이다.

BOP 시장의 구매성향을 살펴보면 BOP소비자는 일반 소비자와 다른 우선순위로 소비를 한다. 예를 들어 저소득층은 소득을 위생시설을 비롯한 더 나은 주거 환경에 사용하기보다 전통적으로 사치품으로 인식되는 제품들에 사용하고자 한다. 저소득층이나 빈민층은 토지에 대한 법적 권리가 없는 경우가 대부분이므로 자신들의 거주지를 개선하거나 거주지역의 공공시설에 소비하려 하지 않는 특징을 지닌다. 예컨대 인도 최대 빈민가인 뭄바이 다라비에서는 85%의 가구가 텔레비전을 가지고 있고, 75%가 압력솥과 믹서를, 56%가 가스난로를, 21%가 전화기를 가지고 있는 것이 대표적인 사례이다. 또한 방글라데시에서는 마을 사람들에게 1분 단위 가격으로 휴대 전화를 빌려 주는 개인사업자(주로 여성)들이 활발한 사업을 하고 있다. 방글라데시의 빈곤층은 그들 수입의 7% 정도를 통신료로 쓰는 것으로 추정된다.

BOP 시장에 대한 접근성 대다수의 사람들은 BOP 시장의 유통이 매우 어렵고, 대기업과 다국적 기업이 시장에 참여하는데 열악한 유통 환경이 주요 방해물이 되고 있다고 생각한다. 그러나 저소득층의 거주 환경과 기술의 변화로 인해 이러한 생각은 바뀌고 있다.

2015년까지 아프리카에는 225개, 아시아에는 903개, 남미에는 225개가 넘는 도시가 존재할 것으로 예상하고 있으며 개발도상국의 368개가 넘는 도시가 각각 100만 명을 초과하는 인구규모를 가질 것이다. 1000만 명이 넘는 도시가 적어도 23개는 될 것이고, 결국 이들 도시는 15억에서 20억의 인구를 커버할 것이다. 또한 이러한 도심 집중 인구의 35~40%가 저소득층 소비자들로 구성될 것이다. 1헥타르 당 1만 5000명으로 예상되는 인구 밀도는 유통의 입장에서 보면 큰 기회가 된다.

그러나 농촌 지역의 경우는 조금 다르다. 농촌 지역에서 유통은 계속해서 문제가 되고 있다. 대부분의 농촌 지역은 오디오와 텔레비전 방송이 미치지 못하고 종종 난시청 지역으로 지정된다. 따라서 이 지역의 저소득층은 제품과 서비스에 접촉할 수 없을 뿐만 아니라 무엇이 시장에 나와 있고, 그것을 어떻게 사용하는지에 대한 지식도 제공 받지 못한다.

빈곤층 사이의 무선 통신망이 확장되면 이러한 문제를 줄일 수 있다. 하지만 BOP 시장에서는 단 한가지의 해결책으로는 문제가 해결되지 않는 경우가 대부분이다. 인구가 밀집된 도시지역과 인구가 넓게 분산되어 있는 농촌지역은 전혀 다른 환경을 가지고 있다. 전 세계적으로 소비자에게 접근하는 1인당 비용은 국가마다 매우 다르므로 제품과 서비스의 효과적인 유통 방법을 찾기 위한 아주 다양한 실험이 BOP 시장에서 진행 중이다. 인도에 있는 힌두스탄유니레버(HUL: Hindustan Unilever Limited)[3]가 추진하고 있는 프로젝트 샤크티 Project Shakti)라는 프로그램이 주요한 사례다(사례 9-1).

사례 9-1 프로젝트 샤크티(Project Shakti) 프로그램

힌두스탄유니레버(HUL)는 접근하기 어려운 장소들(기존의 유통 시스템으로는 제품과 서비스를 제공할 수 없는 장소들)안에서 직판 방식의 유통 네트워크를 만들어 냈다. HUL은 이런 마을들에서 여성 기업가들을 선발해 그들을 중개자로 훈련시켰고, 해당 지역에 교육, 조언, 제품을 전달하게 되었다.

샤크티 암마(Shakti Amma: 힘 있는 엄마)라고 불리는 이 여성 기업가들은 마을에서 필요한 것이 무엇이고, 어떤 제품에 대한 욕구가 존재하는지 등의 정보를 가지고 있다. 그들은 매달 3000~7000루피(60~150달러)를 받으면서 그들 자신과 가족들을 새로운 잠재적 소비자로 만들어 낸다. 더욱 중요한 것은 이러한 여성들이 점차 그들 지역의 저소득층 소비자들에게 교육자이자 제품 수요자가 되고 있다는 점이다.

출처: 브래들리 K. 구긴스 , 필립 H. 머비스, 스티븐 A. 로크린(2008), "세계 최고 기업들의 기업시민활동", p.26, 353

[3] 힌두스탄유니레버(HUL: Hindustan Unilever Limited)는 유니레버에서 인도 현지에 설립한 자회사이다.

BOP의 브랜드 성향 많은 사람들은 빈곤층이 브랜드에 대해 잘 알지 못한다고 오해하고 있다. 그러나 BOP 시장의 소비자들은 브랜드에 대해 잘 알고 있을 뿐만 아니라, 그 가치 또한 제대로 인식하고 있다. 브라질의 카사스 바이아(Casas Bahia)와 멕시코의 엘렉트라(Elektra) –텔레비전, 세탁기, 라디오, 가전제품과 같은 소비 내구재의 거대 유통 기업들– 의 경험을 통해 저소득 층 시장이 브랜드를 잘 인식하고 있음을 알 수 있다.

저소득층 사이의 브랜드 인지도는 보편적인 것이다. 이는 그리 놀랄만한 일이 아니다. 더 높은 삶의 질에 대한 열망은 모든 이의 꿈이며, 저소득층 역시 예외는 아니기 때문이다.

하지만 저소득층 소비자들은 막연한 브랜드 이미지보다는 가치를 중요하게 여기는 구매자이므로 자신들이 구매할 수 있는 낮은 가격의 제품이라도 그것의 품질이 훌륭하기를 바란다. 따라서 대기업들의 도전 과제는 저소득층 소비자들이 살 수 있는 범위 내에서 훌륭한 제품을 생산하는 것이다. 이것은 경영자들에게 새로운 도전 과제를 던지면서 개발비용, 제조, 그리고 유통에 대한 압박감을 증가시키고 있는 것이다. 결과적으로 저소득층 시장은 다국적 기업에 기존의 방식과는 다른, 새로운 수준의 효율성을 요구할 것으로 예상된다.

BOP 시장의 네트워크 연결성 일반적인 생각과는 반대로, 저소득층 소비자들은 서로 연결되어 있고 네트워크화되어 있다. 그들은 아주 빠른 속도로 정보 네트워크의 장점들을 이용하는 특징을 지닌다.

BOP 시장에서 무선기기들이 널리 유행하는 현상은 저소득층 시장의 가능성을 잘 보여준다. 예를 들어 2009년 5월말 까지 중국의 휴대전화 가입자는 6억 8600만 명 규모였고, 인도는 4억 1500만 명 규모였다.

이러한 사실은 현재 시장 규모와 성장 속도 둘 다 저소득층 시장이 전 세계 무선 통신 사업 성장의 중요한 요소라는 것을 보여준다. 통신업체들은 선불카드를 통해 저소득층 고객들이 더 쉽게 휴대전화와 서비스를 구매할 수 있도록 하고 있다.

BOP 시장 내의 무선 통신 기기 급증은 방글라데시의 그라민폰(Grameen Phone)[4]에서 부터 브라질의 텔레포니카(Telefonica)[5]에 이르기까지 매우 보편적인 현상이다. 더욱이 작은 가게들이 매우 낮은 가격으로 PC를 사용할 수 있고 PC를 이용한 화상 회의까지 가능해지면서 저소득층 고객들 사이의 네트워킹 역량은 더욱 강화되고 있다.

그 결과 저소득층 고객들이 국경을 뛰어넘어 의사소통을 할 수 있는 전례 없는 능력을 갖게 되었다. 무선장치와 PC 덕분에 그들은 다른 저소득층과, 제품과 서비스를 구매하고 싶은 기업과, 그리고 그들을 대표하는 정치인들과 적극적으로 대화할 수 있게 된 것이다.

[4] 그라민폰(Grameen Phone)은 방글라데시 최대 모바일 기업이다.

[5] 텔레포니카(Telefonica)는 스페인의 정보기술(IT)업체로 가입고객 수로는 2010년 기준 세계 4위를 기록하고 있다. 중남미에 진출한 후 승승장구하여 현재는 중남미 이동통신사를 대표하고 있다.

3. BOP 성공방안 및 사례

혁신적인 가격 제공 가격은 BOP 시장의 성장을 위한 중요한 기본 요소 중 하나다. GSM 휴대 전화는 예전에 인도에서 1000달러에 팔렸다. 당연히 시장은 제한적이었다. 그러나 평균 가격이 300달러로 떨어지자 판매가 증가하기 시작했다. 또한 휴대 전화 판매업체인 릴라이언스(Reliance)[6]가 선불로 10달러를 납입한 후 매달 9달러 25센트를 내고 휴대전화기와 멀티미디어 전화기를 사면 100분간의 무료 사용 시간을 주는 판촉 행사를 실시하자 10일 만에 100만 건의 신청이 들어왔다.

이렇듯 가격은 중요한 요소이다. 하지만 가격에 대한 소비자의 인지 효과도 똑같이 중요하다. 단 10달러의 계약금을 내고 판촉 행사를 통해 얻을 수 있는 것들은 꽤 놀라운 것이다. 거기에는 뉴스, 게임, 영화와 최신노래의 음성클립, 비디오클립, 인터넷 서핑 등의 기능까지 포함되어 있다. 전화기 또한 첨단 디자인이고, 최첨단 기술이 적용된 제품이었다.

분야에 관계없이 BOP 시장은 매우 흥미로운 사업 설계 기준을 제시한다. 따라서 다국적 기업들은 기본적으로 가격-효과의 관계를 다시 생각해 보아야 한다. 5~10%의 가격을 줄이는 기존 접근법으로는 충분하지 않을 것이다.

단위당 한계 수익이 낮을 가능성이 있음에도 불구하고 BOP 시장에 대한 투자자의 관심이 생기는 이유는 엄청난 규모의 시상, 상대적으로

[6] 릴라이언스(Reliance)는 이동통신사, 전력, 금융, 유통, 엔터테인먼트 등의 다각적인 사업을 수행하고 있는 인도의 거대그룹사이다.

적은 위험 수준, 그리고 투자 자본보다 높은 수익률 발생을 기대하기 때문이다. 저소득층 시장은 완전히 새로운 방법으로 경제적 가치를 창조해 내는 새로운 가능성을 보여준다.

사업의 확장성 BOP 시장 중 중국, 인도, 브라질, 멕시코, 인도네시아와 같은 소수의 시장을 제외하고는 대부분의 BOP시장은 아프리카 국가들과 같이 빈곤하고 규모가 작다. 이와 같이 작은 시장을 통해 사업의 규모화를 이루기 위해서는 글로벌 네트워크와 접근 가능한 기관들의 도움을 받아야만 한다. 따라서 NGO를 비롯한 다양한 사회단체와 같이 BOP 시장에서 앞서 나가는 집단들의 도움을 받는 것이 BOP 시장의 기회를 잡기 용이하며, 다국적 기업들은 이러한 접근에 적합하다.

단위 제품 당 마진이 낮더라도 저렴한 가격으로 제품을 공급하고, 많은 판매량을 통해 높은 투자 수익률과 사회공헌을 가능하게 하는 것이 BOP 비즈니스 모델의 핵심이다. 다국적 기업들은 새로운 제품, 서비스, 그리고 사업을 함께 창조하고 발전시키기 위해 그 지역에 기반을 둔 기관 및 NGO들과 협력하여야 하고, NGO들 역시 혁신의 확장을 위해 다국적 기업과 협력하여 그들의 설립목적을 실현시킬 수 있다.

환경친화적 제품 BOP 시장의 50억 잠재적 사용자를 감안하면, 포장원료를 포함한 제품에 사용된 모든 자원의 1인당 사용량은 매우 중요하다. BOP 시장은 지역별로 넓게 분포되어 있으므로, 재활용 체계조차 쓰레기 수거 및 경제적 측면 때문에 비실용적인 경우가 많기 때문이다.

사례 9-2 OLPC(One Laptop per Child)의 100달러 컴퓨터

미국 MIT공과대학 미디어연구진이 세운 비영리기관 OLPC (One Laptop per Child)재단은 제 3세계 후진국의 어린이들을 대상으로 정보 불균등으로 인한 격차를 줄이기 위한 프로젝트를 추진하고 있다. '100달러 노트북'으로 불리는 저가형 노트북 'XO-1'을 개발한 MIT대학의 니콜라스 네그로폰테(Nicholas Negroponte)교수는 "어린이 한 명당 노트북 한 대"라는 명목하에 이 프로젝트를 진행했다.

이 프로젝트는 어드밴스드 마이크로 디바이스(AMD), 브라이트스타(Brightstar), 이베이(ebay), 구글(Google), 마벨(MARVELL), 노텔(NORTEL), 레드햇(redhat), 콴타컴퓨터(Quanta Computer) 등의 기업들로부터 지원을 받고 있다. 또한 일반인들이 노트북을 구매할 수 있도록 하되, 한 대 구입가격에 아이들에게 보내질 또 다른 한 대의 노트북 가격을 포함시켜 BOP시장 개발과 함께 소비자의 지속가능한 구매 활동에도 일조하고 있다.

출처: OLPC(One Laptop per Child), http://laptop.org/en/

지금까지 다국적 기업들과 여러 관련 기관은 포장 문제에 대해 실용적인 해결책을 제시하지 못했다. 안전성 및 미적 감각을 충족시킴과 동시에, 환경과 생태계를 고려해야 하기 때문이다. 따라서 BOP 시장에 진출하고자 하는 다국적 기업을 겨냥한 환경친화적 제품 및 연계산업군 역시 새로운 시장으로 떠오르고 있다.

저소득층의 욕구 파악 BOP 시장의 수요자는 제품이나 서비스에 요구하는 기능이 선진 시장에서 통용되는 수준과 다를 수도 있음을 인지하여야 한다. BOP 시장에 진출하기 위해서는 이러한 관점을 견지하면서 선진 시장에서 익숙했던 것과는 다른 방법들을 찾아내야 한다. BOP 시장에서 소비자들의 욕구는 표면적으로 보이지 않는 경우가 대부분이다. 기업뿐만 아니라, 소비자들 역시 새로운 기술이 어떠한 삶의 변화를 가져오는지 모르고 있다. 따라서 경영자 및 개발자들은 이러한 소비자들의 욕구를 파악하고 이해하기 위해 노력해야 한다.

사례 9-3 깨끗한 물을 제공하기 위한 제품 개발

'Life Straw'라고 불리는 휴대용 정수기는 단돈 2유로로 700리터의 물을 정수시킬 수 있는 빨대이다. 이 휴대용 정수기는 전 세계 90%에 달하는 사람들이 가장 기본적인 권리인 식량, 깨끗한 물, 주거시에 대한 보장도 받지 못한 채 살아간다는 점에서 고안하여 덴마크의 베스터가르드 프랑센(Vestergaard-Frandsen)사가 "90%를 위한 디자인(Design for the other 90%)"라는 슬로건을 내걸고 시작하였다. 국제보건기구(WHO)에 따르면 약 10억 이상의 사람들이 깨끗한 식수를 얻지 못하며, 질병의 80% 이상이 오염된 물 때문에 생긴다고 한다. 그리고 전쟁이나 지진, 극심한 가뭄 등의 상황이라면 이 비율은 기하급수적으로 증가한다. 이러한 상황에서 'Life Straw'의 활용도는 더욱 뛰어나다. 일례로 2008년 인도와 파키스탄 접경의 카쉬미르 지진 현장이나 우간다의 분쟁 지역에서도 'Life Straw'가 유용하게 사용되었다.

'The Hippo Water Roller Project'는 남아프리카 공화국을 비롯한 개발도상국에서 먹을 물은 구하기 위해 하루에도 여러 번, 먼 거리에 있는 연못이나 수도시설에 무거운 양동이를 들고 이동하는 어린이와 여성들을 위해 개발되었다. 'Hippo Roller'라는 이름을 가진 이 물통은 바퀴처럼 굴려 쉽게 이동할 수 있는 형태로 더욱 적은 시간과 적은 노력이 사용된다. 이 물통으로 인해 머리와 어깨에 이고 물 양동이를 이동하던 여성들의 목 디스크 예방은 물론, 시간절약으로 가족들과 더 오랜 시간을 보낼 수 있도록 해주었다.

출처: Vestergaard-Frandsen, http://www.vestergaard-frandsen.com/lifestraw the Hippo Water Roller Project, http://www.hipporoller. org/

사례 9-4 저소득층 농부를 위한 자이푸르 풋(Jaipur Foot)의 인공보철물

인도에서는 550만 명이 절단 수술을 받았으며, 해마다 2만 5000~3만 명이 수술을 받고 있다. 보철물이 필요한 사람들의 대다수가 빈곤층이지만, 일반적으로 지급되는 보철물은 바닥에 쪼그려 앉을 수 없고, 들판에서 일할 수 없으며, 울퉁불퉁한 땅 위에서 걷기 힘들뿐만 아니라 신발을 신지 않고는 걸을 수 없기 때문에 그다지 큰 의미를 주지 못하고 있다.

저소득층의 농부들은 매일 8시간 정도를 물이 차 있는 논에서서 일해야 하며, 매일 8~10킬로미터의 거리를 걸어 다니는 것이 일반화 되어 있다. 따라서 선진 시장에 지급되는 보철물보다 더 편안하고, 고통이 적어야 하며, 내구력이 강해야 한다. 동시에 소비자들은 대부분 가난하므로 가격 또한 적절하며 오래 지속될 수 있는 인공 보철물을 필요로 하고 있었다. 그러나 기존의 의족 가격은 7000~8000달러를 호가하며, 농부들은 50달러 이상의 지출은 힘든 상황이다. 이 점에 착안하여, 자이푸르 풋(Jaipur Foot)은 모든 조건을 만족시키면서 가격이 30달러 이내인 인공 보철물을 개발하였다. 덕분에 농부들은 다시 농사를 지을 수 있게 되었고, 어느 유명한 인도의 전통 무용수는 의족을 하고 무대 위에서 공연을 할 수 있게 되었다.

출처: SNV & WBCSD, Inclusive Business: Profitable business for successful development, 2008에서 발췌

서비스 및 제품의 단순화 대부분의 저소득층은 선진 시장의 수요자에 비해 숙련이 부족한 편이다. 따라서 제공되는 서비스 및 제품의 이용이 쉬워야 하며, 점차적으로 기능을 추가하여 발전하는 방향으로 접근하여야 한다.

현지 기반시설을 고려한 제품 BOP 시장은 기술의 이점을 필요로 한다. 그러나 기술을 유용하게 적용시키기 위해서는 현지의 사회적 기반시설을 고려한 제품 및 서비스를 설계하여야 한다.

하나의 사례로, 인도의 기업 ITC의 통신 시스템인 e-Choupal[7]을 실행하기 위해서 마을에 설치한 PC들은 선진시장에서보다 훨씬 열악한 환경에서 작동을 필요로 하였다. 해당 지역의 전압은 90~350볼트를 넘나들었고, 전압 흐름의 갑작스러운 변동으로 인해 초기에 설치했던 220볼트의 규격 전압을 사용하였던 PC들은 다 타버리고 쓸모가 없어졌다. 더 나아가, 전기 공급도 고르지 않아 하루에 두세 시간만 사용할 수 있었다.

ITC의 설계자들은 안정적인 전력 공급 시스템을 추가하여야 했고, 전압 변동 방지 설비와 전기의 중단을 막을 수 있는 태양판도 설치하였다. 또 원활한 통신을 위해 일반적인 전선이 아닌 위성 네트워크를 사

[7] 인도의 기업인 ITC는 e-Choupal이라는 통신시스템을 설치하여 인도마을에 첨단기술을 도입하고 있다. 이 시스템을 통해 농부들은 '만디(Mandi)' 라고 불리는 지방 경매소 가격은 물론 시카고 거래소의 선물 가격확인에 활용하여 마진율을 향상시킬 수 있었다. 또한 PC방에 설치된 시스템을 활용하여 인도의 여성 기업가들은 여러 은행의 대출이자부터 손자들의 근황확인 등 다방면에서 활용하고 있다.

용하여 통신망을 구축하였다. 이렇게 추가된 모든 것이 비용으로 덧붙여졌으나, 이러한 열악한 기반시설에서 작동할 수 있는 완벽한 시스템을 고안하지 못했다면 아마 전체 프로젝트를 실패했을 것이다.

유통망 확보 BOP 시장을 개발하기 위해서는 배송과 관련된 시스템을 고려해야 한다. 유통망 확보는 제품 및 프로세스 확보만큼이나 중요하며, 대다수의 기업들이 BOP 사업을 포기하는 이유가 유통망 구축에 막대한 비용이 들어간다고만 여길 뿐 이를 개선할 방안을 찾지 못했기 때문이다.

인도를 비롯한 대부분의 BOP 시장은 수송 인프라가 제대로 구축되지 못하였으며, 이러한 시장에서 전국에 산재된 저소득계층을 상대로 선진화된 유통망을 구축하는 것은 불가능에 가깝다. 이에 유니 레버 자회사인 힌두스틴 유니레버(HUL)은 현지 상인들과 유통 도매업자들을 이용해 도매 시장을 공략하는 유통 방법을 선택하였다.

BOP 시장에서 성공한 기업들은 소비자의 인지확산, 현지화 된 혁신제품 개발과 브랜드 충성도 구축, 유통 채널의 확보를 통한 판매확대로 이이지는 선순환 전략을 구사했다. 힌두스틴 유니레버(HUL)의 CEO인 방가는 이렇게 특화되어 추가 된 유통 수단이 결국 기존 시스템으로는 한계가 있는 2~3억 인구의 시장을 커버할 수 있다고 믿고 있다.

핵심용어

- BOP 모델
- 연계가치창조(Co-Creation)
- 사회적 기업(Social enterprise)
- 지속경영 기업(Sustainable enterprise)

참고문헌

1. 브래들리 K. 구긴스 , 필립 H. 머비스, 스티븐 A. 로크린(2008), "세계 최고 기업들의 기업시민활동", p.26, 353
2. 사회적기업 http://www.socialenterprise.or.kr
3. 정진호, 황덕순, "소득 불평등 및 빈곤의 실체와 정책 과제", 한국노동연구원, 2002에서 재구성
4. 조동성, 강의안 "Corporate Social Responsibility: Building a Successful Model", 2009
5. 크리스 앤더슨(2006), "롱테일 경제학", 랜덤하우스코리아
6. C.K. Prahalad, "The Fortune at the Bottom of the Pyramid: Eradicating Poverty Through Profits", Wharton Publishing, 2004에서 인용
7. C.K. Prahalad, S.L Hart, "The Fortune at the Bottom of the Pyramid", Strategy 1 Business 26호, 2002
8. Hippo Water Roller Project, http://www.hipporoller.org/
9. OLPC, http://laptop.org/en/
10. SNV & WBCSD, "Inclusive Business: Profitable business for successful development", 2008
11. Vestergaard-Frandsen, http://www.vestergaard-frandsen.com/lifestraw

Part **03**

지속경영의 정착

10장

정부의 역할

11장

기업 및 이해관계자의 역할

10

정부의 역할

지속경영은 기업차원의 문제이다. 그러나 기업이 지속가능한 발전을 통해 사회적 가치창출에 기여할 수 있기 때문에 정부 역할 역시 절대적으로 필요하다. 대부분의 선진국에서는 정부가 능동적으로 지속경영 확산 정책을 구축하고 있다. 우리나라에서는 금융정책을 통한 단기적인 포상 등의 제도보다는 지속경영이 장기적으로 자리 잡을 수 있도록 지식경제부 주관으로 'KoBEX – SM™'이라는 지속경영 평가모델을 개발하여 기업들이 지속경영보고서를 작성하는데 활용하도록 하고, 2006년부터 '지속경영대상'을 수여하는 등 사회적 메커니즘을 구축하고 있다.

이같이 국내 기업이 원활히 지속경영을 도입하고 정착할 수 있도록 정부는 다양한 지원을 한다. 다음에서 유럽, 미국, 일본, 한국의 정부가 지속경영 확산을 위해 벌이는 구체적 활동을 살펴보자.

1. 주요국의 지속가능경영 추진 특성

유럽 이해관계자 자본주의에 기초하여 기업의 사회적 책임 이행이 규범적으로 내재되어 발전했으며, 특히 1990년대 경제적 문제를 해결하고 유럽의 지속가능한 성장을 위해 지속경영에 대한 논의가 진전을 이루었고 정부의 적극적인 지원정책을 통해 지속경영이 추진되고 있다.

EU 위원회는 지속경영 정책 통괄 조직(CSR 유럽 동맹)[1]을 발족하고 다자간 이해관계자 포럼을 개최하였으며, 최근에는 중소기업 내 지속경영 확산에 집중하고 있다.

지속경영 선도국인 영국의 경우는 기업의 자발적인 지속경영 실천을 독려하기 위해 지속경영 민간 조직(BitC)을 지원하고 회사법(Companies Act)을 개정하여 투명한 정보제공과 폭넓은 책임이행을 유도하고 있다.

미국 기업 활동에 대한 정부 규제의 최소화를 지향하는 미국은 지속경영 추진에 있어서도 정부 지원 보다는 기업시민정신을 기본원칙으로 하는 민간기업과 시민단체가 중심이 되어 발전하고 있으나, 최근 지속경영 글로벌 표준화 등으로 인해 점차 경제 · 사회 · 환경적 책임에 대해 균형적으로 고려하는 유럽식 지속경영을 일부 도입하는 기업도 있다.

---

[1] 지속경영 정책 통괄 조직(CSR유럽 동맹: European Alliance For CSR)은 2006년 3월 EU이사회에서 CSR을 촉진시키자는 취지로 발족시켰다. CSR활동을 장려하고 아직 CSR이 활성화되지 않은 EU회원국에 CSR을 홍보하고 관련 연구 및 정보를 제공하고자 한다.

미국 기업은 기업시민 정신을 기업경영의 기본원칙으로 삼고 있으며, 봉사정신과 자선적 기부에 오래된 역사를 가지고 있어 지속경영 활동에 기부활동이 중요한 위치를 차지하고 있다. 이와 함께 기업들의 자발적인 협의체 및 기업윤리, 기업시민과 관련한 다수의 연구기관들은 기업의 사회적 책임 이행을 촉진하는 툴 개발 등 다양한 지원 활동을 수행하고 있다. 또한 미국의 특징으로는 지배구조가 우수하고 사회적 책임을 다하는 기업에 투자하는 사회책임투자(SRI)가 급증하고 있으며, 기업의 지배구조 개선 및 투명성 강화를 위한 법규가 강화되고 있다.

일본 종업원 자본주의를 바탕으로 지속가능경영 실천 토대를 마련한 일본은 1990년 버블경제 붕괴 이후 경제단체를 중심으로 기업의 사회적 책임에 대한 자율적인 실천 논의가 시작되었으며, 최근에는 글로벌 표준 대응을 위한 정부차원의 지원 노력을 엿볼 수 있다.

한국의 전경련에 해당하는 경단련[2]과 경제동우회[3]는 일본 기업들의 CSR에 대한 관심을 높이고 실천력을 제고할 수 있도록 CSR 관점을 고려한 기업행동헌장을 제정하고 추진 툴 개발에 앞장서고 있으며, 정

[2] 일본경단련(일본경제단체연합회)은 1946년 발족되었으며 경제단체 상호간의 유대를 도모하고 정부의 경제정책 및 관련 문제에 조언하며 건전한 경제발전을 이끄는 일본 최대경제단체이다.

[3] 경제동우회는 일본경단련, 일본상공회의소와 함께 일본을 대표하는 3대 경제단체 중 하나로 경영인을 대상으로 가입을 받는다.

부차원에서 경제산업성[4], 후생노동성[5] 및 환경성[6]은 각각 CSR 관련 연구회를 운영하고 각 분야별 CSR 사례집을 발간하였으며, 특히 경제산업성은 CSR 표준위원회를 설립하는 등 정부차원의 다양한 지원활동이 활발히 이루어지고 있다.

한국 1987년 민주화까지만 해도 한국에서는 기업의 사회적 책임에 대한 명확한 인식에 기초하기 보다는 사회적 비판에 대응하는 것이 대세였다. 급속한 경제발전 후, 1980년대부터 노사대립, 인권, 환경문제 등 사회적 이슈가 부각되자 기업들도 사회적 책임에 대한 필요성을 인식하게 되었고, 수출 증가와 생산 증대를 통해 국민경제 발전에 기여하는 기업이야 말로 기업의 사회적 역할과 책임을 다하는 것이라는 인식이 지배적이었다. 그러나, 정부 주도의 성장위주의 경제정책으로 인해 일부 재벌 기업들의 비윤리적이고 방만한 기업 활동은 사회적 비난의 대상이 되었고, 소득분배의 격차, 환경문제, 인권 등이 이슈화되면서 기업의 사회적 책임에 대한 인식이 확산되었다.

이에 자발적이기 보다는 사회적 비판에 대응하기 위한 것이 주요한

---

4 경제산업성(経済産業省, Ministry of Economy, Trade and Industry)은 산업 · 통상 정책, 산업기술, 무역 등의 사무와 광물자원이나 에너지의 안정적이고 효율적인 공급의 도모를 담당하는 일본의 행정기관이다.

5 후생노동성(厚生労働省, Ministry of Health, labour and Welfare)은 일본의 행정기관으로 사회 복지, 사회 보장, 공중 위생의 향상과 증진, 그리고 노동 조건과 환경의 정비 및 일자리의 확충 등을 관장한다.

6 환경성(環境省, Ministry of the Environment)은 환경 보호, 공해의 방지, 폐기물 대책, 환경정비 등의 사무를 담당하는 일본의 행정기관이다.

목적으로 국가적 재난 시 일회성 성금 전달하거나 기업재단을 통해 장학 사업이나 문화 활동 지원과 같은 소극적인 자선활동이 주를 이뤘다.

2000년대 들어, 대기업을 중심으로 글로벌 기준에 맞는 지속경영 활동을 펼치기 시작하였다. 해외 진출이 활발해져 기업 환경에 있어 지속경영의 중요성이 높아져 가자, 기업들은 전담 부서를 설립하여 보다 전문적인 지속경영 활동을 활발히 수행하기 시작했다.

이에 따라 정부의 다양한 지원책 마련을 통해 공공기관의 선도적 지속가능경영 실천과 산업계 지속가능성 확보를 위한 노력이 가속화되고 있다.

표 10-1은 국내 지속경영 지원 정책을 지속경영 정부 정책 범위에 적용시켜 본 결과이다. 정부 부처 내, 정부-기업 관계 내 지속경영 정책은 일부 시행되고 있으나, 시민사회를 아우르는 광범위한 정책에 대한 세심한 고려가 부족한 실정으로 볼 수 있다.

정부의 지속경영 성책과 기업의 지속경영 이행 방식을 살펴보면, 제도지원차원에서 2007년 지속가능경영 종합시책, 지속가능발전 기본법 등 지속경영에 대한 법적 근거가 마련되었으며, 공기업의 경영평가 항목에 '사회적 책임'이 포함되는 등 지속경영 추진기반이 마련되었다. 2008년에는 지식경제부를 중심으로 사회책임투자 현황조사, 해외정부의 지속가능경영 정책조사, 중소기업 지속가능경영 자문툴, 공정무역 등 연구가 진행되었다. 2009년에는 국내에서 지금까지 추진된 지속가능경영 정책백서 및 단 · 중기 정부의 지속가능경영 정책방향을 제시하는 연구가 진행되었으며 향후 지속가능경영 종합시책이 발표될

표 10-1 | 국내 지속가능경영 추진 정책

정부정책의 범위	정책 프로그램 사례
정부부처 내 지속가능경영 정책	• **리더십 발휘:** 지속가능발전기본법 제정 • **지속가능경영 담당부서:** 지속가능발전위원회 발족 • **공공조달:** 여성기업, 장애인기업, 사회적 기업이 생산한 제품 우선 구매, 공공기관의 친환경상품 구매 의무화 • **국제적 이슈 파악:** SR 표준화 포럼 출범
정부-기업관계 내 지속가능경영 정책	• **인식제고:** 윤리경영 실태조사, 사회공헌정보센터, 디지털기업윤리센터 운영 • **자발적 이니셔티브:** 공정무역 실태조사 연구 지원 등 • **공공캠페인:** 지속가능경영 시상식 개최 • **역량개발:** 지속가능경영 보고서 작성 가이드라인 개발 및 배포, 지속가능경영 확산을 위한 연구지원 • **평가시스템:** 지속가능경영 시상식 개최 • **조세 · 금융지원:** 부분적 조세특례 조항 • **법제화:** 산업발전법 개정, 지속가능경영 종합시책(예정) • **중소기업 내 지속가능경영 확산:** 중소기업 CSR 경영 포럼, CEO 경영혁신 아카데미
정부-시민사회 관계에서의 지속가능경영 정책	• **자발적 이니셔티브:** 사회책임투자(녹색펀드) 지원 • **평가시스템:** 산업자원부(현 지식경제부) 지속가능성 보고서 발간 • **사회적 기업 경영:** 사회적기업 육성법
정부-기업-시민관계에서의 지속가능경영 정책	—

출처: 지식경제부 · 산업정책연구원, 해외정부의 지속가능경영 추진 동향, 2008을 수정, 변형함 (Buckland, H., Laura, A., and Josep, M. L.(2006), "The Changing Role of Government in Corporate Responsibility: A report for pratitioners." ESCADE, Bocconi, Norwegian School of Management.)

예정이다. 종합시책 공표에 따라 정부차원의 지속경영에 대한 큰 그림 및 추진방안이 공표되어 국내 산업계 지속경영 추진이 더욱 가속화될 것으로 전망된다.

2. 각국의 지속가능경영 추진 특징 비교

유럽, 미국, 일본은 각기 다른 역사, 문화적 특징, 사회적 요구에 따라 고유한 지속가능경영 전통을 가지고 있으며, 지속경영을 확산하고 발전시키는데 있어 사회 구성원들의 역할 또한 국가별 다른 특징을 보인다. 그러나 세계화가 급속히 진행되고 기업 투자에 있어 사회 · 환경적 기준이 강화됨에 따라 각 국가별 특성에 따라 추진되었던 지속가능경영이 글로벌 표준에 맞춰 하나로 수렴되는 형태를 보이기도 한다.

한국은 해외 주요 국가들에 비해 지속경영 도입 시기 및 발전 양상

표 10-2 | 주요국의 지속가능경영 추진 특징 비교

	유럽	미국	일본	한국
지속가능경영 논의 배경	• 1993년 유럽 경제통합 후	• 엔론 등 대형 회계부정 사건	• 1991년 버블경제 붕괴 직후	• 1990년대 후반 해외 진출이 활발해진 이후
지속가능경영 특징	• 유럽식 이해관계자 자본주의	• 미국식 주주자본주의	• 일본식 종업원 자본주의	• 한국식 소유경영자 자본주의
지속가능경영 추진 주체	• 정부의 적극적인 지원	• 기업 및 시민단체 중심	• 기업 중심	• 일부 대기업 중심, 정부의 약한 개입

표 10-2 | 주요국의 지속가능경영 추진 특징 비교 (계속)

	유럽	미국	일본	한국
지속가능 경영추진 성격	• 오래전부터 사회적 책임에 대한 사회적 분위기가 발전됨 • EU 위원회가 주축이 되어 각종 지원책 마련을 통해 기업의 자발적 실천을 독려	• 기업에 대한 정부 규제가 약한 편임 • 기업시민정신을 기업경영의 기본 원칙으로 삼고 있음 • 정부보다는 기업, NGO가 주축이 되어 지속가능경영을 추진	• 지속가능경영 실천은 기업의 자발적 규범 준수 성격을 가짐 • 이해관계자 자본주의를 바탕으로 기업의 책임을 다하며, 기업이 중심이 되어 지속가능경영을 추진	• 일부 대기업을 중심으로 지속가능경영 도입, 실천 • 최근 들어, 지속가능경영 실천기반 마련을 위한 정부 차원의 노력이 강화되고 있음

출처: 지식경제부 · 산업정책연구원, 해외정부의 지속가능경영 추진 동향, 2009

에 있어 보다 적극적인 추진 노력이 필요하며, 이에 공공부분의 선도적 실천과 더불어 기업의 실천력 제고를 위한 정부 차원의 지원책 마련이 요구된다.

3. 한국정부의 지속경영 추진방향

지속가능경영 확산을 위한 기반 구축 한국 정부는 국내외적으로 활발히 논의되고 있는 지속경영 현안을 파악하여 국내 기업이 이에 적절히 대응할 수 있도록 지원해야 한다.

지속적인 연구 지원을 통해 기업의 지속경영 실천을 위한 이슈별 가이드라인 및 실천모델 개발, 베스트 프랙티스 발굴 및 보급, 통합적 정보 제공 시스템 구축 등 기업이 실용적으로 사용할 수 있는 각종 연구 · 조사를 수행해야 한다. 장기적으로 지속경영 개념을 적용한 제품 혁신 및 시장 개척 등 지속경영 실천을 통한 기업차원의 혁신이 이루어질 수 있도록 지원해야 한다.

기업이 지속경영 실천과 사회개발 기여를 동시에 달성하도록 제품 혁신 및 새로운 수익창출에 대한 시도가 활발히 이루져야 하며, 동시에 기초연구도 지속적으로 추진되어야 한다. 지속경영과 국가경쟁력 관계 연구, 사회영향연구, 지속경영 실천 효익 분석 등의 기초연구는 향후 정부 정책 마련에 기초로 활용될 뿐 아니라 기업의 지속경영 확산의 근거를 마련할 수 있기 때문이다.

공급망 차원에서의 지속경영 확산을 위하여 자원이 상대적으로 부족한 지속경영 후발기업이나 중소기업들을 위한 기반 마련이 필요하며, 이를 위하여 교육사업, 자문지원, 인센티브 제도 등에 관한 다각적인 지원정책 도입을 검토해야 한다.

이해관계자간의 협력체계 마련 지속경영은 기업 혹은 정부가 단독으로 진행하기보다 정부 · 기업 · 시민단체 등 다양한 이해관계자들의 협력을 통해 시너지 효과를 창출할 수 있으므로 협력체계 구축이 중요하다. 이에 민간에서의 지속경영 관련기관들이 기업의 지속경영 촉진을 위한 활동을 전개하고 있고, 개별 기업들도 지속경영 도입을 위한 노력이 진행 중이다.

그러나 조직마다 지속경영 개념에 대한 상이한 해석, 정보 및 노하우 공유 미흡, 지속경영 접근 및 시각의 차이 등이 있기 때문에, 다양한 이해관계자의 의견을 수렴하고 합의를 도출할 수 있는 협력과 대화의 장을 마련할 필요가 있으며, 이와 동시에 각종 지식을 교류할 수 있는 다자간 네트워크 구축이 요구된다. 특히, 지속경영 정책 개발에 있어서도 정부 부처 간 긴밀한 협조를 바탕으로 한 종합적인 시책 마련이 요구되므로 관련 부처들의 유기적인 협력이 필요하다.

정부차원의 선도적인 지속가능경영 실천 산업계 내 체계적인 지속경영 확산을 위해서는 정부가 선도적으로 지속가능성을 높이기 위한 방안을 이행하는 것이 효율적이다. 중앙정부, 지방자치단체, 공기업 등 공공부문 전반의 노력을 통해 산업계와 민간부문으로 확산을 도모하여 우리 사회의 지속가능성을 높여야 한다. 지속가능성 추진 성과를 대외에 공시할 수 있는 정부부처별 지속가능성 보고서 발간, 공공조달에 있어 지속가능성 요소 강화 등 정부차원의 지속가능성 제고 노력도 강화되어야 한다.

핵심용어

- 관계국가모델
- 지속가능경영 종합시책
- 지속가능발전 기본법

참고문헌

1. 산업연구원, 산업정책연구원, "지속가능경영 논의동향과 대응방안", 2005
2. 지식경제부, 산업정책연구원, "해외 정부의 지속가능경영 추진 동향", 2009
3. Albareda, L., Antonio, T., Josep, M. L., and Fracesco, P.(2006), "The government's role in promoting corporate responsibility: a comparative analysis of Italy and UK from the relational state perspective." Corporate Governance, 6(4)

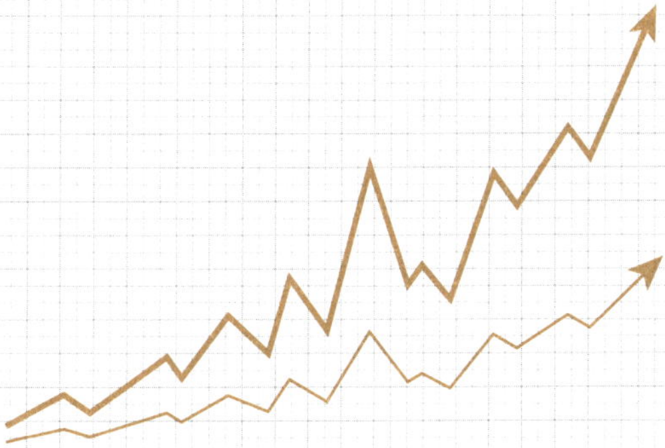

11

기업 및 이해관계자의 역할

1. 기업의 역할

지속경영확산에 있어서 정부는 기업의 지속경영 실천의 환경을 조성하고 각종 지원책을 마련해 줄 수 있으나 궁극적인 실천은 기업의 몫이다. 초기단계에서는 정부의 선도적 역할이 필요하나 정착단계에 들어서면 기업의 자율적 실천이 더욱 중요해 질 전망이다.

체계적인 지속경영 실천 시스템 구축 지속경영은 아직까지 자발적 차원에서 추진되고 있기 때문에 기업 스스로의 노력이 반드시 우선시되어야 한다. 이에 지속경영 관련 국제 규범 및 표준화 동향, 해외 경쟁사들의 지속경영 추진 성과 등을 파악하여 자사의 지속경영 실천력을 높이고 경쟁력을 향상시킬 수 있는 방안을 모색하고 정기적 평가를 통하여 지속적인 개선 노력이 이행되어야 한다.

최근 단일 기업 단위의 지속경영 추진이 아닌 공급망 차원에서의 지속경영 추세가 강화되고 있다. 왜냐하면 지속경영을 우수하게 실천하는 대기업일지라도 협력업체의 반사회적/반환경적 행위로 인하여 공급망 전체가 위험에 노출되는 경우가 발생할 수 있으므로 대기업 단독으로는 지속경영 실천에 한계가 있기 때문이다. 지속경영 선도기업은 공급망 내 중소협력업체의 지속경영 실천 지원을 통해 성과 창출, 이미지 제고, 경쟁력 제고 등 장기적 효과를 누릴 수 있는 공급망 내 체계적 지속경영 시스템을 구축하도록 노력해야 한다.

이해관계자를 고려한 지속경영의 통합적 실천 이해관계자 니즈의 다양성이 증대되고 영향력이 확대됨에 따라 이해관계자의 관심사와 선결과제 등을 파악해 차별적인 지속경영 실천이 필요하며, 이슈의 개별적 대응이 아닌 기업 전반의 전략적인 지속경영 추진을 위한 통합적 접근을 시도해야 한다. 정부는 기업 이해관계자의 일부이며, 기업은 정부가 제공하는 각종 지원정책에 동참하거나 기업에게 필요한 정부차원의 제도마련에 제언을 할 수 있으며, 이 과정을 통해 산업계 경쟁력 확보 및 국가 지속가능발전에 기여할 수 있는 상호간의 노력이 필요하다.

국내외 경제위기 극복과 새로운 성장 동력 창출 현재 당면한 세계적 금융위기 극복을 위해서는 단기적 이익 보다는 장기적 관점에서의 지속가능성을 제고하여 경쟁력을 강화할 수 있어야 한다. 범지구적으로 잠재되어 있는 이슈를 조기에 발굴하고 이에 적절한 사전 대응책을 마련함으로써 위기관리 능력을 배양하고 기업의 지속가능한 발전 역량을 확보할 수 있다. 지속경영 실천은 기업의 경쟁력 강화 방안인 동시에 국가 차원의 경쟁력을 높이고 국가의 지속가능한 발전을 이끄는 중요한 원동력임을 인식해야 한다.

2. 이해관계자의 역할

지속경영 확산을 위한 협력 지속경영은 기업과 사회의 커뮤니케이션을 기본으로 하고 있는 만큼 소비자, 시민사회, 지역사회 등 공동의 협력이 뒷받침 되어야 지속경영 메커니즘 정착이 가능하다. 이에 제도 마련에서 실천까지 기업 및 정부 뿐 아니라 소비자, 시민사회 등이 참여하는 전사회적 차원의 공조 기틀을 마련하여 정책적 합의점을 도출하고 발전 방향을 모색해야 한다.

지속가능성을 높이는 사회적 문화 조성 지속가능성을 고려한 제품 및 서비스 구매는 기업의 제품 개발 뿐 이니라 지속경영 추진을 촉진하는데 기회요인을 제공할 수 있으므로 지속가능한 소비문화를 구축하고 기업의 지속경영 추진을 요구함으로써 기업뿐만 아니라 사회전반에 지속가능한 발전 문화를 조성해야 한다.

지속가능한 사회 구현을 위한 건설적 비판과 모니터링 시민사회는 기업이 미치는 사회적 영향력을 분석하고 기업 활동을 모니터링하거나 이에 대한 감시와 견제의 역할을 수행함으로써 기업의 사회적 책임 수준을 높이는 기능을 담당할 수 있다. 특히, 기업 활동뿐만 아니라 정부의 활동과 정책에 관한 의견을 개진하고 문제점 지적 및 개선방향 제언 등을 통해 정부 차원의 정책 수립과 사회적 문제 해결에 기여할 수 있다.

시민사회의 비판적 기능은 기업-정부-사회와의 대립 관계가 아닌 상호간의 발전 추구라는 전략적인 파트너십으로 발전하여 지역사회 발전을 도모하고 기업과 사회의 문제 해소에 기여하여 지속가능한 사회발전의 기틀을 마련할 수 있을 것이다.

박스 11-1 지속경영 관련 국내 주요 네트워크

민간차원에서 형성되고 있는 다양한 네트워크를 활용하여 지속경영에 관한 지식 및 정보 교류를 원할히 하는 것도 지속경영의 실천방안이 될 수 있다.

- 윤경SM포럼: 국내 윤리경영 확산을 위해 정부, 기업, 학계, 시민단체 등이 모여 2003년 발족한 다자간 포럼으로서 글로벌 동향연구, 기업간 정보교류, 국내외 우수사례 발굴, 윤리경영 확산을 위한 토론, 지속경영 보고서 가이드라인 개발 등을 진행

- 지속가능발전기업협의회(KBCSD): 대통령자문 지속가능발전위원회(PCSD)의 산업계 카운터파트이며 지속가능발전을 위한 세계적 조직인 세계지속가능발전기업협의회(WBCSD: World Business Council for Sustainable Development)의 한국 측 파트너로서 지구차원의 지속가능 발전을 추구하고 확산하기 위해 경제성장, 환경보전, 사회발전을 조화롭게 추구함에 뜻을 함께 하는 기업의 최고경영자들이 참여하는 조직으로 전국경제인연합회에 의해 2002년 창립
- 지속가능경영원: 국내 종합경제단체인 대한상공회의소가 2005년 설립한 기관으로 기업의 지속경영 확산과 지속가능한 산업발전을 목적으로 설립된 기관으로서 주요 활동으로는 기업의 지속경영 촉진, 이해관계자 파트너십 정립, 정책개발 및 이행과정 참여, 대외 홍보 및 협력기반 확립 등임
- 기업사랑협의회: 반기업정서 해소를 위하여 2004년 발족하였으며 경제단체 및 시민단체가 정회원으로 활동하고 정부 대표로서 산업자원부(현 지식경제부)가 비공식 회원으로 참여해 다양한 경제교육 사업과 기업사랑 토론 및 포럼을 개최하고 지속경영 확산을 위한 활동을 벌이고 있음
- SR표준화포럼: ISO의 SR 표준화에 대응하고 사회적 책임 구현을 위한 범사회적 의견수렴과 ISO26000의 능동적 대응을 위해 산업자원부(현 지식경제부) 기술표준원 주도로 정부와

각 사회분야의 대표들로 구성된 SR표준화포럼을 2005년 6월 설립

- 지속가능경영 민관포럼: 지속경영 주요 이슈에 대한 정보와 노하우를 공유하고 지속경영의 기반조성과 인식제고, 관련 제도정비 · 구축과 정책방향 등을 논의하고 실천하는 다자간 협력 네트워크이며 지식경제부에서 후원하고 있음
- 지속경영학회: 최근 지속경영이 기업의 가치를 지속적으로 향상시키며, 경쟁우위를 창출하는 기업 전략으로 자리잡고 있음에 따라 국내 지속경영의 확산 및 발전을 위하여 학술교류 및 친교의 장을 통해 지속경영을 학문적으로 공고히 하고자 설립된 학회
- KACSO: 지속경영인증사의 전문성 제고와 품위 향상 및 권익 옹호, 지속경영인증사제도의 개선 및 업무의 효율적 수행, 지속경영인증업의 건전한 발전도모 및 공익기여를 목적으로 창립되었으며, 지속경영전문가 양성이 미진한 국내의 상황에서 실력 있는 지속경영전문가를 양성하고 나아가 기업들에게 지속경영 활동 및 보고서에 대한 신뢰성을 검증하여 글로벌 경제활동의 기반을 마련하는데 목적을 두고 있음

핵심용어

- 지속경영 네트워크
- KBCSD
- KACSO
- SR표준화포럼
- 윤경SM포럼
- 지속가능경영원
- 지속경영학회
- 지속가능경영 민관포럼

참고문헌

1. 산업연구원, 산업정책연구원, "지속가능경영 논의동향과 대응방안", 2005
2. 지식경제부, 산업정책연구원, "해외 정부의 지속가능경영 추진 동향", 2009
3. Albareda, L., Antonio, T., Josep, M. L., and Fracesco, P.(2006), "The government's role in promoting corporate responsibility: a comparative analysis of Italy and UK from the relational state perspective." Corporate Governance, 6(4)

Index

찾아보기

국문 찾아보기

ㄱ

ㄴ

ㄷ

영문 찾아보기

INDEX

지속경영의 이론과 실천

2011년 4월 28일 | 초판 인쇄
2011년 5월 2일 | 초판 발행

지 은 이 | 조동성 · 산업정책연구원 지속경영본부
발 행 인 | 김은중
발 행 처 | 서울경제경영출판사
북디자인 | 우일미디어

주 소 | 120-808 서울특별시 서대문구 대현동 67-5 대현빌딩 6층
전 화 | 02)313-2682
팩 스 | 02)313-8860

등 록 | 1998년 1월 22일 세5-63호

ISBN 978-89-88106-64-8 93320 정가 18,000원